Über dieses Buch

»Leistung muß sich wieder lohnen« – dieser Slogan wurde von der Bundesregierung während der Vorbereitungen auf die sogenannte Steuerreform geboren. Er ist eingängig, kann scheinbar von allen akzeptiert werden, weil Steuersenkungen jedem genehm sind. Er hat nur den Schönheitsfehler: Er ist falsch.

Zum Steuernsparen braucht man Geld in diesem Staat. Wer die entsprechenden Mittel hat und die Sparmöglichkeiten kennt, dessen Leistung lohnt sich längst. Sollten Sie das nicht glauben, so lesen Sie bitte dieses Buch.

Wer da fordert, daß der Spitzensteuersatz bei der Einkommensteuer gesenkt werden muß, vergißt zu erwähnen, daß dieser Steuersatz auf ein zu versteuerndes Einkommen angewendet wird, nachdem der Gewinn des Unternehmers zuvor kräftig gedrückt wurde. Sie werden in diesem Buch darüber informiert, welche Möglichkeiten der Unternehmer dazu hat.

Es ist sicher an der Zeit, ein gerechteres Steuersystem zu finden. Die Senkung des Spitzensteuersatzes von 56 % auf 53 % und die Aufhebung der Steuerfreiheit des täglichen Essensgeldzuschusses an Arbeitnehmer von 1,50 DM sind allerdings in dieser Hinsicht noch kein Anfang...

Der Autor

Hans Ulrich, geboren 1941, ist einer der bekanntesten Finanz- und Steuerexperten in der Bundesrepublik.

D1983561

KiWi 177

Hans Ulrich

Die erste Million ist die schwerste

Alle Steuer-Ungerechtigkeiten im Überblick

Kiepenheuer & Witsch

© 1989 by Verlag Kiepenheuer & Witsch, Köln
Umschlag Manfred Schulz, Köln, nach
einer Konzeption von Hannes Jähn,
unter Verwendung eines Fotos von Franziska Scherer
Satz Froitzheim, Bonn
Druck und Bindearbeiten Clausen & Bosse, Leck
ISBN 3 462 01947 3

Meiner Mutter »Lulein« in
Dankbarkeit gewidmet

Inhalt

Anhang

Verehrte Leserin, lieber Leser!

»Leistung muß sich wieder lohnen.« Dieser Slogan wurde von der Bundesregierung während der Vorbereitungen auf die sogenannte Steuerreform geboren. Er ist eingängig, kann scheinbar von allen akzeptiert werden, weil Steuersenkungen jedem genehm sind. Er hat nur den Schönheitsfehler, daß er falsch ist. Das beweise ich Ihnen in diesem Buch. Denn Leistung lohnt sich längst; nämlich für jene, die hohe Einkommen haben und die zahllosen Möglichkeiten zum Steuernsparen, möglichst noch kumuliert, ausschöpfen können.

Zum Steuernsparen braucht man Geld in diesem unserem Staat. Wer die entsprechenden Mittel hat und die Sparmöglichkeiten kennt, dessen Leistung lohnt sich längst. Sollten Sie das nicht glauben, so lesen Sie dieses Buch.

Wer kein Vermögen hat oder wegen geringen Einkommens nur niedrige Steuern zahlt, wird gegenüber Steuerzahlern mit hohem Einkommen dadurch bestraft, daß der Staat seine Leistung, z.B. den Hausbau, nur gering oder gar nicht subventioniert, während der Großverdiener hohe Steuernachlässe kassiert. Sie glauben das nicht? Lesen Sie dieses Buch.

Wer da fordert, daß der Spitzensteuersatz von nach der Steuerreform 53 % bei der Einkommensteuer, der insbesondere auch für Unternehmen viel zu hoch sei, gesenkt werden muß, vergißt geflissentlich zu erwähnen, daß dieser Steuersatz auf ein zu versteuerndes Einkommen angewendet wird, nachdem der Gewinn des Unternehmens zuvor kräftig gedrückt wurde. Sie werden in diesem Buch darüber informiert, welche Möglichkeiten der Unternehmer dazu hat.

Ich habe das Buch in Abschnitte gegliedert, wie wohlhabende

- Privatleute,
- Unternehmer sowie
- Kapitalgesellschaften

heutzutage Steuern sparen. Freilich hat jede Kapitalgesellschaft Anteilseigner, die in der Regel Privatleute sind. Diese wiederum betätigen sich häufig auch unternehmerisch. Was ich damit sagen will?

Wenn Sie das Buch gelesen haben, sollten Sie auf diesen Satz des Vorworts noch einmal zurückkommen, den Inhalt des gelesenen Buches auf sich wirken lassen und dann ein wenig darüber nachdenken, welches Steuerspar-Ergebnis wohl derjenige erzielt, der die Löcher in der Republik in allen drei Sparten seiner Betätigung voll nutzt.

Leistung muß sich wieder lohnen. Dieser Meinung bin freilich auch ich. Doch muß »Leistung« anders als bisher definiert werden. Der Wert der Leistung eines Menschen kann schließlich nicht davon abhängen, wie ausgeprägt sein Talent ist, Geld zu verdienen; sofern er das leistet, was ihm nach seinen Kräften und Anlagen möglich ist. Der Staat bestraft durch Steuernachteile denjenigen, der wenig verdient, auch wenn der sich redlich müht; und er bevorteilt durch Steuergeschenke jene, die ein hohes Einkommen haben, auch wenn sie zur Erzielung dieses Einkommens selbst nur wenig beitragen.

Ich denke, daß es an der Zeit ist, ein gerechteres Steuersystem zu finden und zu vollziehen. Die Senkung des Spitzensteuersatzes unlängst von 56 % auf 53 % und die beinahe gleichzeitige Aufhebung der Steuerfreiheit des täglichen Essensgeldzuschusses an Arbeitnehmer von 1,50 DM war in dieser Hinsicht noch kein Anfang.

Wer kein hohes Einkommen hat oder nicht vermögend ist (und das ist die weit überwiegende Zahl der Arbeitnehmer), kann ein paar Werbungskosten und Sonderausgaben absetzen; wenn es hoch kommt, noch die eine oder andere außergewöhnliche Belastung, z. B. für Päckchen in die DDR. Hiervon soll in diesem Buch nicht die Rede sein, denn diese Steuersparmöglichkeiten sind kleine Fische im Vergleich zu jenen fetten Happen, die sich andere einverleiben. Sie über deren Möglichkeiten zu informieren ist die Zielsetzung dieses Buches.

Köln, im Januar 1989 Hans Ulrich

I Privatleute und andere Menschen

1 Der Wurm im Bau?

Wer könnte eigentlich ernstlich etwas dagegen haben, daß der Wohnungsbau in der Bundesrepublik Deutschland steuerlich subventioniert wird? Vielleicht jener, der befürchtet, daß die Landschaft zunehmend »versiegelt« wird; oder derjenige, der einen Neidkomplex aufgebaut hat, weil er im Leben ohnehin nie zu Wohnungseigentum kommen wird. *Wie* jedoch der Wohnungsbau steuerlich gefördert wird und an wen im wesentlichen die Steuerersparnisse fließen, sollte zumindest nachdenklich stimmen. Ich will mich daher nicht lange bei der Vorrede aufhalten, sondern gleich zur Sache kommen.

Ein Häuschen im Grünen

Wer hat nicht davon geträumt, einmal in seinen eigenen vier Wänden zu wohnen? Dem, der diesen Traum noch nicht verwirklicht hat, greift Vater Staat mit Subventionen unter die Arme; allerdings dem einen mehr und dem anderen weniger.

Es darf, da nimmt der Staat es genau, nicht mehr als *ein* Objekt sein, das gefördert werden soll (bei Eheleuten zwei Objekte, wenn diese räumlich nicht zusammenhängen). Und weiter ist Voraussetzung, daß die Eigentumswohnung oder die Wohnung im eigenen Haus selbst bewohnt wird.

Und so sieht die Subvention von Vater Staat aus:
Der Bauherr oder Käufer kann acht Jahre lang 5 % von maximal 300 000 DM Anschaffungs- oder Herstellungskosten als Sonderausgaben absetzen, also acht Jahre lang jährlich maximal 15 000 DM.
Das liest sich gut. Jedenfalls auf den ersten Blick. Riskiert man nämlich einen zweiten und schaut genauer hin, so stellt man fest, daß diese Steuervergünstigung unabhängig davon gewährt wird, wie hoch das zu versteuernde Einkommen und damit der individuelle Steuersatz ist. Rechnen Sie doch bitte einmal mit:

- Wer der Einkommensteuer mit einem Spitzensteuersatz von 53 % unterliegt, spart jährlich (53 % von 15 000 DM =) 7950 DM, in acht Jahren zusammen also 63 600 DM, Kirchensteuern und Zinsen gar nicht einmal mitgerechnet.
- Verdient jemand erheblich weniger und unterliegt er der Einkommensteuer nur mit einem Steuersatz von 30 %, so greift ihm der Staat auch nur mit maximal (30 % von 15 000 DM =) 4 500 DM jährlich unter die Arme, was in acht Jahren 36 000 DM ausmacht, also 27 600 DM weniger als beim Spitzenverdiener.
- Wer, durch welche Umstände auch immer, ein Einkommen hat, das nicht durch Einkommensteuer geschmälert wird, ist am schlechtesten dran. Ist er arbeitslos, will aber gleichwohl das von den Eltern geerbte Geld in Wohnungseigentum anlegen, so geht er, was die Subvention des Staates anbetrifft, völlig leer aus. Er ist für den Staat insoweit steuerlich nicht existent.

Muß man nach diesen Beispielen noch raten, welche Gruppe in diesem unserem Lande beim Wohnungsbau die üppigsten Steuersubventionen in die Scheuern fährt? Richtig – die Klein- und Mittelverdiener sind es nicht.

Wer Schulden macht, ist selber schuld?

Nehmen wir einmal an, der sogenannte kleine Mann habe es geschafft und sei in seine Wohnung eingezogen. Hand aufs Herz: Wer unter uns Normalverdienern ist schon in der Lage, den Bau oder Kauf des ersehnten Objektes sofort voll aus eigenen Mitteln zu finanzieren?
Sind also die für die selbstbewohnte Wohnung benötigten Kredite aufgetrieben, so wird der kleine Mann vom Staat wiederum benachteiligt. Der Häuslebauer muß nämlich Zinsen zahlen, und die sind nach dem Einzug in das Eigenheim steuerlich nicht absetzbar.
Nun könnten Sie der Auffassung sein, daß das ungerecht ist. Diese Auffassung wäre richtig. Der schuldenbeladene Häuslebauer bringt für die Bildung von Wohnungseigentum zwar größere Opfer als jener, der nur vom Bankkonto abzuheben braucht, jedoch nimmt dies der Staat steuerlich nicht zur Kenntnis. Auch trägt der mit Kredit Bauende zur Belebung der Bauwirtschaft ebenso bei wie der besser betuchte und aus Eigenmitteln finanzierende Bauherr. Den Staat interessiert dies steuerlich jedoch überhaupt nicht.

Der Einheitswert trägt seinen Namen zu Recht

Sie dürfen sich jedoch noch weiter wundern:
Wer reichlich Vermögen hat, dem zwackt Vater Staat davon Vermögensteuer ab; noch halbwegs maßvoll zwar, aber 0,5 % sind es beim Privatmann immerhin.
Die Vermögensteuer wird von unterschiedlichen Ausgangswerten berechnet. So ermittelt man die Vermögensteuer bei Bankguthaben z. B. nach dem Nennwert, bei Grundstücken jedoch nach dem Einheitswert, der in der Regel nur etwa 20 % des Verkehrswerts ausmacht.

Nehmen wir einmal an, ein Zweifamilienhaus würde für 550 000 DM gebaut werden. Wer das Geld nur so herumliegen hat, bezahlt dafür jährlich 0,5 % Vermögensteuer, also 2 250 DM (von bestimmten Freibeträgen einmal abgesehen). In zehn Jahren mithin 22 500 DM. Bei einem Einheitswert von geschätzt 110 000 DM ermäßigt sich die Vermögensteuer des begüterten Bürgers durch den Bau oder Kauf des Hauses auf jährlich 550 DM, in zehn Jahren also auf insgesamt 5 500 DM. Der Wohlhabende spart also in zehn Jahren (22 500 DM ⁒ 5 500 DM =) 17 000 DM an Vermögensteuer. Derjenige Häuslebauer hingegen, der sein Haus mit erheblichen Fremdmitteln finanziert, spart an Vermögensteuer nichts. Zwar kommt der niedrige Einheitswert für das Gebäude auch ihm zugute, doch hat er nichts davon, da durch seine Schuldenhöhe in der Regel ohnehin keine Vermögensteuer anfällt. Wird also, wer mit Schulden baut, bestraft? Die Antwort überlasse ich Ihnen.

Vom Segen der Abschreibungen

Wer schon in der eigenen Wohnung oder im eigenen Haus wohnt, braucht auf Steuersubventionen aus Bonn gleichwohl nicht zu verzichten, wenn er zusätzlich in Grundbesitz investieren will. Das Stichwort heißt »degressive Abschreibungen«. Ich will es Ihnen erklären:
Man kann in den ersten acht Jahren 5 % der Anschaffungs- oder Herstellungskosten abschreiben und als sogenannte »Werbungskosten« absetzen. Werbungskosten mindern die Einkünfte und damit das zu versteuernde Einkommen (die Zeit nach den genannten acht Jahren ist wegen der dann geringeren Abschreibungen verhältnismäßig uninteressant und wird hier einmal weggelassen).

Für die degressive Abschreibung muß es sich um ein neues Objekt handeln (eigene Herstellung oder Anschaffung im Jahr der Fertigstellung). Ferner muß es sich um ein Objekt handeln, das vermietet wird.

Interessanterweise dürfen degressive Abschreibungen unbeschränkt in Anspruch genommen werden. Das gilt

- sowohl für die Zahl der Objekte
- als auch für die Höhe der Anschaffungs- oder Herstellungskosten.

Wer z. B. die Mittel hat, fünf Zweifamilienhäuser zu je 500 000 DM hinzustellen, um die Wohnungen zu vermieten, zieht in seiner Steuererklärung (5 % von 2,5 Mio. DM =) 125 000 DM jährlich ab und reduziert seine Einkommensteuer um jährlich (53 % von 125 000 DM =) 66 250 DM. In acht Jahren macht das an Steuerersparnis 530 000 DM aus. Das ist etwas mehr, als den Baulöwen ein Zweifamilienhaus gekostet hat.

Man mag es noch akzeptieren, daß diese Steuervergünstigung hinsichtlich der Zahl der Objekte nicht begrenzt ist, daß also der am meisten an Steuer spart, der schon besonders viel hat, denn er fördert immerhin die Bauwirtschaft.

Eigenartigerweise ist es aber dem Staat egal, ob mit den 2,5 Mio. DM im obigen Beispiel immerhin 10 Wohneinheiten geschaffen werden oder ob zwei Luxusvillen entstehen, die je 1,25 Mio. DM kosten. Werden diese nämlich vermietet, so subventioniert unser Staat diese Bauten genau so, als wenn 10 Mietwohnungen entstanden wären, nämlich mit 530 000 DM Steuernachlaß in acht Jahren. Das ist, wie ich finde, ein Skandal.

Da die Vermietung eine Voraussetzung ist, um an die degressive Abschreibung zu kommen, praktiziert man manchmal den Trick mit der gegenseitigen Anmietung. Gleichgesinnte und -betuchte bauen und vermieten einander; natürlich in gehörigem zeitlichem Abstand und mit unterschiedlich hohen Baukosten, damit das Finanzamt gar nicht erst auf den Gedanken kommt, den Knüppel des Rechtsmißbrauchs aus der Schublade zu holen.

Natürlich kann man auch an Angehörige vermieten. Und mit verbilligter Vermietung lassen sich weitere Steuern sparen. Das geht folgendermaßen vor sich: Der Vermieter bemißt die Miete so, daß sie nicht weniger als 50 % der ortsüblichen Marktmiete beträgt. Dann kann nach den geltenden Gesetzen das Finanzamt von den abziehbaren Werbungskosten, zu denen auch die degressiven Abschreibungen gehören, keinen Pfennig streichen. Ergebnis: geringere Mieteinnahmen bei gleich hohen Werbungskosten, also niedrigere Einkünfte aus Vermietung und Verpachtung.

Nehmen wir einmal an, die Miete für eine Villa der obengenannten Güte betrüge vom Marktpreis her monatlich 5 000 DM. Dann würden an Einnahmen im Jahr normalerweise 60 000 DM anfallen. Wird nun an die eigene Tochter entgegenkommenderweise für monatlich 2 500 DM vermietet, hat man an Einnahmen jährlich 30 000 DM weniger zu versteuern. Das macht eine Mindersteuer von (53 % von 30 000 DM =) 15 900 DM im Jahr aus, in zehn Jahren also 159 000 DM. Wohl dem, der eine Villa hat und eine Tochter, an die er sie vermieten kann.

Damit keine Mißverständnisse aufkommen: Die Steuervergünstigung von 530 000 DM aus der achtjährigen degressiven Abschreibung erhält der Vermieter trotz verbilligter Vermietung. Rechnet man zusammen, so kommt man in diesen beiden Beispielen auf die stattliche Steuervergünstigung von 689 000 DM.

Wer die degressive Abschreibung zugestanden erhält, kann auch alle übrigen Hauskosten steuermindernd absetzen, insbesondere also auch etwaige Schuldzinsen. Wird ergo mit Kredit finanziert, trägt selbst bei der fremdfinanzierten Luxusvilla einen Teil der Finanzierungskosten die Allgemeinheit, eben auch jeder kleine Steuerzahler. Wir erinnern uns: Bei der Wohnung für den Eigengebrauch ist Vater Staat lange nicht so großzügig; Schuldzinsen und andere Kosten sind nach dem Einzug in der Regel nicht mehr absetzbar. Wir erinnern uns weiter: Bei der Wohnung für den Eigengebrauch subventioniert der Staat aus maximal 300 000 DM Kaufpreis oder Baukosten. Die vermietete neue Wohnung oder das vermietete neue Haus sind hinsichtlich der Baukosten oder des Kaufpreises der Höhe nach unbeschränkt subventionsfähig.

Denkmalschutz muß sein

... denn Menschen tun das Notwendige durchaus nicht immer von sich aus, sondern häufig erst dann, wenn sie durch Gesetze und Verordnungen den nötigen »Druck von oben« bekommen.

Einerseits bedarf jede Änderung an einem Denkmal der behördlichen Genehmigung, andererseits ist der Eigentümer zur Erhaltung und Instandsetzung verpflichtet. Ein Gebäude wird in den meisten Bundesländern zum Baudenkmal dadurch, daß es in die Denkmalliste eingetragen wird.

Mit Speck fängt man bekanntlich Mäuse, und so hat der Staat steuerliche Anreize geschaffen, damit Leute, welche die Mittel dazu haben, in den Denkmalschutz investieren. Wie Sie gleich noch lesen werden, kann sich das durchaus rechnen.

Nehmen wir einmal an, daß der Privatmann X in diesem Jahr ein unter Denkmalschutz stehendes Einfamilienhaus kauft, um darin zu wohnen. Der Kaufpreis soll sich (inkl. 50 000 DM für den Grund und Boden) auf insgesamt 350 000 DM belaufen. Die Kosten für den Um- und Ausbau sollen 200 000 DM betragen.

- X kann als Sonderausgaben jährlich 5 % von 300 000 DM abziehen, also 15 000 DM jährlich, und dies acht Jahre lang. Bei einem Einkommensteuersatz von 53 % beläuft sich die jährliche Steuerersparnis daraus auf (53 % von 15 000 DM =) 7950 DM, in acht Jahren also auf zusammen 63 600 DM.
- Ferner kann X erhöhte Abschreibungen auf die 200 000 DM Herstellungskosten von jährlich 10 % in Anspruch nehmen, woraus eine Steuerersparnis von jährlich (53 % von 20 000 DM =) 10 600 DM resultiert. In zehn Jahren summiert sich das auf satte 106 000 DM.

Die nachträglichen Herstellungskosten von 200 000 DM für den Um- und Ausbau kann X beinahe voll aus seiner Steuerersparnis finanzieren. Voraussetzung: Sein persönlicher Steuersatz muß hoch genug sein; das wiederum bedingt, daß X ein ausreichend hohes Einkommen hat.
Bei kleinerem Einkommen und demzufolge niedrigerem Steuersatz wird die Steuerersparnis so gering, daß sich die Investition nicht mehr rechnet, sich also finanziell nicht mehr lohnt. Und da Menschen eine Belohnung beinahe immer in Mark und Pfennig ausgedrückt sehen möchten, ist das Steuersparen durch Investitionen beim Denkmalschutz gegenwärtig eine Sache derer, die eine prallgefüllte Brieftasche vorweisen können.
Übrigens: Von den Herstellungskosten kann der Investor einen Teil der denkmalbedingten Mehraufwendungen vom Land erstattet bekommen, was – beinahe überflüssig zu betonen – dem Grunde und der Höhe nach durchaus nicht davon abhängt, in welchen Vermögensverhältnissen dieser Privatmann lebt. Die Höhe der Erstattung ist von Land zu Land verschieden. Das Land Baden-Württemberg z. B. ersetzt 50 % des denkmalbedingten Mehraufwands.

Berlin ist eine Reise wert

Wer in Berlin investiert, ist besser daran als andere. Auch Investitionen in Gebäude sind durch besonders hohe Abschreibungsmöglichkeiten begünstigt. Und keineswegs wird wieder einmal die Zulässigkeit dieser Abschreibungen nach der Ertragskraft oder Vermögenslage des Investors begrenzt. Wer viel investieren kann, spart auch eine Menge an Steuern, ob er nun Springer heißt oder Lieselotte Müller.

- Da können zunächst einmal Unternehmer nahezu alle in Berlin liegenden Betriebsgebäude schon in den ersten fünf Jahren nach der Herstellung oder dem Kauf mit bis zu insgesamt 75 % abschreiben. (Vielleicht ist mancher Bau in Berlin nur dadurch erklärbar.)

An einem Beispiel seien Ihnen die Auswirkungen aufgezeigt: Ein Medienkonzern errichtet in Berlin sein Verwaltungsgebäude für 15 Millionen DM. 75 % schreibt er ab, das sind 11 250 000 DM. Darauf spart er (53 % von 11 250 000 DM =) 5 962 500 DM Einkommensteuer. Hinzu kommt eine Ersparnis an Gewerbesteuer von rund 1,2 Millionen DM. Am Verwaltungsbau, der 15 Millionen DM kostet, beteiligen sich also alle Steuerzahler mit rund 7 Millionen DM oder knapp der Hälfte der Baukosten. Ob die Steuerzahler dies wissen? Hoffentlich ist es jetzt bekannt.

Nun könnte ja jemand auf die Idee kommen zu argumentieren, daß die Abschreibungen lediglich vorgezogene Aufwendungen sind, die später fehlen, also zu keiner echten Steuerersparnis führen. Dieses Argument wäre nicht stichhaltig und daher Augenwischerei: Bei der langen Lebensdauer von Gebäuden ist der Effekt der Zinsersparnis, der durch die vorgezogenen Abschreibungen erreicht wird, so groß, daß er einer echten Steuerersparnis nicht nur gleichkommt, sondern sie womöglich noch übertrifft.

- Aber noch weitere Investitionen in Berlin sind begünstigt. Bei neuen Mehrfamilienhäusern, die in Berlin liegen und zu mehr als zwei Dritteln Wohnzwecken dienen, darf abgeschrieben werden
  — in den ersten zwei Jahren bis zu jährlich 10 %,
  — in den darauffolgenden zehn Jahren jährlich bis zu 3 % der Anschaffungs- oder Herstellungskosten.
  In 12 Jahren sind also 50 % der Baukosten abgeschrieben worden mit entsprechender Steuerminderung und Zinsauswirkung. Doch es kommt noch besser.
- Dienen die in Berlin liegenden neuen Mehrfamilienhäuser, die im steuerbegünstigten oder frei finanzierten Wohnungsbau errichtet worden sind, mindestens drei Jahre nach der Fertigstellung zu mehr als 80 % Wohnzwecken, so können in den ersten drei Jahren sogar bis zu insgesamt 50 % der Anschaffungs- oder Herstellungskosten abgeschrieben werden. Mehrfamilienhäuser sind Gebäude mit mehr als zwei Wohnungen.
  Wer also schlau ist, wird ausreichend in Berlin investieren, vorausgesetzt, daß sein Einkommen und damit sein persönlicher Steuersatz genügend hoch ist. Kauft er als Privatmann drei Dreifamilienhäuser zu je 650 000 DM (Grund und Boden extra), investiert er also zusammen 1 950 000 DM, reduziert er seine Einkommensteuer auf einen Schlag um (53 % von 1 950 000 DM =) 1 033 500 DM. Jedes Dreifamilienhaus hat ihn danach nur noch 305 500 DM gekostet anstatt 650 000 DM. Das nenne ich ein Geschäft.
  Übrigens: Wer mit Kredit finanziert, kann für die vermieteten Wohnungen sämtliche Zinsen und Finanzierungskosten steuerlich absetzen; alle sonstigen Hauskosten freilich ebenfalls.
- Des Staates Steuersegen fällt jedoch nicht nur auf jenen, der in Berlin neue Mehrfamilienhäuser baut oder kauft.

Mitnichten. Vielmehr sind auch Modernisierungsmaßnahmen, die sonst zu Herstellungskosten führen würden und nicht sofort im Jahr der Ausgabe abgezogen werden könnten, steuerlich begünstigt, sofern sie an älteren Mehrfamilienhäusern in Berlin durchgeführt werden. Abgezogen werden können in den ersten drei Jahren bis zu insgesamt 50 % dieser Herstellungskosten. Das ist ebenfalls ein Geschäft; allerdings nicht für die Allgemeinheit der Steuerzahler, denn der Abzug lohnt sich eigentlich so richtig erst beim Spitzensteuersatz von 53 %. Und man muß als Lediger ein Einkommen von mehr als 120 000 DM und als Verheirateter von mehr als 240 000 DM im Jahr haben, ehe jede Mark darüber dem Steuersatz von 53 % unterliegt (Grenzsteuersatz).

- Bei zu eigenen Wohnzwecken genutzten Wohnungen in einem in Berlin liegenden eigenen Haus oder bei einer eigenen Eigentumswohnung kann der Steuersparer als Sonderausgaben steuermindernd abziehen
  - in den ersten beiden Jahren bis zu je 10 % der Anschaffungs- oder Herstellungskosten (einschließlich 50 % der Anschaffungskosten für den Grund und Boden), höchstens jährlich 30 000 DM,
  - in den darauffolgenden zehn Jahren bis zu jährlich 3 %, höchstens jährlich 9 000 DM.

Er kann also in den ersten zwölf Jahren bis zu insgesamt 150 000 DM als Sonderausgaben steuermindernd absetzen. Das ergibt eine Steuerersparnis von immerhin (53 % von 150 000 DM =) 79 500 DM. Wer allerdings erheblich weniger begütert ist und einem Steuersatz von beispielsweise nur 25 % unterliegt, spart in diesen zwölf Jahren auch nur (25 % von 150 000 DM =) 37 500 DM, also weniger als die Hälfte des Spitzenverdieners.

2 Kappung der Kirchensteuer: Großverdiener werden entlastet

Was allgemein wenig bekannt ist und auch von den Kirchen und Diözesen weder breitgetreten noch einheitlich gehandhabt wird: Wer viel verdient, zahlt letztlich prozentual weniger Kirchensteuern als der kleine Mann.
Sie wissen: Die Kirchen bedienen sich des Finanzamts als Steuereinnehmer. Arbeitnehmer werden gleich beim Lohnsteuerabzug zur Kirchensteuerkasse gebeten. Die Kirchensteuer beträgt in der Regel 8 % oder 9 % der Lohn- bzw. Einkommensteuer.
Bei hohen Einkommen lassen es einige Kirchen bzw. Diözesen nach der Devise »wer austritt, zahlt gar nichts« zu, daß die Kirchensteuer gekappt wird. Was heißt »Kappung«? Die Kirchensteuer beträgt zwar 8 % oder 9 % der Lohn- bzw. Einkommen*steuer*, wird jedoch begrenzt auf einen Prozentsatz des zu versteuernden Einkommens.
Das hat zur Folge daß Otto Normalverdiener z. B. 9 % seiner Lohnsteuer an Kirchensteuer zu berappen hat, der Großverdiener jedoch beispielsweise nur 6,5 %, wie ich an folgendem Beispiel erläutere.
Gehen wir einmal davon aus, daß das zu versteuernde Einkommen eines nicht ganz Armen 800 000 DM beträgt und die Einkommensteuer 428 439 DM ausmacht. Die Kirchensteuer beliefe sich, wenn sie mit 9 % der Einkommensteuer berechnet werden würde, auf rund 38 560 DM.
Wird nun die Kirchensteuer auf 3,5 % des zu versteuernden Einkommens begrenzt (gekappt), wie dies unter anderem in den Ländern Berlin, Hamburg, Nordrhein-Westfalen, dem Saarland, Rheinland-Pfalz und Schleswig-Holstein der Fall ist, so beträgt sie bei einer Begrenzung auf z. B. 3,5 % des zu

versteuernden Einkommens (3,5 % von 800 000 DM =) 28 000 DM.

Sie haben richtigerweise gemerkt, daß der Großverdiener in diesem – realistischen – Beispiel 10 560 DM an Kirchensteuern eingespart hat.

Die – inzwischen gekappte – Kirchensteuer beträgt in diesem Fall 6,5 % der Einkommensteuer, also 2,5 % weniger als bei Otto Normalverdiener. Das soll für sozial gerechtfertigt halten, wer will.

Möglicherweise wird dieses Verfahren von Kirchen und Diözesen praktiziert, um Großverdiener vom Kirchenaustritt abzuhalten, denn durch einen solchen Schritt dieser Steuerzahler ginge die Kirche vollends leer aus. Also begnügt sie sich weise von vornherein mit etwas weniger Steuern.

Wo eine Kappung möglich ist und wo nicht, kann der folgenden instruktiven Tabelle entnommen werden.

Land/Kirche/Kultusgemeinde	ESt/LSt %	Kappung in % des zu versteuernden Einkommens
Baden-Württemberg		
Evang. Landeskirche in Württemberg	8	keine
Evang. Landeskirche in Baden	8	keine
Diözese Rottenburg-Stuttgart	8	keine
Erzdiözese Freiburg	8	keine
Altkatholische Kirche	8	keine
Israelitische Religionsgemeinschaft	8	keine
Freireligiöse Landesgemeinde Baden	8	keine
Bayern		
Evang.-Lutherische Kirche in Bayern und Ev.-Reformierte Kirche	8	keine
Diözese Augsburg	8	keine

Land/Kirche/Kultusgemeinde	ESt/LSt %	Kappung in % des zu versteuernden Einkommens
Fortsetzung Bayern		
Erzdiözese Bamberg	8	keine
Diözese Eichstätt	8	keine
Erzdiözese München und Freising	8	keine
Diözese Passau	8	keine
Diözese Regensburg	8	keine
Diözese Würzburg	8	keine
Altkatholische Kirche	8	keine
Landesverband Israelitischer Kultusgemeinden	8	keine
Berlin		
Evang. Kirche in Berlin-Brandenburg	9	3
Diözese Berlin	9	3
Französische Kirche in Berlin	9[1]	3
Jüdische Gemeinde	9[1]	3
Bremen		
Bremische Evang. Kirche	8	3
Evang.-luth. Landeskirche Hannovers	8	3
Evang.-reformierte Kirche in Nordwestdeutschland	8	3
Diözese Hildesheim	8	3
Diözese Osnabrück	8	3
Hamburg		
Nordelbische Evang.-luth. Kirche	8	3
Evang.-lutherische Landeskirche Hannovers	8	3
Römisch-katholische Diözesen		
– Osnabrück	8	3
– Hildesheim	8	3
Evang.-reformierte Kirche in Hamburg	8[2]	–
Mennonitengemeinde	10[2]	–

Land/Kirche/Kultusgemeinde	ESt/LSt %	Kappung in % des zu versteuernden Einkommens
Hessen		
Evang. Kirche in Hessen und Nassau	9	4% auf Antrag
Evang. Kirche von Kurhessen-Waldeck	9	4% auf Antrag
Evang. Kirche im Rheinland	9	4% auf Antrag
Erzdiözese Paderborn	9	4% auf Antrag
Diözese Fulda	9	4% auf Antrag
Diözese Limburg	9	4% auf Antrag
Diözese Mainz	9	4% auf Antrag
Altkatholische Kirche	9	4% auf Antrag
Jüdische Gemeinde Frankfurt	9	keine
Jüdische Gemeinde Gießen	9	keine
Jüdische Gemeinde Kassel	9	keine
Freireligiöse Gemeinde Mainz	9	keine
Freireligiöse Gemeinde Offenbach	9	4% auf Antrag
Niedersachsen		
Evang.-luth. Landeskirche Braunschweig	9	3,5
Evang.-luth. Landeskirche Oldenburg	9	3,5
Evang.-luth. Landeskirche Schaumburg-Lippe	9	3,5
Evang.-reformierte Kirche in Nordwestdeutschland	9	3,5
Bremische Evang. Kirche	8	3
Diözese Fulda	9	3,5
Diözese Hildesheim	9	3,5
Diözese Münster	9	3,5
Diözese Osnabrück	9	3,5
Erzdiözese Paderborn	9	3,5
Altkatholische Kirche	9	3,5
Nordrhein-Westfalen		
Lippische Landeskirche	9	4% auf Antrag
Evang. Kirche von Westfalen	9	4% auf Antrag
Evang. Kirche im Rheinland	9	4% auf Antrag
Diözese Aachen	9	keine

Land/Kirche/Kultusgemeinde	ESt/LSt %	Kappung in % des zu versteuernden Einkommens
Diözese Essen	9	4% auf Antrag
Erzdiözese Köln	9	4% auf Antrag
Diözese Münster	9	4% auf Antrag
Erzdiözese Paderborn	9	4% auf Antrag
Altkatholische Kirche	9	keine
Jüdische Kultusgemeinden	9	4% auf Antrag[3]
Rheinland-Pfalz		
Evang. Kirche in Hessen und Nassau	9	4% auf Antrag
Evang. Kirche im Rheinland	9	4% auf Antrag
Protestantische Landeskirche der Pfalz	9	4% auf Antrag
Erzdiözese Köln	9	4% auf Antrag
Diözese Limburg	9	keine
Diözese Mainz	9	4% auf Antrag
Diözese Speyer	9	4% auf Antrag
Diözese Trier	9	keine
Altkatholische Kirche	9	keine
Freireligiöse Gemeinde Mainz	9	keine
Freireligiöse Landesgemeinde Pfalz	9	keine
Jüdische Kultusgemeinde Koblenz	9	keine
Unitarische Religionsgemeinschaft Freie Protestanten	9	keine
Saarland		
Evang. Kirche im Rheinland	9	4% auf Antrag
Protestantische Landeskirche der Pfalz	9	4% auf Antrag
Diözese Speyer	9	4% auf Antrag
Diözese Trier	9	keine
Altkatholische Kirche	9	keine
Synagogengemeinde Saar	9	keine

Land/Kirche/Kultusgemeinde	ESt/LSt %	Kappung in % des zu versteuernden Einkommens
Schleswig Holstein		
Nordelbische Evangelisch-lutherische Kirche	9	3,5
Diözese Osnabrück	9	3,5

1 Erhebung in kircheneigener Verwaltung, nicht durch staatliche Finanzbehörden, daher kein Lohnsteuerabzug.
2 Nicht in staatlicher Verwaltung, daher kein Lohnsteuerabzug.
3 Nur in Westfalen; in den übrigen Landesteilen keine Kappung.

Wer aus der Kirche austritt, zahlt keine Kirchensteuer mehr, sondern kann frei entscheiden, in welcher Höhe er Spenden an Institutionen seiner Wahl überweist.
Bemessungsgrundlage für die Kirchensteuer im Jahr des Austritts ist die Einkommensteuer, die für jeden vollen Kalendermonat, in dem die Pflicht zur Leistung von Kirchensteuern nicht bestanden hat, um ein Zwölftel zu kürzen ist.

3 Harte D-Mark nach Berlin

Für jene Steuersparer, die genügend Geld übrig haben, um es als Darlehen nach Berlin fließen zu lassen, aber auch für solche Bürger, die mit spitzem Bleistift rechnen, eine Darlehensart mit Kredit finanzieren und die Kreditkosten als Betriebsausgaben oder Werbungskosten absetzen, hält der Gesetzgeber einige Möglichkeiten bereit, die der betuchte Bürger eben nur zu kennen braucht. Betucht muß er schon sein und möglichst ein solches Einkommen haben, das dem Spitzensteuersatz unterliegt, sonst rechnet sich die Hingabe eines Berlin-Darlehens nicht so recht.

Darlehen mit einer Laufzeit von mindestens 8 Jahren

Der Steuersparer hat die Möglichkeit, der Berliner Industriebank AG oder der Niederlassung Berlin der Industriekreditbank AG – Deutsche Industriebank zur Finanzierung betrieblicher Investitionen jährlich ein Darlehen zu geben. Hier die Voraussetzungen für die Steuerminderung des Darlehens:

- Die Darlehen müssen eine vertragliche Laufzeit von mindestens acht Jahren haben.
- Frühestens vom Ende des vierten Jahres an darf die Rückzahlung mit höchstens einem Fünftel des Darlehensbetrages erfolgen.
- Mit der Aufnahme eines Kredites darf das Darlehen jeweils wirtschaftlich weder mittelbar noch unmittelbar zusammenhängen. Allerdings ist es unschädlich, wenn laufende Geschäftskredite in Anspruch genommen werden.

  Für Geschäftsleute steht damit ein beträchtliches Schlupfloch offen.
- Die Steuerermäßigung geht verloren, wenn das Darlehen vorzeitig zurückgezahlt wird. Und wie hoch ist die Steuerermäßigung, die durch (jährliche) Hingabe von Darlehen erreicht werden kann?

Die Einkommensteuer oder, bei Kapitalgesellschaften, die Körperschaftsteuer verringert sich in dem Jahr, in dem das Darlehen hingegeben wurde, um 12 % der Darlehenssumme.

Nehmen wir einmal an, ein gutverdienender Unternehmer hat genug auf die Seite gelegt, um ein Darlehen von 1 Mio. DM nach Berlin geben zu können. Im Jahr der Darlehensgewährung darf er seine Einkommensteuerschuld um (12 % von 1 Mio. DM =) 120 000 DM reduzieren; allerdings darf die Ermäßigung 50 % der Einkommen (bzw. Körperschaft-)steuer, die sich ohne diese Ermäßigung ergeben würde, nicht übersteigen. Hätte also der Unternehmer im Jahr der Hingabe des Darlehens nur eine Einkommensteuerschuld von 200 000 DM, so dürfte er trotz Darlehensgewährung von 1 Mio. DM nicht 120 000 DM, sondern »nur« 100 000 DM abziehen.

Solche Darlehen rentieren derzeit (Dez. 1988) wie folgt:

1. Laufzeit: 8 Jahre: Zins 4,00 %, Einzahlung 100 %; Rendite vor Steuern (bei 56 % ESt) 9,10 %.
2. Laufzeit: 10 Jahre: Zins 4,50 %, Einzahlung 100 %; Rendite vor Steuern (bei 56 % ESt) 9,00 %.
3. Laufzeit: 12 Jahre: Zins 5,00 %, Einzahlung 100 %; Rendite vor Steuern (bei 56 % ESt) 9,09 %.

Aber eben nur beim Spitzensteuersatz. Also weniger etwas für kleine Leute.

Darlehen mit einer Laufzeit von mindestens 10 Jahren

Bei diesen Darlehen, lieber Leser, handelt es sich um unverzinsliche Darlehen zur Finanzierung von Wohnungsbauten. Hier wieder die Voraussetzungen, die vorliegen müssen, damit der Steuersparer mit der Darlehenshingabe eine Steuerminderung erreicht.

- Die Darlehen müssen eine Laufzeit von mindestens 10 Jahren haben.
- Sie müssen einem Bauherrn oder der Wohnungsbau-Kreditanstalt Berlin oder der Berliner Pfandbriefbank gewährt werden.
- Die Darlehen sind höchstens in gleichen Jahresbeträgen, die der im Vertrag vereinbarten Laufzeit entsprechen, zu tilgen.
- Werden die Darlehen mit Kredit finanziert, so ist das

steuerschädlich, was heißt, daß dann eine Steuerermäßigung nicht in Betracht kommen soll.

Die Einkommensteuer oder, bei Kapitalgesellschaften, die Körperschaftsteuer ermäßigt sich im Jahr der Darlehenshingabe um 20 % der Darlehenssumme. Die Ermäßigung ist jedoch beschränkt auf

— 10 000 DM für jede geförderte Wohneinheit und
— 50 % der Einkommensteuer oder Körperschaftsteuer, die sich ohne die Steuerermäßigung ergeben hätte.

Bleiben wir einmal bei dem gutverdienenden Unternehmer, der seine Million von der hohen Kante herunterholt und sie zur Finanzierung des Wohnungsbaus unverzinslich nach Berlin gibt. Gehen wir davon aus, daß mit dieser 1 Mio. DM 20 Wohnappartements gefördert werden. Dann kann er (20 % von 1 Mio. DM = 200 000 DM, höchstens 20 Wohneinheiten à 10 000 DM = 200 000 DM, also) 200 000 DM von seiner Einkommen- oder Körperschaftsteuerschuld absetzen. Das bedeutet: Die 1 Mio. DM bringen ihm im ersten Jahr eine Rendite von (200 000 DM =) 20 %, in den folgenden 10 Jahren hängt die Höhe der Rendite davon ab, wie er die Steuerersparnis von 200 000 DM gewinnbringend anlegt.

Verzinsliche Darlehen mit einer Laufzeit von 25 Jahren

Bei den verzinslichen Darlehen handelt es sich um solche, die der Förderung des Baues, des Umbaues, der Erweiterung, der Modernisierung und der Instandsetzung von Gebäuden in West-Berlin dienen müssen. Auch hier seien Sie darüber informiert, welche Voraussetzungen vorliegen müssen, damit diese Darlehen zu einer kräftigen Steuerermäßigung führen.

- Diese verzinslichen Darlehen müssen eine Laufzeit von 25 Jahren haben.
- Die Tilgung hat wie bei den unverzinslichen Darlehen zu erfolgen. Die Darlehen können in gleichbleibenden Jahresraten getilgt werden, wobei der Zinsanteil sich allmählich verringert und der Tilgungsanteil entsprechend erhöht.
- Achtung:
  Diese Darlehen dürfen mit Krediten finanziert werden. Das wird der betuchte Steuersparer in Anlehnung an seinen individuellen Steuersatz einmal durchrechnen, denn die Finanzierung solcher Darlehen mit Kredit kann sich deswegen lohnen bzw. rechnen, weil die Darlehenszinsen und sonstigen Finanzierungskosten als Werbungskosten oder Betriebsausgaben abzugsfähig sind. Hat der Investor zum Beispiel einen Spitzensteuersatz von 53 %, was bei einem hohen Einkommen ja der Fall ist, und muß er für den Kredit einen Zinssatz von 8 % aufbringen, so bezahlt er beim Abzug der Darlehenszinsen als Werbungskosten oder Betriebsausgaben effektiv nur noch Zinsen auf der Basis eines Zinssatzes von 3,76 %, die aus der Verzinsung des Darlehens, auch unter Berücksichtigung der Einkommensteuer, gedeckt werden können. Die Steuerermäßigung bleibt dem Investor also auch bei Kreditaufnahme ungefähr netto erhalten.

Die Einkommensteuer oder, bei Kapitalgesellschaften, die Körperschaftsteuer, verringert sich im Jahr der Hingabe des Darlehens um 20 % der Darlehenssumme, wobei auch hier wieder als Obergrenze für die Steuerermäßigung 50 % der Einkommen- oder Körperschaftsteuer in diesem Jahr gelten. Zugegeben, die Laufzeit dieser Darlehen ist mit 25 Jahren ein wenig lang, und vorzeitig zurückgezahlt werden dürfen sie nicht, will der Investor nicht die Steuerermäßigung verlieren. Doch rechnen wir auch hier wieder einmal:

Unser Investor legt seine Million auf 25 Jahre fest. Hat er diesen Betrag nicht mit Kredit finanziert, so bekommt er

- im Jahr der Darlehenshingabe eine Steuerermäßigung auf seine Einkommensteuer oder Körperschaftsteuer von (20 % von 1 Mio. DM =) 200 000 DM.
- Darüber hinaus erhält er für dieses Jahr und die folgenden 24 Jahre jeweils seine normalen Darlehenszinsen gutgeschrieben, die er entweder als Einkünfte aus Kapitalvermögen versteuert oder, wenn das Darlehen zu seinem Betriebsvermögen gehört, als Einkünfte aus Gewerbebetrieb.

Hat der Investor einen Kredit in Höhe von 1 Mio. DM aufgenommen, so wird man wohl davon ausgehen können,

- daß ihm die Steuerersparnis von 200 000 DM netto verbleibt und
- daß zu versteuernde Guthabenzinsen und abzugsfähige Kreditzinsen sich in etwa ausgleichen; ein Geschäft allemal.

Der Investor darf zwar verschiedene Darlehen nach Berlin geben, also z. B. sowohl mit Laufzeiten von acht, zehn und 25 Jahren, aber die Höchstgrenze bleibt bestehen, was heißt, daß die gesamte Steuerermäßigung aus Berlin-Darlehen 50 % der Einkommensteuer oder Körperschaftsteuer nicht übersteigen darf, die sich ohne die Ermäßigung ergeben hätte.

Der Bundesfinanzhof, das höchste deutsche Steuergericht, war den Darlehensgebern wohlgesonnen und hatte 1985 entschieden, daß die entgeltliche Abtretung eines Berlin-Darlehens keine vorzeitige Rückzahlung des Darlehens und damit nicht steuerschädlich sei, ein Verlust der Steuerermäßigung nicht eintrete. Dieses Schlupfloch wurde im Zuge des Steuerreformgesetzes abgedichtet, so daß die entgeltliche Abtretung steuerschädlich ist, und zwar sind dies bereits

Abtretungen, die nach dem 22.3.1988 vorgenommen werden.
Haben Sie schon einmal darüber nachgedacht, daß, wer an einer Wohnungsbau-GmbH in West-Berlin beteiligt ist, sich jedenfalls aus steuerlicher Sicht die Hände reiben kann?
Und noch eines ist bemerkenswert: Die Höhe, in der Darlehen steuerbegünstigt nach West-Berlin vergeben werden können, ist unbegrenzt. Die einzige Beschränkung liegt darin, daß die Steuerersparnis für alle Berlin-Darlehen 50 % der sonst festgesetzten Einkommensteuer oder Körperschaftsteuer nicht übersteigen darf. Je höher das Einkommen ist und je höher demzufolge die verfügbaren Mittel sind, um so höher fällt auch die Steuerersparnis aus, wenn Darlehen nach West-Berlin fließen.
Diese Art, Steuern zu sparen, kann übrigens Jahr für Jahr wiederholt werden, was zur Folge hat, daß die neuen Darlehen schließlich aus den Rückzahlungen bereits älterer Berlin-Darlehen finanziert werden können.

4 Der gekaufte Staat

Über viele Jahre haben in der Bundesrepublik Deutschland unter anderem Adlige, aber nicht Untadelige, die politische Landschaft erfolgreich gepflegt. Da war Herr von Brauchitsch mit seinen Zahlungen an Politiker und Parteien über das Haus Flick, da war Herr Graf Lambsdorff, wegen Steuerhinterziehung zu 180000 DM Geldstrafe rechtskräftig verurteilter Steuer-Mann und heute, man staune, Parteivorsitzender der F.D.P., in Anschaffung und Akquisition im Großeinsatz. »W. G. Lambsdorff« aus den Eintragungen des damaligen Flick-Buchhalters steht heute als Synonym für unredlich und schlitzohrig. Der politisch interessierte Zeitgenosse weiß – hoffentlich – noch, wie Spenden über Vereinigungen geleitet worden sind, welche letztlich allein zu dem Zweck ins Leben gerufen worden waren, damit die Firmen die Zahlungen von der Steuer absetzen konnten. Alle, alle zahlten, und alle setzten ab. Zum einen also wurde die Steuer, in der Regel in Höhe von damals noch 56 % der »gespendeten« Beträge, niedriger, und man beeinflußte die Zahlungsempfänger in seinem Sinn, in der Regel also industriefreundlich. Zum anderen wälzte man die Kosten dieser Landschaftspflege durch den Abzug von der Steuer in Höhe von 56 % auf die Allgemeinheit ab, also auch zu Lasten des kleinen Mannes.

Ich will mich nicht lange bei der Vergangenheit aufhalten, sondern dem Leser sagen, was heutzutage in dieser Hinsicht möglich ist.

Das Bundesverfassungsgericht hat 1986 entschieden, daß die Gesetzesvorschrift, wonach Spenden zur Förderung staatspolitischer Zwecke bis zu maximal

— 5 % des Gesamtbetrags der Einkünfte oder
— 2 ‰ der Summe aus Umsätzen und Löhnen und Gehältern

abzugsfähig waren, verfassungswidrig ist. Ausgaben zur Förderung staatspolitischer Zwecke sind danach für jeden Steuerzahler – unter Wegfall der Begrenzung auf die genannten Prozentsätze – bis zu jährlich 100 000 DM abzugsfähig; bei Zusammenveranlagung von Ehegatten bis zu jährlich 200 000 DM.

Hier eine kleine Grafik über die Abzugsmöglichkeiten von Spenden:

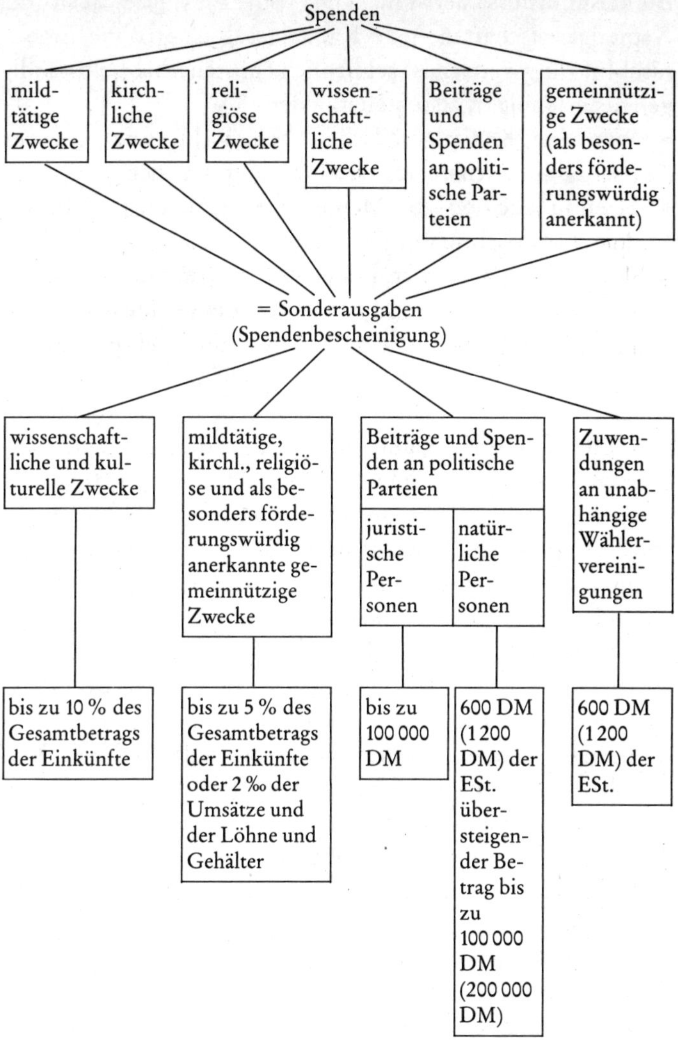
Spenden
mildtätige Zwecke
kirchliche Zwecke
religiöse Zwecke
wissenschaftliche Zwecke
Beiträge und Spenden an politische Parteien
gemeinnützige Zwecke (als besonders förderungswürdig anerkannt)
= Sonderausgaben (Spendenbescheinigung)
wissenschaftliche und kulturelle Zwecke
mildtätige, kirchl., religiöse und als besonders förderungswürdig anerkannte gemeinnützige Zwecke
Beiträge und Spenden an politische Parteien
juristische Personen
natürliche Personen
Zuwendungen an unabhängige Wählervereinigungen
bis zu 10 % des Gesamtbetrags der Einkünfte
bis zu 5 % des Gesamtbetrags der Einkünfte oder 2 ‰ der Umsätze und der Löhne und Gehälter
bis zu 100 000 DM
600 DM (1 200 DM) der ESt. übersteigender Betrag bis zu 100 000 DM (200 000 DM)
600 DM (1 200 DM) der ESt.

Die Höchstgrenze von 100 000 DM gilt nach dem Erlaß des Bundesministers der Finanzen vom 29. 9. 1986 auch für Kapitalgesellschaften; jede Kapitalgesellschaft ohne Ergebnisabführungsvertrag ist schließlich ein steuerlich selbständiges Rechtssubjekt, also Steuerzahler.

- Wer eine Kapitalgesellschaft beherrscht, setzt bei der Kapitalgesellschaft 100 000 DM und für sich und seine Ehefrau 200 000 ab. Meinen Sie nicht auch, daß sich damit politisch schon etwas gestalten läßt?
- Große Firmen werden in der Rechtsform von Kapitalgesellschaften in der Regel betrieben, und gerade die großen haben ein Interesse an der Gestaltung der politischen Landschaft. Nun haben diese Gesellschaften, wie es die Zweckmäßigkeit manchmal so erfordert, viele Tochtergesellschaften und darunter auch einige, die dem Unternehmen nicht durch einen Ergebnisabführungsvertrag verbunden sind. Diese nicht verbundenen Tochtergesellschaften gelten als selbständige Steuerpflichtige. Spenden also zehn solcher Tochtergesellschaften (rein zufällig und, vom jeweiligen Vorstand nicht angewiesen, an dieselbe Partei) je 100 000 DM, so ist, wie man leicht nachrechnen kann, der alte Zustand der politischen Beeinflussung schnell wieder hergestellt.
- Besteht eine z. B. Personengesellschaft (OHG, KG, GbR) aus fünf verheirateten Gesellschaftern, so ist folgendes möglich: Nicht die Personengesellschaft ist Steuerpflichtiger in diesem Sinn, Steuerpflichtige sind die Gesellschafter. Folglich können in diesem Beispiel Zuwendungen an politische Parteien von (5 × 200 000 DM =) 1 Mio. DM abgezogen werden, wovon die Gesellschafter der Personengesellschaft bei einem angenommenen Steuersatz von 53 % 530 000 DM an Steuern sparen und somit auf die Allgemeinheit abwälzen können.

- Wer ein Einzelunternehmen betreibt und »nur« bis zu 200 000 DM als Verheirateter absetzen könnte, veranlaßt bei größerem Wohlwollen einer bestimmten politischen Vereinigung gegenüber eben einen gutverdienenden Angehörigen zur Parteispende. Meinen Sie nicht auch, daß sich dies nicht auf die eine oder andere Art ausgleichen läßt?

Landschaftspflege kann also nach wie vor betrieben werden, und natürlich wird auch weiterhin »gestaltet«; vielleicht nicht mehr so ungeniert wie bisher, aber dafür nun mit Billigung des Gesetzgebers. Ich behaupte weiter: Es gibt Löcher in der Republik. Oder wer will mir weismachen, daß man mit 10-Mark-Spenden oder -beiträgen politisch Einfluß nehmen kann?

Das Bundesverfassungsgericht hat den Abzug von Spenden an politische Parteien in Höhe von 5 % des Gesamtbetrags der Einkünfte oder 2 ‰ der Summe aus Umsätzen und Löhnen und Gehältern für verfassungswidrig erklärt und eine Begrenzung auf 100 000 DM (200 000 DM) eingeführt. Begründung?

Bei Spenden an Parteien erspart der Bezieher eines großen Einkommens einen absolut und relativ höheren Steuerbetrag als der Bezieher eines kleinen Einkommens, wodurch die politische Meinung des Großverdieners sozusagen prämiert wird. Eine solch unterschiedliche steuerliche Behandlung der Einflußnahme auf die politische Willensbildung je nach Höhe des Einkommens verträgt sich nicht mit dem Grundsatz der formalen Gleichheit, der die Ausübung politischer Rechte in der freien Demokratie beherrscht.

Der Umgehungsmöglichkeiten sind, wie aufgezeigt, so viele, und die Abzugsgrenze wurde mit 100 000 DM (200 000 DM) so hoch angesetzt, daß die unterschiedliche politische Einflußnahme durch Parteispenden nach wie vor durch unterschiedlich hohe Steuernachlässe prämiert wird, nämlich auf-

grund der unterschiedlich hohen Einkommen und der Steuerprogression.
Mit Erlaß vom 29.9.1986 hat der Bundesminister der Finanzen verfügt, daß Spenden an politische Parteien auch bis zu je 100 000 DM von Kapitalgesellschaften abgezogen werden dürfen. An dieser Stelle sei einmal die Frage erlaubt, was eine Kapitalgesellschaft als juristische Person (nicht wahlberechtigt) zusätzlich zum Anteilseigner mit der politischen Willensbildung zu tun haben darf. Es sollte doch nicht angehen, daß z. B. der Alleingesellschafter einer GmbH persönlich 200 000 DM von der Steuer absetzen darf und die Kapitalgesellschaft dann nochmals, also zusätzlich, 100 000 DM. Um seinen politischen Einfluß durch Spenden zu verstärken, braucht dieser Anteilseigner nur noch einige organschaftlich miteinander nicht verbundene Kapitalgesellschaften zu gründen und diese dann spenden zu lassen. Weitere abzugsfähige 100 000 DM je Gesellschaft sind ihm damit sicher.

5 Steuerflucht ins Ausland

Wer es sich leisten kann, kehrt der Bundesrepublik Deutschland den Rücken und wandert in eine Steueroase aus, wie in jüngerer Zeit das Tennisidol Boris Becker nach Monaco. Ob man sich den Auszug aus unserem Hochsteuerland leisten kann, hängt unter anderem davon ab, welchen Beruf man ausübt und – wieder einmal – auch davon, wie es um Einkommen und Vermögen des steuermüden Bundesbürgers bestellt ist. Denn Mieten und Grundstückspreise in verschiedenen Steueroasen sind horrend hoch.
Gewitzte Steuerfüchse, die dem Zugriff des deutschen Fiskus sich durch Flucht ins steuermoderate Ausland entziehen

konnten, waren darüber informiert, daß es – natürlich – nicht genügte, einfach den Wohnsitz in eine Steueroase zu verlegen und im übrigen die Einkunftsquellen in der Bundesrepublik Deutschland weiter kräftig sprudeln zu lassen und hier also auch die Einkünfte zu erzielen.

Wer dies nämlich tat, wäre mit seinen inländischen Einkünften in der Bundesrepublik Deutschland weiterhin zur Einkommensteuer herangezogen worden.

- Mit Wohnsitz in der Bundesrepublik Deutschland ist er mit seinen Einkünften unbeschränkt einkommensteuerpflichtig (also dem sogenannten »Welteinkommen«).
- Mit Wohnsitz im Ausland und Einkünften in der Bundesrepublik Deutschland ist er beschränkt einkommensteuerpflichtig, und zwar mit inländischen Einkünften aus
  - Gewerbebetrieb (wenn im Inland Betriebsstätte oder ständiger Vertreter),
  - selbständiger Arbeit (wenn im Inland ausgeübt oder verwertet),
  - nichtselbständiger Arbeit (wenn im Inland ausgeübt oder verwertet),
  - Kapitalvermögen (wenn Schuldner Wohnsitz, Geschäftsleitung oder Sitz im Inland),
  - Vermietung und Verpachtung (im wesentlichen bei Vermögen im Inland oder Verwertung in einer inländischen Betriebsstätte),
  - sonstigen Einkünften in bestimmten Fällen.

  Die beschränkte Einkommensteuerpflicht unterscheidet sich hinsichtlich der Steuerhöhe von der unbeschränkten nicht erheblich. Der Steuerfuchs vermeidet sie also.

Was muß geschehen?

Um auch der beschränkten Steuerpflicht zu entgehen, muß neben der Wohnsitzverlegung ins (natürlich steuergünstige) Ausland auch die Einkunftsquelle ins Ausland gelangen, z. B. das angesammelte Kapitalvermögen.

Wer z. B. nach Monaco auswandert und aus Sicherheitsgründen sein Kapitalvermögen von einer Schweizer Bank verwalten läßt, schlägt mehrere Fliegen mit einer Klappe:

1. Die Anlage in der Schweiz gewährleistet Solidität und größtmögliche Sicherheit.
2. Wer die richtigen Anlagen wählt (Schweizer Banken beraten Sie da schon richtig), braucht nicht zu befürchten, daß von der Schweizer Bank Quellensteuer einbehalten wird.
3. Da es z. B. in Monaco keine Einkommensteuer gibt, kann der Bürger die Früchte seines Sparens, nämlich die Erträge aus seinen Kapitalanlagen, voll genießen, ohne daß ihm der Geschmack daran durch Einkommensteuer vergällt wird.

Der deutsche Fiskus hat mit allen Mitteln versucht, die Steuerflucht ins Ausland zu behindern, wenn er sie schon nicht ganz unterbinden konnte. So schuf er zur beschränkten Steuerpflicht noch das Instrument der »erweiterten beschränkten Steuerpflicht« für zehn Jahre auf zusätzlich zur beschränkten Steuerpflicht aufgezählte Inlandseinkünfte, nämlich im wesentlichen auf

— Einkünfte aus Kapitalvermögen, wenn der Schuldner unbeschränkt steuerpflichtig ist,
— Einkünfte aus Vermietung von beweglichem Vermögen im Inland,
— Einkünfte aus wiederkehrenden Bezügen (z. B. aus Leibrenten), wenn der Verpflichtete unbeschränkt steuerpflichtig ist,
— Einkünfte aus Gewerbebetrieb, die weder einer inländischen noch einer ausländischen Betriebsstätte zuzurechnen sind.

Der beschränkten Steuerpflicht und der erweiterten beschränkten Steuerpflicht ist gemeinsam, daß sie nur bei inländischen Einkünften zum Tragen kommen. Hat der Steuerfuchs seinen Wohnsitz und seine Einkunftsquelle ins Ausland verlegt, nützen dem deutschen Fiskus die ganzen genannten Bestimmungen nichts, denn er kassiert dann keine müde Mark an Steuern.

Flüchtlingen mit Betriebsvermögen ...

oder Anteilen an Kapitalgesellschaften werden die Fallen bekannt sein, die Außensteuergesetz und Rechtsprechung für sie aufgestellt haben. Gewiefte Steuersparer tappen da natürlich nicht hinein:

- Bei einem Betriebsvermögen (z. B. aus Gewerbebetrieb oder selbständiger Arbeit) sind die stillen Reserven in der Regel aufzulösen und zu versteuern, wenn durch Verlegung des Wohnsitzes das inländische Besteuerungsrecht entfällt. Steuerfüchse wissen das selbstredend und übertragen auf Angehörige vorher unentgeltlich, so daß diese die Buchwerte fortführen können, ein Aufgabegewinn nicht anfällt und somit auch keine »Aufgabesteuer« auf die stillen Reserven entsteht.

  Fällt jedoch, z. B. mangels Nachkommenschaft, ein solcher Aufgabegewinn doch an, so spendet unser Staat Trost: Der Gewinn ist bis zu 2 Mio. DM nur mit dem halben durchschnittlichen Steuersatz zu versteuern, der Staat begnügt sich kulanterweise also mit der Hälfte. Und damit dieser Steuersatz schön niedrig bleibt, wird der Steuerflüchtling die Betriebsaufgabe mit anschließender Wohnsitzverlegung nicht in dem Jahr stattfinden lassen, in dem er noch (hohe) laufende Einkünfte erzielt hat, sondern den Vollzug auf den Anfang des folgenden Jahres nach Einstellung der Tätigkeit legen. Logisch? Logisch.

- Bei wesentlicher Beteiligung an einer inländischen Kapitalgesellschaft (= innerhalb der letzten fünf Jahre zu mehr als 25 %) müssen bei Verlegung des Wohnsitzes in das Ausland die in der Beteiligung liegenden stillen Reserven aufgelöst und versteuert werden. Das kann weh tun. Doch für den gewieften Steuersparer ist das überhaupt kein Problem.
  Sein Entschluß, in das steuergünstige Ausland abzuwandern, wird doch nicht von heute auf morgen gefaßt, sondern ist das Produkt reiflicher Überlegungen. Durch Veräußerung von Anteilen, z. B. an Angehörige zu günstigen Preisen, wird er außerhalb der letzten fünf Jahre dafür gesorgt haben, daß er und seine Ehefrau nicht über je 25 % beteiligt sind. Wetten, daß?

Von der Wüste in die Oase

Der potentielle Steuerflüchtling wird unterscheiden zwischen

- Oasen, die de jure keine oder nicht nennenswerte Steuern erheben und
- solchen »Oasen«, die dem Papier nach eigentlich zu den Hochsteuerländern gerechnet werden müßten, dank laxer Handhabung ihrer Steuergesetze jedoch Steuern de facto in nicht nennenswertem Umfang einnehmen.

De-jure-Oasen

Andorra

Dies ist ein kleiner Pyrenäenstaat. Seine Täler sind tief eingeschnitten, seine Städte und Gemeinden mit Appartementhäusern vollgepfropft. Nun, ein echtes Steuerparadies ist Andorra schon, denn eine Einkommensteuer wird nicht erhoben. Aber wer will schon wirklich dort leben ... Vielleicht hat es deswegen den Anschein, als ob die Häusereingänge mit mehr Namensschildern und Türklingeln gepflastert sind als Andorra je Einwohner haben kann. Vielfach wird es sich um Pro-forma-Domizile handeln, die hier einzig aus steuerlichen Gründen eingerichtet worden sind. Dabei ist es ziemlich unproblematisch, in Andorra Wohnsitz zu nehmen. Will man sich dort auf Dauer aufhalten, wird freilich verlangt, daß man als Ausländer dort mindestens eine eigene Wohnung kauft.

Liechtenstein

Abgesehen davon, daß Liechtenstein in der Finanz- und Steuerwelt allgemein einen schlechten Ruf genießt, so daß man schon aus diesem Grund besser eine andere Steueroase wählt, ist es für Ausländer, also auch für Deutsche, praktisch nicht möglich, in Liechtenstein Wohnsitz zu nehmen. Da es jedoch immer einige Unbelehrbare gibt (Geld schützt ja vor Dummheit nicht), sei darauf hingewiesen, daß die Einkommensteuer in Liechtenstein außerordentlich niedrig ist und die Gesamtsteuer zwischen 4,2 % und 17,85 % liegt. Eine echte Steueroase ist Liechtenstein also schon, aber ... (siehe oben).

Campione d'Italia

ist eine Enklave in der Schweiz und italienisches Hoheitsgebiet. Wer als Ausländer dort wohnt, hat es gut. Denn der italienische Staat verzichtet bei Ausländern darauf, deren Einkünfte zu besteuern.

Monaco

Boris Becker war steuerlich gut beraten, als man ihm nahelegte, seinen Wohnsitz nach Monaco zu verlegen. Eine

Einkommensteuer gibt es nämlich in Monaco nicht. Wer zahlungsfähig ist, kann sich in Monaco dauernd aufhalten. Eine Arbeitsaufnahme muß allerdings extra bewilligt werden.

Schweiz

Die Steuersätze in der Schweiz sind etwas höher, doch gehört dieses Land noch zu den Niedrigsteuerländern. In allen Kantonen nämlich beläuft sich der Steuersatz in der Spitze auf etwas über 30 %; im Vergleich zu den Steuersätzen in Deutschland eine durchaus moderate Besteuerung.
In der Regel ist der Daueraufenthalt in der Schweiz davon abhängig, daß das Erwerbsalter von 60 Jahren überschritten wurde. Außerdem besteht für Deutsche nach dem Doppelbesteuerungsabkommen die Sonderbestimmung, daß sie hinsichtlich ihrer deutschen Einkünfte noch fünf Jahre lang so behandelt werden, als wären sie in Deutschland steuerpflichtig.

De-facto-Oasen

De-facto-Oasen sind solche Länder, die zwar de jure, also nach den gesetzlichen Bestimmungen, zu den Hochsteuerländern gerechnet werden müßten, de facto aber gleichwohl Niedrigsteuerländer sind.
Das hängt damit zusammen, daß wegen fehlender Steuermoral und/oder laxer Handhabung der Bestimmungen Gutverdienenden keine oder nur geringe Steuern abverlangt werden. Teilweise sind Steuern aufgrund einer pauschalen Selbsteinschätzung zu entrichten. Wer tut da des Guten schon zuviel? Zu nennen sind hier die Länder Italien, Spanien und Griechenland.

6 Der Börsen-Crash

Welchem Börsianer sitzt nicht noch der Schreck in den Knochen über den Börsenkrach im Oktober 1987? Doch dem einen mehr und dem anderen weniger, denn es gibt zwei Gruppen von Aktienbesitzern: Die eine hat Aktien mit eigenem Geld gekauft und ist bei gefallenen Kursen vergleichsweise gut daran, wenn die Nerven intakt geblieben sind und die Aktien durchgehalten werden, bis die Kurse wieder angezogen haben.

Die andere Gruppe setzt sich zusammen aus jenen, die Aktien teilweise auf Kredit gekauft haben. Da die Banken Aktien nur bis zu einem bestimmten Prozentsatz des Kurswerts beleihen, müssen Aktien bei Kursverfall unter Umständen verkauft werden, um einen Teil des Bankkredits abzudecken.

Beispiel: Müller kaufte 50 Aktien zum Kurswert von je 400 DM, zusammen also für 20 000 DM. Die Bank belieh diese Aktien zu 60 % (also mit 12 000 DM), so daß Müller zunächst nur 8 000 DM zu zahlen hatte. Beim Börsenkrach gab der Kurs dieser Aktien auf 250 nach. Sie waren zusammen also nur noch 12 500 DM wert. Da diese Bank nur zu 60 % beleiht, war sie demzufolge noch bereit, einen Kredit von (60 % von 12 500 DM =) 7 500 DM einzuräumen, forderte also eine Tilgung des bisherigen Kredits um (12 000 DM ./. 7 500 DM =) 4 500 DM. Da Müller diesen Betrag nicht zur Verfügung hatte, mußte er Aktien mit Verlust verkaufen.

Was macht man mit diesen realisierten Verlusten steuerlich?

Bei den Leuten, deren Aktien zum Privatvermögen gehören, sieht die Sache schlecht aus. Liegen zwischen Kauf und Verkauf mehr als sechs Monate, so sind die Verluste steuerlich nicht absetzbar. Beträgt dieser Zeitraum nicht mehr als

sechs Monate, so handelt es sich um sogenannte Spekulationsverluste, die mit Spekulationsgewinnen im selben Jahr ausgeglichen werden dürfen.
Besser daran ist jedoch jener Zeitgenosse, der eine selbständige Arbeit ausübt, also z. B. Freiberufler ist, oder einen Gewerbebetrieb hat. Wenn dieser Steuerfuchs nämlich bilanziert, kann er die Aktien als gewillkürtes Betriebsvermögen behandeln. Das hat zur Folge:

- Realisierte Verluste aus Aktienverkäufen sind in diesem Fall abzugsfähige Betriebsausgaben und wirken sich steuermindernd aus.
- Aktienbestände sind auf den niedrigeren Kurswert abzuschreiben, was ebenfalls eine Steuerminderung zur Folge hat.

Geht man davon aus, daß dieser Schlaumeier einen Spitzensteuersatz bei der Einkommensteuer von 53 % hat und außerdem noch rund 20 % Gewerbesteuer zahlt, so wirkt die Behandlung der Verluste aus dem Börsen-Crash dahingehend, daß er rund 70 % davon auf die Allgemeinheit abwälzt. Stand freilich von vornherein, also bei Einlage, fest, daß das gewillkürte Betriebsvermögen dem Betrieb nur Verluste bringen würde, so wird das Finanzamt die Einlage nicht anerkennen. Diesen Eindruck wird der kundige Steuerfuchs daher zu vermeiden wissen.

Die Einlage der wertgeminderten Aktien aufgrund des Börsenkrachs 1987 muß vor dem 19. 10. 1987 erfolgt sein, da dieses Crash-Datum inzwischen selbst in den Amtsstuben der Finanzämter bekannt geworden ist.

Wer also z. B. für 3 Mio. DM Aktien gekauft hatte, die dann auf 1,8 Mio. DM fielen, kann als Privatmann den Verlust von 1,2 Mio. DM in der Regel nicht absetzen. Gelingt es dem Aktienbesitzer jedoch, die Wertpapiere rechtzeitig als gewillkürtes Betriebsvermögen zu behandeln, so reduziert er seinen Verlust um die mögliche Steuerersparnis von 70 %, also um rund 840 000 DM.

7 Muß, wer arm ist, früher sterben?

Und darf, wer zu den Begüterten gehört, länger leben? Jedenfalls ist es denen, die recht wohlhabend sind, möglich, die besten Ärzte zu konsultieren, die teuersten Hilfsmittel anzuschaffen und die wirksamsten Medikamente einzunehmen.

Wer es sich leisten kann, macht der Gesundheit zuliebe mehrfach im Jahr Urlaub und fährt, wenn es sein muß, auch privat zur Kur.

Nach der sogenannten Gesundheitsreform des Dr. Norbert Blüm gibt es nun die Zwei-Klassen-Gesellschaft auch auf dem Gesundheitssektor. Zur einen Gruppe gehören jene, die sich den teuersten Zahnersatz leisten können, zur anderen die Leute mit den Zahnlücken.

Sie möchten wissen, was das alles eigentlich mit der Steuer in diesem unserem Staat zu tun hat? Das ist so:

Selbstgetragene Krankheitskosten gehören zu den sogenannten außergewöhnlichen Belastungen, die nach Abzug einer zumutbaren Belastung von der Steuer abgesetzt werden können. An einem Beispiel sei das erläutert:

Geschäftsführer X soll einen Gesamtbetrag der Einkünfte im Jahr von 200 000 DM und drei Kinder haben. Er liegt im Krankenhaus Pflegeklasse I. Er konsultiert seinen Hausarzt, einen Krankenhausarzt und eine weitere Fachkapazität privat. Anschließend fährt er zur Kur. Die selbstgetragenen Kosten sollen 13 000 DM betragen haben. Die zumutbare Belastung, für die es eine Tabelle gibt, beläuft sich in diesem Fall auf (2 % von 200 000 DM =) 4 000 DM, so daß er 9 000 DM absetzen und auf die Allgemeinheit entsprechend seines Steuersatzes abwälzen kann.

Hier die Tabelle über die zumutbare Belastung:

Die zumutbare Belastung beträgt

bei einem Gesamtbetrag der Einkünfte	bis 30 000 DM	über 30 000 DM bis 100 000 DM	über 100 000 DM
1. bei Steuerpflichtigen, die keine Kinder haben und bei denen die Einkommensteuer			
a) nach § 32 a Abs. 1, ...	5	6	7
b) nach § 32 a Abs. 5 oder 6 (Splitting-Verfahren).	4	5	6
zu berechnen ist;			
2. bei Steuerpflichtigen mit			
a) einem oder zwei Kindern, ...	2	3	4
b) drei oder mehr Kindern	1	1	2
	vom Hundert des Gesamtbetrags der Einkünfte.		

Die zumutbare Belastung hat (natürlich) ihre Tücken. Sie gilt in dieser Höhe für jedes Kalenderjahr und wird von den tatsächlich geleisteten Krankheitskosten abgezogen. Wurden Krankheitskosten jedoch mit Kredit finanziert, so galt erst die Tilgung der Schulden selbst als außergewöhnliche Belastung.

Wer also alles auf einmal bezahlen konnte, weil er das Geld dazu hatte, war steuerlich besser gestellt als jener, der seine Arztrechnungen in Raten bezahlen muß und damit ins nächste Jahr geriet. Hierzu zwei Beispiele:

Buchhalter Müller, verheiratet, zwei Kinder, hatte in 1988 Einkünfte von 70 000 DM. In diesem Jahr entstanden ihm Krankheitskosten von 4 000 DM, die er auch bezahlt hat. Seine zumutbare Belastung betrug (3 % von 70 000 DM =) 2 100 DM, so daß er 1900 DM absetzen konnte.

Sein Kollege Maier, ebenfalls verheiratet, ebenfalls zwei Kinder, hatte bei gleichem Einkommen für Krankheitskosten von 4000 DM ein Darlehen aufgenommen und dies in 1988 und 1989 zu je 50 % tilgen können. Die zumutbare Belastung betrug in 1988, bei gleichen Einkünften wie Müller, (4 % von 70000 DM =) 2100 DM und in 1989 ebenfalls 2100 DM. Von der Steuer absetzen konnte er mithin nichts. Gottlob hat der Bundesfinanzhof diese Rechtsprechung aufgegeben und jüngst entschieden, daß außergewöhnliche Belastungen auch dann gleich abzugsfähig sind, wenn sie mit Kredit finanziert wurden. Für die Vergangenheit freilich bleibt ein schaler Nachgeschmack.

Hohe Arztrechnungen absetzen?

In der Frage, ob auch außergewöhnlich hohe Kosten als außergewöhnliche Belastung anerkannt werden können, hat sich das höchste deutsche Steuergericht, der Bundesfinanzhof in München, generös gezeigt:

- So werden Krankenhauskosten als außergewöhnliche Belastung anerkannt ohne Rücksicht darauf, welche Pflegeklasse und welches Krankenhaus der Patient gewählt hat.
- Der Bundesfinanzhof fordert im allgemeinen auch keine Prüfung, ob die Aufwendungen den Umständen nach notwendig waren und einen angemessenen Betrag nicht überstiegen haben.
- Er beanstandet es auch nicht, wenn jemand, der finanziell dazu in der Lage ist, gegen entsprechend hohes Honorar eine fachärztliche Kapazität oder sogar deren mehrere konsultiert und diese Kosten bei der Einkommensteuer geltend macht.
- Ebenso gilt nach der Rechtsprechung als außergewöhnliche Belastung und damit auf die Allgemeinheit abwälzbar, wenn der Patient eine besondere aufwendige Therapie wählt.

- Und es wird auch nicht untersucht, ob die Beschwerden des Patienten die Beratung und Behandlung durch einen Arzt überhaupt erforderlich gemacht haben. Molière läßt grüßen.

Nur bei einem ganz offensichtlichen Mißverhältnis zwischen dem erforderlichen Aufwand und solchem, der tatsächlich betrieben worden ist, wird man, so die Münchener Steuerrichter, Abstriche machen müssen.

Diese sehr großzügige Betrachtungsweise gilt natürlich auch bei Aufwendungen für wertvollen Zahnersatz, für teure Brillen, den Besuch von Modeärzten und für teuere Medikamente.

Wer übrigens auch die Kosten einer Kur von der Steuer absetzen will, kann das natürlich, muß nur vorher, also vor Antritt der Kur, ein amtsärztliches Zeugnis über ihre Notwendigkeit besorgen und die Kur unter ärztlicher Kontrolle durchführen.

Fazit: Wer wohlhabend genug ist, ärztliche Kapazitäten zu konsultieren und zu bezahlen, und wer die Mittel hat, in der Pflegeklasse I zu liegen, sofern er es nicht überhaupt vorzieht, ein ganz privates Haus aufzusuchen, wird dann in der Regel auch genügend hohe Kosten haben, um einen Teil davon, nämlich in Höhe seiner Steuerersparnis, auf uns alle abwälzen zu können.

8 Quellensteuer – und was nun?

Es geht das schlimme Gerücht um, daß es Geldanleger gibt, die ihre Zinseinnahmen bisher nicht versteuert haben. In der Tat ist die Steuermoral in der Bundesrepublik Deutschland der Auffassung gewichen, daß Steuerhinterziehung ein

Kavaliersdelikt ist. Wer Steuern erfolgreich hinterzieht, gilt als tüchtig, clever und bewundernswert gewieft. Und längst schon diskutiert man an den Stammtischen, welche Möglichkeiten es gibt, die Zinseinnahmen trotz der Quellensteuer am Finanzamt vorbeizuschleusen.
Der Bundesfinanzminister Dr. Gerhard Stoltenberg hatte vor einigen Monaten noch versichert, daß es eine Quellensteuer auf Zinseinnahmen auf keinen Fall geben werde. Dieses Ministerwort ist heute schon Makulatur. Mehr der Not gehorchend als dem eigenen Triebe werden nun auch Zinseinnahmen mit einer Kapitalertragsteuer von 10 % belegt, um die sogenannte Steuerreform 1990 mit finanzieren zu können.
Diese Kapitalertragsteuer wird an der Quelle einbehalten und an das Finanzamt abgeführt, z. B. von der jeweiligen Bank oder Bausparkasse. Deshalb nennt man die Steuer auch Quellensteuer. Abgeführt wird sie an das Finanzamt anonym, also ohne daß die Namen der Steuerschuldner genannt werden.
Vater Staat verdient diesen Namen zu Unrecht. Er ist, was die Einnahmen angeht, ein Moloch und unersättlich. Geldnöte in der Zukunft sind programmiert. Also ist es auch nur eine Frage der Zeit, wann der Steuersatz für die Quellensteuer erhöht wird. Und so haben sich findige Köpfe Gedanken darüber gemacht, wie der Quellensteuer zu entgehen ist (wer die Quellensteuer zu vermeiden trachtet, wird natürlich nicht der Verpflichtung enthoben, dem Finanzamt seine Zinseinnahmen anzugeben, da er andernfalls Steuern hinterzieht).

Das Sparbuch

Das Sparbuch mit gesetzlicher Kündigungsfrist erfreut sich in der Bundesrepublik Deutschland nach wie vor großer

Beliebtheit. Mehr als die Hälfte aller Spareinlagen befindet sich auf solchen Sparbüchern gutgeschrieben.
Diese Spareinlagen mit gesetzlicher Kündigungsfrist unterliegen dem Quellensteuerabzug nicht. Eine bemerkenswerte Alternative zu anderen Anlagemöglichkeiten ist das Sparbuch jedoch nicht, und Großanleger haben für diese Anlageform nur ein abschätziges Lächeln übrig, denn Einlagen mit gesetzlicher Kündigungsfrist werden derzeit nur mit rund 2-3 % im Jahr verzinst.

Der Bausparvertrag

Zinsen aus Bausparguthaben unterliegen der Quellensteuer, nicht jedoch Zinsen für prämienberechtigte Bausparbeiträge. Die Prämienberechtigung des Bausparers hängt unter anderem von der Höhe seines Einkommens ab. Die Einkommensgrenze beträgt 24000 DM im Jahr, für Ehegatten 48000 DM, und sie erhöht sich für jedes Kind, welches das 17. Lebensjahr noch nicht vollendet hat, um 1800 DM.
Es kann sich also lohnen, prämienberechtigten Angehörigen Geld zum Abschluß von Bausparverträgen zukommen zu lassen.

Die Lebensversicherung

Unter steuerlichen Aspekten kann künftig erwogen werden, für sein Geld eine Lebensversicherung anstatt einer anderen Anlageform zu wählen.
Rechnungsmäßige Zinsen (also die Zinsen, die auf den Sparanteil entfallen) sind bei Versicherungen mit mindestens 12jähriger Laufzeit nicht nur quellensteuerfrei, sondern überhaupt steuerfrei. Das sind derzeit 3,5 %. Die darüber

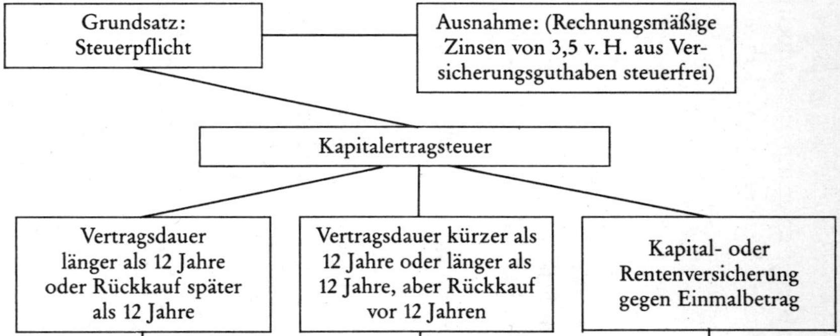

Rechnungsmäßige Zinsen:	steuerfrei	Steuerpflichtig im Zeitpunkt der Auszahlung	Steuerpflichtig im Zeitpunkt der Auszahlung
Außerrechnungsmäßige Zinsen: (bei laufender Gutschrift)	10% (11⅑%) Steuerpflicht bei Gutschrift	10% (11⅑%) Steuerpflicht bei Gutschrift	25% (33⅓%) Steuerpflicht bei Auszahlung
Erträge (ohne außerrechn.) bei Auszahlung während der Laufzeit:	25% (33⅓%) (außer Versicherungsfall)	25% (33⅓%) (einschl. Versicherungsfall)	25% (33⅓%) (einschl. Versicherungsfall)
Erträge am Ende:	10% (11⅑%)	25% (33⅓%)	25% (33⅓%)

hinausgehenden Zinsen (also die außerrechnungsmäßigen Zinsen) unterliegen der Quellensteuer zwar mit 10 %, doch ist die Einkommensteuer mit diesem Steuerabzug voll abgegolten.

Auslandsanleihen

... sind solche, bei denen der Schuldner seinen Sitz im Ausland hat. Zinsen aus solchen Auslandsanleihen unterliegen nicht der Quellensteuer.
Ob der betuchte Anleger in Fremdwährungsanleihen oder DM-Auslandsanleihen investiert, ist eine Frage, wie es um seine Bereitschaft zum Risiko bestellt ist. Bei Fremdwährungsanleihen kann man von der Faustregel ausgehen, daß die Zinsen um so höher sind, je größer das Währungsrisiko ist. Mein Rat: Bevorzugen Sie Anleihen in Deutsche Mark, Schweizer Franken oder Holländische Gulden.
Der clevere Anleger wird beim Erwerb von DM-Auslandsanleihen darauf achten, daß es sich nicht um ein Unternehmen in der Bundesrepublik Deutschland handelt, welches nur zu dem Zweck, sich Finanzmittel zu beschaffen, eine Auslandstochter gegründet hat. Beim Erwerb von Auslandsanleihen solcher Tochtergesellschaften besteht nämlich die Gefahr, daß das Finanzamt Steuerumgehung durch Gestaltungsmißbrauch annimmt und die Zinsen aus solchen Anleihen der Quellensteuer unterwirft.

Geldflucht ins Ausland

Bringt der Anleger sein Geld ins Ausland, so wird er zunächst darauf achten, daß das politische Risiko gering ist. Darüber hinaus ist er darauf bedacht, auch bei einer Anlage

im Ausland in harte Währungen zu investieren. Und schließlich achtet er darauf, mit seinem Kapital im Ausland keine Titel aus der Bundesrepublik Deutschland zu kaufen, da die Erträge daraus auch bei Kapital aus dem Ausland der Quellensteuer unterliegen würden. Es kommt also für die Quellensteuerpflicht nicht darauf an, von wo aus das Kapital eingesetzt wird, sondern einzig darauf, ob der Schuldner seinen Sitz in der Bundesrepublik hat oder nicht.
Wer als Deutscher vom Ausland aus in ausländische Aktien oder Anleihen investiert, sollte wissen, daß es in verschiedenen europäischen Staaten unterschiedlich hohe Quellensteuersätze gibt, daß aber in einigen Staaten Quellensteuer (noch) gar nicht erhoben wird.
Sehen Sie sich daraufhin doch bitte einmal die Tabelle auf S. 64f. an.

Schweiz

Anlagen in der Schweiz unterliegen, wie man der Tabelle entnehmen kann, einer 35 %igen Quellensteuer, doch gibt es auch dort, wie anderswo, keine Regel ohne Ausnahmen. Quellensteuerfrei sind nämlich Erträge aus

— sämtlichen Treuhandanlagen (z. B. Euro-Festgelder, internationale Geldmarktpapiere usw.),
— Wertpapieren nichtschweizerischer Emittenten (doch u. U. Quellensteuerabzug im Emissionsland, z. B. der Bundesrepublik Deutschland),
— Dividenden nichtschweizerischer Aktien (doch u. U. Quellensteuerabzug am Sitz der Gesellschaft),
— Wertpapierfonds ohne schweizerische Werte,
— Lebensversicherungsanlagen in Schweizer Franken,
— Vermögensverwaltung nichtschweizerischer Werte sowie
— Kapitalgewinne (z. B. Immobilienfonds).

Bei Lebensversicherungen wird für Versicherungsnehmer mit Wohnsitz im Ausland auf die Erträge zwar keine Quel-

Kapitalertragsteuern auf Zinsen und Dividenden 1988 im Ausland

Staaten	Allgemeine Sätze in %[1])					
	Zinsen				Dividenden bei Zahlung an	
	aus festverzinslichen Wertpapieren bei Zahlung an		aus Einlagen bei Kreditinstituten bei Zahlung an		Inländer[2])	Gebietsfremde[3])
	Inländer[2])	Gebietsfremde[3])	Inländer[2])	Gebietsfremde[3])		
1	2	3	4	5	6	7
Bundesrepublik Deutschland	Kapitalertragsteuer 10% ab 1989				25[12])	25
Belgien	25[4])	25	25[4])	25	25[4]), [12])	25
Dänemark	—	—	—	—	30[12])	30
Frankreich	—[5])	25[6])	—	45	—[12])	25
Griechenland	25[7])	56,35[8])	—	—	45[9])	45[9])
Großbritannien	25	25	23,25	—	—[12])	25
Irland	35	35	35	—	—[12])	—
Italien	12,5[10])	30[6])	30[10])	30[6])	10[12])	30
Japan	20	20	20	20	20[12]	20
Kanada	Kontrollmitteilungen	25	Kontrollmitteilungen	25	Kontrollmitteilungen[12])	25
Luxemburg	—	—	—	—	15	15

Niederlande	Kontrollmitteilungssystem				25	25
Österreich	Quellensteuer 10% ab 1989				20[12])	20
Portugal	10[11])	10[11])	15	15	12[11])	12[11])
Schweiz	35	35	35	35	35	35
Spanien	20	20	20	20	20	20
USA	Kontrollmitteilungssystem				—	30

1) Allgemeine Sätze (nicht Doppelbesteuerungsabkommen); ohne Sondersätze oder Befreiungen
2) Anrechnung auf Einkommensteuer bei Veranlagung, soweit nicht anders erwähnt
3) Definitive Steuer („Kuponsteuer“), sofern nicht Veranlagung der Inlandseinkünfte des beschränkt Steuerpflichtigen
4) Definitive Steuer für alle Kapitalerträge (mit Zuschlägen ab einem bestimmten Gesamtbetrag der Kapitalerträge), sofern nicht für Veranlagung optiert wird
5) Unter bestimmten Voraussetzungen kann für definitive, von der Einkommensteuer befreiende Quellensteuern bis 52 v. H. optiert werden.
6) Mehrere Sondersätze und Befreiungen für bestimmte Zinserträge
7) Bei körperschaftsteuerpflichtigen Zinsgläubigern; bei Einkommensteuerpflichtigen wird die Quellensteuer nach dem Einkommensteuertarif erhoben
8) Bei juristischen Personen; bei natürlichen Personen wird die Quellensteuer nach dem Einkommensteuertarif erhoben
9) Für Erträge aus börsennotierten Inhaberaktien; sonst andere Sätze
10) Definitive Steuer
11) Erhöht sich um weitere Quellensteuern bei Kapitalerträgen aus nichtregistrierten Inhaberpapieren, bei denen keine Veranlagung erfolgt
12) Teilanrechnungs- bzw. Vollanrechnungssystem des körperschaftsteuerlichen Gewinns bei der Einkommensteuer des Anteilseigners

lensteuer erhoben, doch ist eine solche Anlage unter Renditegesichtspunkten nicht empfehlenswert. Die Rendite beläuft sich derzeit um die 3 %.
Renditemäßig anders sieht die Sache aus, wenn man sich an quellensteuerpflichtigen Immobilienfonds beteiligt. Der Schweiz größter Immobilienfonds, SIMA, brachte es in den letzten 10 Jahren auf eine Rendite von durchschnittlich 7 %. Bei anderen Fonds liegt die Rendite sogar noch höher. Man sollte beachten, daß der Wertzuwachsanteil in den Ausschüttungen der Schweizer Verrechnungssteuer (Quellensteuer) nicht unterliegt.
Der schweizerischen Quellensteuer unterliegen Erträge auf Einlagen bei Schweizer Banken, Zinsen auf Wertpapiere Schweizer Emittenten, Dividenden aus Schweizer Aktien, Erträge aus Wertpapierfonds mit schweizerischen Werten, Erträge aus schweizerischen Immobilienfonds und Erträge aus der Vermögensverwaltung schweizerischer Werte.

Liechtenstein

Vollständige Freiheit von der Quellensteuer genießt, wer sein Geld in Liechtenstein anlegt. Dort wird auf Zinsen und Dividenden, die in der Schweiz ansässige Gesellschaften zahlen, lediglich eine Couponsteuer in Höhe von 4 % erhoben, die der in dieser Hinsicht ja unverwöhnte Bundesrepublikaner sicher leicht verschmerzt.
Zinsen aus Sparguthaben oder Festgeldern unterliegen keiner Quellensteuer, auch wenn die Guthaben in Schweizer Franken gehalten werden.
Die Zinsen sind freilich nicht sonderlich hoch. Wer in Schweizer Franken sparen will, kann dies tun. Er bekommt bei Anlagen auf einem Depositenkonto 2,5 % und bei Anlagen auf einem Sparkonto 3,25 % an Zinsen.

Luxemburg

Günstig ist auch die Geldanlage in Luxemburg. Wie man der Tabelle entnehmen kann, gibt es dort auf Erträge aus festverzinslichen Wertpapieren (noch) keine Quellensteuer.

Quellensteuer für Dividenden wird nur von in Luxemburg ansässigen Personen erhoben.

Um dies noch einmal vom Grundsatz her zu wiederholen: Man beachte jedoch, daß man auch bei Investitionen in Luxemburg der Quellensteuer nur dann entgeht, wenn man keine Aktien oder Anleihen bundesdeutscher Firmen erwirbt, deren Erträge bereits in der Bundesrepublik, also an der Quelle (!), der Quellensteuer unterliegen.

Die Vorteile einer Anlage in Luxemburg liegen auf dem Markt für Wertpapiere und Investmentfonds, allerdings werden als Untergrenze für Anlagen in Luxemburg, die sich gegenüber denen in der Bundesrepublik Deutschland rechnen sollen, von Luxemburger Banken 50 000 DM angegeben.

Nicht zu empfehlen sind Anlagen auf Sparbüchern, Terminsparbüchern und in Sparbriefen. Die Zinsen sind gegenüber den in der Bundesrepublik erzielbaren nur geringfügig höher. So bringt z. B. ein Sparbrief mit einer Laufzeit von zehn Jahren gegenwärtig nur 5,75 % an Zinsen. Diesen geringen Mehrzinsen, die erst bei Anlagebeträgen ab 100 000 DM bedeutender werden (Festgelder), steht bei Anlagen in Luxemburgischen Francs ein doch beträchtliches Währungsrisiko gegenüber.

Um dem Anleger das Währungsrisiko zu verdeutlichen, kann er aus der folgenden Übersicht entnehmen, wie sich die Wertverhältnisse bei einigen europäischen Währungen verändert haben, ob also die jeweilige Währung gewonnen oder verloren hat.

Wertveränderung	Schweizer Franken %	Holl. Gulden %	Belg. Francs %	ECU %
Durchschnitt 1977 bis 1987 jährlich	+ 2,44	– 0,6	– 2,6	– 2,2
Durchschnitt 10/1985 bis 10/1987	– 0,6	+ 0,1	– 1,3	– 3,0
Durchschnitt 4/1987 bis 10/1987	– 1,1	+ 0,2	– 1,0	– 0,2

Eine eindringliche Warnung: Der Anleger sollte auch gerade bei Anlagen im Ausland darauf achten, welche Währung er wählt. Er kann z. B. in Luxemburg DM-Auslandsanleihen erwerben und der Quellensteuer trotz Anlage in einer harten Währung entgehen; er kann aber auch US-Anleihen kaufen und damit im Hinblick auf den unsicher schwankenden Dollarkurs, vielleicht ohne daß er es eigentlich wollte, zum Währungsspekulanten werden. Über der Vermeidung der Quellensteuer darf man also bei der Anlage im Ausland die Aspekte

- politische Risiken,
- Währungsrisiken und
- Rendite der Anlage

nicht aus dem Auge verlieren.
Eigentlich ist es schon überflüssig, aber ich sage es auch an dieser Stelle wieder: Otto Normalverdiener, der mit Mühe Auto, Urlaub und Videogerät finanziert, ansonsten gerade noch für Notfälle etwas auf der hohen Kante liegen hat, braucht sich mit diesen Problemen nicht herumzuplagen, weil sich für Kleinbeträge eine Anlage im Ausland in der Regel nicht lohnt. Die Devise lautet auch hier »klotzen, nicht kleckern«.

9 Erbschaftsteuern? Wie manche die Erbschaft steuern

Der Staat begnügt sich, was die Höhe der Erbschaftsteuer angeht, mit doch relativ niedrigen Steuersätzen. Wird z.B. ein Vermögen zum Steuerwert von 1 Mio. DM vererbt, so beläßt es der Fiskus in der Steuerklasse I, zu der im wesentlichen Kinder, Ehegatten und Enkel gehören, bei einem Steuersatz von nur 10 %, was eine Erbschaftsteuer von 100 000 DM ausmacht. Der Steuersatz steigt dann, entsprechend der Höhe der Erbschaft, leicht an, erreicht bei einer Erbschaft von 4 Mio. DM in der Steuerklasse I 13 % und bei einer Erbschaft von 10 Mio. DM 18 %.

Die Höhe der Erbschaftsteuer richtet sich aber nicht nur nach der Höhe der Erbschaft, sondern auch nach der Steuerklasse, zu welcher der Erbe gehört. Der interessierte Leser möge sich bitte anhand der folgenden Tabellen informieren.

Steuerklasse I:
Der nicht geschiedene Ehegatte, eheliche und nichteheliche Kinder, Adoptivkinder, legitimierte Kinder, Stiefkinder und Kinder bereits verstorbener Kinder (Enkel);

Steuerklasse II:
Abkömmlinge der in Steuerklasse I fallenden Personen (mit Ausnahme der verwaisten Enkel) sowie Eltern und Voreltern bei Erwerb von Todes wegen;

Steuerklasse III:
Eltern und Voreltern im Fall von Schenkungen, Geschwister, Abkömmlinge ersten Grades von Geschwistern (Neffen und Nichten), Stiefeltern, Schwiegerkinder, Schwiegereltern und der geschiedene Ehegatte;

Steuerklasse IV:
Die übrigen Erwerber, die nicht zu den Steuerklassen I–III gehören.

Mit welcher Steuerbelastung in den einzelnen Steuerklassen zu rechnen ist, ersehen Sie aus der folgenden Tabelle:

Wert des steuerpflichtigen Erwerbs bis einschließlich Deutsche Mark	Prozentsatz in Steuerklasse			
	I	II	III	IV
50 000	3	6	11	20
75 000	3,5	7	12,5	22
100 000	4	8	14	24
125 000	4,5	9	15,5	26
150 000	5	10	17	28
200 000	5,5	11	18,5	30
250 000	6	12	20	32
300 000	6,5	13	21,5	34
400 000	7	14	23	36
500 000	7,5	15	24,5	38
600 000	8	16	26	40
700 000	8,5	17	27,5	42
800 000	9	18	29	44
900 000	9,5	19	30,5	46
1 000 000	10	20	32	48
2 000 000	11	22	34	50
3 000 000	12	24	36	52
4 000 000	13	26	38	54
6 000 000	14	28	40	56
8 000 000	16	30	43	58
10 000 000	18	33	46	60
25 000 000	21	36	50	62
50 000 000	25	40	56	64
100 000 000	30	45	60	67
über 100 000 000	35	50	65	70

Angesichts der doch moderaten Steuersätze, insbesondere in den Steuerklassen I und II, wird niemand die Behauptung aufstellen können, der Staat griffe mit dieser Steuerart zu kräftig in die Taschen seiner Bürger. Es würde jedoch verwundern, wenn nicht auch bei der Erbschaft- und Schenkungsteuer Sparmodelle erfunden und machbar geworden sind, die dem Fiskus schließlich ganz das Nachsehen geben können.

Wer kein Vermögen weiterzugeben hat, und das sind viele in diesem unserem Lande, braucht an Erbschaft- und Schenkungsteuer keinen einzigen Gedanken zu verschwenden. Wer jedoch zu Vermögen gekommen ist in einer Höhe, das über einige Freibeträge hinausgeht, kann es mit einigen Tricks, die ganz legal sind, schaffen, die Erbschaftsteuer zu minimieren oder den Staat diesbezüglich ganz ins Abseits laufen zu lassen. Das will ich Ihnen an einigen Beispielen aufzeigen.

Stichwort Standesamt

Manchem mag bei dieser Überschrift ja bereits ein kalter Schauer über den Rücken laufen. Ich lasse einmal dahingestellt, ob vor lauter Wonne oder vor Entsetzen.
Aber nehmen wir doch einmal folgendes an: Da lebt der Fabrikant Y mit seiner Erwählten zusammen, nicht getrennt von Tisch und Bett, aber ohne Trauschein. Eigentlich besteht für ihn, wie er das sieht, kein Anlaß, diesen Zustand zu verändern und etwa auf dem Standesamt zu legalisieren, wenn ... ja, wenn es da nicht die vertrackte Erbschaftsteuer gäbe, nämlich auf das zukünftige Erbe der Freundin, und schließlich kommt Fabrikant Y langsam in die Jahre. Läßt er das Verhältnis, wie es ist, zahlt seine Gefährtin auf ein Erbe von kleinen 3 Mio. DM rund 52 % an Erbschaftsteuern, denn sie fällt im wahrsten Sinn des Wortes in die Steuerklasse IV. Die Erbschaftsteuer beträgt dann immerhin 1560000 DM, so daß der alleingebliebenen Lebensgefährtin zum Leben kaum noch das Nötigste bleibt. Der Dame kann geholfen werden.
Gibt sie nämlich dem noch nicht Verblichenen ihr Jawort, so gehört sie nun zur Steuerklasse I, kann den Ehegatten-Freibetrag von 250000 DM in Anspruch nehmen, den Versor-

gungsfreibetrag von zusätzlich 250 000 DM ebenfalls, und sie unterliegt nur einem Steuersatz von 12 %. Das macht eine Steuer von nur noch 300 000 DM aus. Die späte, aber rechtzeitige Heirat bringt also eine Steuerersparnis von 1 260 000 DM (selten war sie so wertvoll wie diesmal).

Adoption

Nach dem gleichen Prinzip funktioniert die Sache, wenn keine Nachkommen vorhanden sein sollten, der Begüterte sein Vermögen also einem Neffen vermachen möchte. Der Neffe würde in die Steuerklasse III fallen und schwebte damit am Rande des Existenzminimums: Wiederum ein zu vererbendes Vermögen von nur 3 Mio. DM unterstellt, hätte der Neffe an Erbschaftsteuern nämlich sage und schreibe 36 % zu berappen, also 1 080 000 DM.
Wer könnte das mit ansehen, ohne daß die Träne quillt. Der Unternehmer adoptiert seinen Neffen kurzerhand und hievt ihn damit in die günstige Steuerklasse I. Dadurch verhilft er ihm zu einem Steuersatz von 12 % und zu einer Erbschaftsteuer von nur noch 360 000 DM. Durch diesen Schachzug wurden Erbschaftsteuern in Höhe von 720 000 DM vermieden.

Wer zu Lebzeiten am Gelde klebt ...

... braucht sich nicht zu wundern, wenn Vater Staat die Abkömmlinge im Fall des Falles mit Erbschaftsteuern kräftig zur Kasse bittet. Der Clevere nutzt aus, was ihm das Erbschaftsteuergesetz ohnehin schon zugesteht.
Er darf nämlich alle zehn Jahre je Kind 90 000 DM schenkungsteuerfrei zuwenden. Und diese 90 000 sind je Elternteil

steuerfrei zuwendbar. Also können die Eltern alle zehn Jahre und je Kind 180 000 DM steuerfrei übertragen, ohne daß der Staat davon auch nur eine müde Mark sieht. Es wird wenige Vermögende in unserem Staat geben, die diese Möglichkeiten nicht ausnutzen.

Nehmen Sie doch einmal an, ein gut betuchtes Elternpaar hat vier Kinder. Beide Elternteile haben schon einige Zeit untereinander dafür gesorgt, daß von jedem Elternteil Vermögen übertragen werden kann. In drei Zehn-Jahres-Abschnitten, also in 30 Jahren, können die Kinder insgesamt 1 080 000 DM schenkungsteuerfrei erhalten, also ohne daß das Finanzamt davon auch nur einen roten Heller sieht.

Am Gewinn beteiligen

sollte man rechtzeitig jene, die einmal erben werden. Wer also ein florierendes Unternehmen betreibt, wird zusätzlich zu den im vorigen Abschnitt genannten Maßnahmen die Kinder entweder als Gesellschafter aufnehmen oder im Betrieb angestellt mitarbeiten lassen. Er darf ihnen zwar keine willkürlich hohen Gewinnanteile oder unangemessen hohe Arbeitsvergütungen zukommen lassen, aber mit der Zeit läppert sich das. Gewinnanteile bzw. Arbeitsvergütungen fallen originär bei den künftigen Erben an und werden so der Erbschaftsteuer systematisch entzogen.

Grundstücke

sind zur Übertragung besonders gut geeignete Objekte. Warum? Der Erbschaft- bzw. Schenkungsteuer unterliegen sie nur mit 140 % des Einheitswerts. Und weil dieser dann immer noch nicht mehr als etwa 15-20 % des Verkehrswerts

ausmacht, wissen clevere Steuersparer, daß bei einer geplanten Vermögensübertragung der Schenkung eines Grundstücks der Vorzug zu geben ist.
Hier ein Beispiel: Es sollen einem Kind 400 000 DM übertragen werden; möglichst schenkungsteuerfrei, versteht sich. 140 % des Einheitswerts eines vorhandenen Grundstücks mit einem Verkehrswert von 400 000 DM sollen 80 000 DM ausmachen. Damit liegt die Schenkung unter dem Freibetrag von 90 000 DM und ist steuerfrei. Sie bleibt auch dann von Schenkungsteuer verschont, wenn das Kind das Grundstück später verkauft.
Aber es braucht nicht immer ein vorhandenes Grundstück zu sein, das übertragen werden müßte, um in den Genuß des niedrigen Einheitswerts zu kommen, sondern es darf sich durchaus auch um eine

Geldschenkung zum Grundstückskauf

handeln. Ist nämlich das Geld (wie im vorigen Beispiel 400 000 DM) zum Kauf eines genau bestimmten Grundstücks zu verwenden, so wird der Besteuerung gleichwohl der Einheitswert zugrunde gelegt (in unserem Beispiel 80 000 DM), so daß das Finanzamt auch in diesem Fall leer ausgeht.
Dies gilt übrigens auch, wenn nur ein Teil des Kaufpreises geschenkt wird. Aufpassen werden die Beteiligten aber dann, wenn nur ein unbedeutender Teil des Kaufpreises geschenkt wird, weil das als Geldschenkung angesehen wird.
Es kann nicht nur Geld zum Grundstückskauf oder Bau eines Hauses auf der Basis der niedrigen Einheitswerte geschenkt werden, sondern es ist auch möglich, daß der Schenker nicht nur den Kaufpreis für ein genau bestimmtes unbebautes Grundstück zuwendet, sondern für die im

Anschluß daran erfolgende Gebäudeerrichtung auch die Baukosten trägt. Schenkungsteuerlich ist ebenfalls vom niedrigen Einheitswert auszugehen.
Auch dann, wenn die Baukosten übernommen werden für den Bau auf einem Grundstück, das dem Bedachten bereits gehört, handelt es sich um eine Grundstücksschenkung, wie der Bundesfinanzhof jüngst entschieden hat.

Ehegatten

können sich übrigens schenkungsteuerfrei alle zehn Jahre 250000 DM zuwenden; ein Verfahren, das anzuwenden sinnvoll ist, wenn die Ehefrau ein erheblich geringeres Alter hat als der bejahrte Gatte. So könnten z. B. in 30 Jahren bis zu 750000 DM schenkungsteuerfrei übertragen werden.
Erbschaftsteuern sparen kann man in der Bundesrepublik Deutschland noch durch optimale Gestaltung des Testaments, durch Vermögensanlage in Kunstgegenständen und Sammlungen sowie durch Umschichtung von Geldvermögen in Grundbesitz. Aber dies soll ja kein Steuersparbuch sein, sondern es geht hier um eine Bestandsaufnahme darüber, was in der Bundesrepublik Deutschland steuerlich möglich ist, wenn man die entsprechenden Mittel hat und diese gezielt einsetzt. Und dazu gehört das Kapitel Erbschaft- und Schenkungsteuer eben auch.

10 Spekulieren, aber richtig

Bekanntlich wird an der Börse nicht geklingelt, wenn die Kurse einbrechen oder Aktien steigen werden. Dieses Kapitel befaßt sich auch nicht mit Tips darüber, wie an der Börse

erfolgreich spekuliert wird. Vielmehr soll aufgezeigt werden, was hinsichtlich der Gewinne aus Spekulationen in der Bundesrepublik Deutschland steuerlich möglich ist.
Wer Wohnsitz oder gewöhnlichen Aufenthalt in der Bundesrepublik hat, von hier aus spekuliert und sonst keiner anderen Tätigkeit nachgeht, ist selbst schuld, wenn ihn der deutsche Fiskus ordentlich zur Kasse bittet. Er täte besser daran – und Steuerfüchse haben dies natürlich längst in die Praxis umgesetzt –, seinen Wohnsitz in ein Niedrigsteuerland oder in eine Steueroase zu verlegen und keine Geschäfte über die Bundesrepublik Deutschland abzuwickeln. In diesem Fall hat er nämlich mit den deutschen Steuerbehörden nichts mehr zu tun; aber auch gar nichts. Und er tut recht daran.
Wer in der Bundesrepublik Deutschland spekuliert, sei es mit Aktien, sei es mit Grundstücken, wird freilich vom Gesetzgeber für deutsche Verhältnisse relativ moderat behandelt, kommt also in steuerlicher Hinsicht verhältnismäßig glimpflich davon. Durch Gesetz ist nämlich bestimmt, daß ein Spekulationsgewinn nur dann vorliegt, wenn

- bei Wertpapieren der Zeitraum zwischen Anschaffung und Verkauf nicht mehr als sechs Monate und
- bei Grundstücken nicht mehr als zwei Jahre beträgt.

Gewinne außerhalb dieser Fristen unterliegen der deutschen Einkommensteuer also nicht. Innerhalb dieser Fristen jedoch wird der Spekulant vom Staat zur Kasse gebeten, wenn der gesamte Spekulationsgewinn im Jahr 1000 DM oder mehr betragen hat.
Was liegt also näher, als daß der kluge Mann oder die versierte Spekulantin die genannten Fristen verstreichen läßt, um danach in aller Ruhe und ohne, daß Steuern erhoben werden, die Objekte versilbern zu können.
Nun ist es ja manchmal so, daß die Anwesenheit von Inter-

essenten zum Kauf eines Grundstücks und der Zeitpunkt des Ablaufs der Spekulationsfrist durchaus nicht immer zusammenfallen. Was tun, wenn ein potentieller Käufer für das Spekulationsobjekt, z. B. eine Villa, einen akzeptablen Preis berappen will, aber leider schon nach Ablauf von eindreiviertel Jahren seit dem Erwerb?

- Wenn jemand etwas erbt, so ist das keine »Anschaffung« und ein Veräußerungsgewinn daraus kein Spekulationsgewinn, also steuerfrei. Verkauft jemand etwas, das er geerbt hat, so kann mithin daraus nie ein Spekulationsgewinn entstehen. Das Finanzamt geht dann leer aus.
- Das gleiche gilt, wenn etwas verkauft wird, das dem Verkäufer geschenkt wurde, z. B. im Wege der vorweggenommenen Erbfolge. Auch hier: kein Spekulationsgeschäft.

Was also liegt näher, als diesen Umstand auszunutzen und das Spekulationsobjekt schon nach kurzer Zeit und vorsorglich auf vertrauenswürdige nahe Angehörige zu übertragen. Verkäufe durch diese hängen dann bezüglich etwaiger Steuern nicht mehr von bestimmten Fristen ab.

Der gut beratene Spekulant muß nur aufpassen, daß Schenkung einerseits und späterer Verkauf andererseits zeitlich voneinander getrennt vorgenommen werden und für die Schenkung vernünftige Gründe ins Feld geführt werden können, z. B. Absicherung des Eigentums gegen den Zugriff Dritter. Beachtet der Steuerzahler diese Vorsichtsmaßnahme nicht, so kann es sich um Gestaltungsmißbrauch handeln, so daß der Grundstücksverkauf steuerlich so beurteilt wird, als habe die Schenkung vorher gar nicht stattgefunden, wie vom Bundesfinanzhof jüngst erst entschieden wurde.

Der ausgebuffte Steuerfuchs achtet – auch und insbesondere bei mehreren Grundstücksverkäufen – darauf, daß seine Tätigkeit durch die Häufigkeit der Verkäufe und den zeitlichen Zusammenhang zwischen Herstellung des Objekts und dessen Veräußerung nicht als gewerbliche Tätigkeit eingestuft werden kann.

Wird nämlich vom Finanzamt eine gewerbliche Tätigkeit unterstellt, so wird der – nun plötzlich gewerbetreibende – Steuerzahler nicht nur mit Einkommensteuer, sondern auch mit Gewerbesteuer zur Kasse gebeten, und zwar völlig unabhängig davon, ob die Sechs-Monats-Frist (bei Wertpapieren) oder die Frist von zwei Jahren (bei Grundstücken) inzwischen verstrichen ist oder nicht.

Aber der clevere Steuersparer kennt natürlich die zu diesem Problemkreis ergangene Rechtsprechung des Bundesfinanzhofs, nutzt sie und wird zwei Faktoren beachten:

- zum einen die *Zeit* zwischen Errichtung des Hauses und Verkauf von fünf Jahren;
- zum anderen die Grenze der *Zahl* der verkauften Objekte von drei Einheiten.

Der Verkauf von drei Objekten, so der Bundesfinanzhof, stellt in der Regel noch keine gewerbliche Tätigkeit dar. Liegt jedoch zwischen Herstellung und Verkauf ein Zeitraum von nicht mehr als fünf Jahren, so kann bereits der Verkauf eines einzigen Objekts als gewerbliche Tätigkeit eingestuft werden.

Spekulieren sollte nur, wer Geld genug hat, um den Einsatz schlimmstenfalls auch verlieren zu können, ohne damit gleich seine Existenz aufs Spiel zu setzen. Spekulationen in einer Größenordnung, daß sie sich lohnen, sind also etwas für Gutbetuchte oder Hasardeure. In diesem Buch lesen Sie, wie es der Titel bereits verspricht, über die Möglichkeiten der Wohlhabenden, in diesem Staat Steuern zu sparen oder ganz zu vermeiden. Das, was Sie soeben gelesen haben, war solch eine Möglichkeit.

Hier noch ein Beispiel: Wer im Mai 1988 Aktien der Deutschen Bank AG zum Kurs von 400 gekauft hat und sie nach Ablauf von sechs Monaten zum Kurs von 450 verkaufte,

kann, sofern er z.B. 5 000 Stück erworben hat, einen Gewinn vor Abzug von Bankspesen und Börsenumsatzsteuer von 250 000 DM vereinnahmen, ohne daß er dafür einen roten Heller an das Finanzamt abzuführen hätte.
Wer dagegen einen Aktiengewinn von nur 2 000 DM verbuchen konnte, seine Aktien jedoch, z. B. aus einer besonderen Notlage heraus, innerhalb der Sechs-Monats-Frist veräußern mußte, hat diesen Gewinn zu versteuern, wobei seine persönlichen Verhältnisse für das Finanzamt ohne jedes Interesse sind.

11 Geschäfte mit Devisen und Metallen

Wie Sie aus der Lektüre des vorigen Kapitels wissen, warten clevere Steuersparer, die mit Aktien oder Grundstücken spekulieren, nach Möglichkeit bestimmte Fristen ab, um der Fußangel des Gesetzgebers zu entgehen, daß es sich beim gemachten Reibach um steuerpflichtige Spekulationsgewinne handelt.
Diese Geduld brauchen Leute, die private Devisen- oder Edelmetall-Termingeschäfte erfolgreich durchziehen, gar nicht erst aufzubringen. Das höchste deutsche Steuergericht, der Bundesfinanzhof in München, hat nämlich bereits in 1983 entschieden und seine Auffassung 1988 bestätigt, daß Gewinne aus solchen privaten Termingeschäften

- weder zu den Spekulationsgewinnen zu rechnen sind
- noch zu den steuerpflichtigen sonstigen Einkünften gehören.

Sie sind schlicht steuerfrei.
Im Urteilsfall hatte der Direktor einer Bank solche Geschäfte privat abgewickelt und damit offenbar in beträchtli-

chem Umfang Geld gemacht. Um welche Größenordnung es sich handelte, läßt sich in etwa daraus ersehen, daß das Finanzamt aufgrund dieses Rechtsstreits dem Direktor knapp 700 000 DM an Steuern stundete.
Diese privaten Termingeschäfte sind übrigens auch dann keine steuerpflichtigen Spekulationsgeschäfte und keine steuerpflichtigen Einkünfte aus Leistungen, wenn sie von Personen durchgeführt werden, die nach § 53 Abs. 2 Nr. 1 BörsG termingeschäftsfähig sind.
Jeder Steuerfuchs weiß aber auch, daß aus Termingeschäften solche mit gewerblichem Charakter werden und sie damit Einkommen- und Gewerbesteuerpflicht auslösen können. Diese Art von Geschäften hat der Spekulant zu meiden wie der Teufel das Weihwasser. Der Bundesfinanzhof hat vorsorglich einige der wesentlichsten Merkmale aufgezählt, bei deren Vorliegen gewerbliche Tätigkeit anzunehmen sein kann, die Grenze zur privaten Vermögensverwaltung also unter Umständen überschritten wird.
Es lassen sich, so der Bundesfinanzhof, die für Wertpapiergeschäfte maßgebenden Grundsätze heranziehen. Eine gewerbliche Tätigkeit soll nur bei besonderen Umständen vorliegen, wie z. B.

- Unterhalten eines Büros oder
- Unterhalten einer Organisation zur Durchführung von Geschäften,
- regelmäßiger Besuch von Börsen,
- Ausnutzen eines bestimmten Marktes unter Einsatz beruflicher Erfahrungen oder
- andere bei einer privaten Vermögensverwaltung ungewöhnliche Verhaltensweisen.

Diese Merkmale wird der auf Steuerfreiheit bedachte Termingeschäftsmann zu vermeiden wissen.

12 Die »Steuerreform«

Die sogenannte Steuerreform läuft, wie die Regierung immer wieder versichert hat, in drei Stufen ab und betrifft den Zeitraum von 1986 bis 1990. Die eigentliche Reform fand statt in der Ausgestaltung eines neuen Steuertarifs, wie Experten wissen. Alles andere Drumherum war einerseits Flickschusterei und zum anderen vom Bemühen des Finanzministers geprägt, steuerliche Wohltaten an anderer Stelle wieder einsammeln zu müssen, damit die Begradigung des Steuertarifs, also das Abspecken des sogenannten Mittelstandsbauchs im Tarif, überhaupt finanziert werden konnte. Damit der Leser sich ein Bild darüber machen kann, wie die Steuertarife 1981, 1988 und 1990 im Vergleich aussehen, schaue er sich bitte die folgende Graphik an.

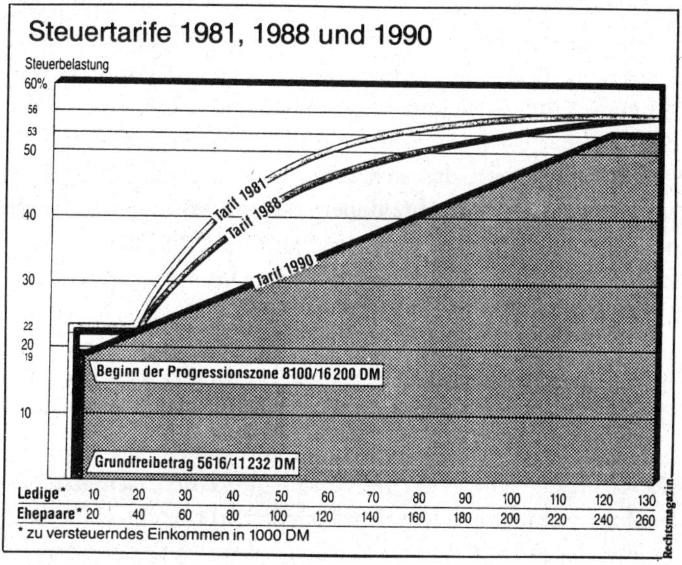

Mit dem Tarif 1990 wird also der unbeliebte »Mittelstandsbauch« beseitigt. Leistung soll sich wieder lohnen, und dem Steuerzahler wird von den Verantwortlichen immer wieder vor Augen geführt, wie viele Milliarden den kleinen und mittleren Steuerzahlern zugute gekommen sind und wie wenige Milliarden eigentlich doch den Großen. Da werden drei Zahlen gebildet: X Milliarden für die Kleinen, X Milliarden für die Mittleren und X Milliarden für die Großen. Nur: Von solch einer Gesamtrechnung hat der einzelne Steuerzahler gar nichts. Für ihn kommt es allein darauf an, was in seinem Geldbeutel bleibt, und nicht darauf, wie es bei der Gesamtheit seiner Gruppe aussieht.

Senkung der Körperschaftsteuer

Zunächst einmal hielt es der Gesetzgeber für nötig, die Körperschaftsteuer – also die »Einkommensteuer« der Kapitalgesellschaften wie GmbH und AG – zu senken, und zwar für einbehaltene (thesaurierte) Gewinne von 56 % auf 50 %. Bei einem zu versteuernden Einkommen einer mittleren Aktiengesellschaft, das sich auch aus entsprechenden nicht ausgeschütteten Gewinnanteilen zusammensetzt, von angenommen 60 Mio. DM, wovon 30 Mio. DM nicht ausgeschüttet werden, macht das 1,8 Mio. DM weniger an Körperschaftsteuer aus.
Nun wird immer argumentiert, die Steuern hierzulande seien insbesondere für Unternehmen zu hoch, man laufe Gefahr, nicht mehr konkurrenzfähig zu sein, und Arbeitsplätze würden deswegen gefährdet oder gingen gar verloren. Dabei gibt es ein einfaches Mittel, die Körperschaftsteuer legal zu reduzieren: Die Körperschaft, die nicht einbehält, sondern ausschüttet, zahlt auf den ausgeschütteten Gewinn

nur 36 % an Steuern. Bei Kapitalbedarf kann das Geld dem Unternehmen wieder zugeführt werden. Es handelt sich hier um das bekannte »Schütt-aus-hol-zurück«-Verfahren, das der Leser im Abschnitt über Kapitalgesellschaften mit weiteren Einzelheiten wiederfindet.

Senkung des Einkommensteuer-Spitzensatzes

Sodann hielt es der Gesetzgeber für nötig, auch die Großverdiener unter den natürlichen Personen steuerlich dadurch zu entlasten, daß er den Einkommensteuer-Spitzensatz von 56 % auf 53 % senkte. Ich kenne die Einkommensverhältnisse von Herrn Flick nicht und will darüber auch nicht spekulieren. Aber ich kann mir angesichts der leeren Kassen in Bonn und anderswo die Frage nicht verkneifen, ob jemand, der aus riesigem Besitz ein hohes zu versteuerndes Einkommen bezieht (bleiben wir bescheiden und rechnen wir einmal mit nur 50 Mio. DM im Jahr), auf einen Steuerzuschuß des Staates von jährlich (3 % von 50 Mio. DM =) 1,5 Mio. DM ein moralisches Anrecht hat.
Die Tarifbegradigung bringt jedoch noch andere interessante Details, auf die einzugehen wichtig ist. Sehen Sie sich doch bitte einmal die Tarife, die für 1987, 1988 und 1990 gelten, im Vergleich an; diesmal nicht in einer Graphik, sondern in einer Gegenüberstellung der nackten Zahlen. Bereits beim Vergleich der absoluten Steuerentlastungen in den einzelnen Einkommensgruppen wird so manchem Betrachter ein Seifensieder aufgehen (s. S. 84).

Aus der Graphik des SPIEGEL (S. 85) geht noch deutlicher hervor, wer durch die Steuerreform besonders bevorteilt wird, also auf den absoluten Betrag bezogen.

Einkommensteuertarif 1990 im Vergleich

Zu versteuerndes Einkommen	Grundtarif (Ledige)			Splittingtarif (Verheiratete)		
	Tarif 1987	Tarif 1988	Tarif 1990	Tarif 1987	Tarif 1988	Tarif 1990
10.000	1.199	1.152	836	188	94	0
15.000	2.292	2.245	1.846	1.282	1.188	696
20.000	3.420	3.366	2.944	2.398	2.304	1.672
25.000	4.761	4.626	4.104	3.492	3.398	2.664
30.000	6.363	6.075	5.354	4.584	4.490	3.692
35.000	8.175	7.684	6.680	5.702	5.608	4.782
40.000	10.142	9.418	8.068	6.840	6.732	5.888
45.000	12.277	11.301	9.546	8.116	7.946	7.030
50.000	14.507	13.280	11.085	9.522	9.252	8.208
55.000	16.858	15.383	12.716	11.084	10.674	9.452
60.000	19.286	17.578	14.424	12.726	12.150	10.708
65.000	21.745	19.826	16.188	14.470	13.702	12.002
70.000	24.276	22.165	18.049	16.350	15.368	13.360
75.000	26.813	24.535	19.964	18.276	17.068	14.730
80.000	29.404	26.974	21.977	20.284	18.836	16.136
85.000	32.015	29.452	24.066	22.408	20.708	17.610
90.000	34.620	31.938	26.208	24.554	22.602	19.092
95.000	37.274	34.487	28.450	26.758	24.554	20.612
100.000	39.920	37.043	30.743	29.014	26.560	22.170
105.000	42.616	39.662	33.137	31.370	28.662	23.798
110.000	45.333	42.316	35.608	33.716	30.766	25.432
115.000	48.042	44.977	38.128	36.100	32.916	27.102
120.000	50.802	47.701	40.751	38.572	35.156	28.848
125.000	53.553	50.431	43.382	41.018	37.386	30.594
130.000	56.354	53.226	46.044	43.490	39.652	32.376
135.000	59.167	56.039	48.706	46.038	42.002	34.238
140.000	61.949	58.821	51.339	48.552	44.330	36.098
145.000	64.761	61.633	54.000	51.082	46.688	37.994
150.000	67.543	64.415	56.633	53.626	49.070	39.928
155.000	70.355	67.227	59.295	56.240	51.526	41.944
160.000	73.137	70.009	61.928	58.808	53.948	43.954
165.000	75.950	72.822	64.590	61.384	56.390	46.002
170.000	78.762	75.634	67.251	64.030	58.904	48.132
175.000	81.544	78.416	69.884	66.630	61.382	50.256
180.000	84.356	81.228	72.546	69.240	63.876	52.416
185.000	87.139	84.011	75.179	71.860	66.390	54.616
190.000	89.951	86.823	77.841	74.548	68.974	56.900
195.000	92.763	89.635	80.502	77.188	71.522	59.174
200.000	95.545	92.417	83.135	79.840	74.086	61.486

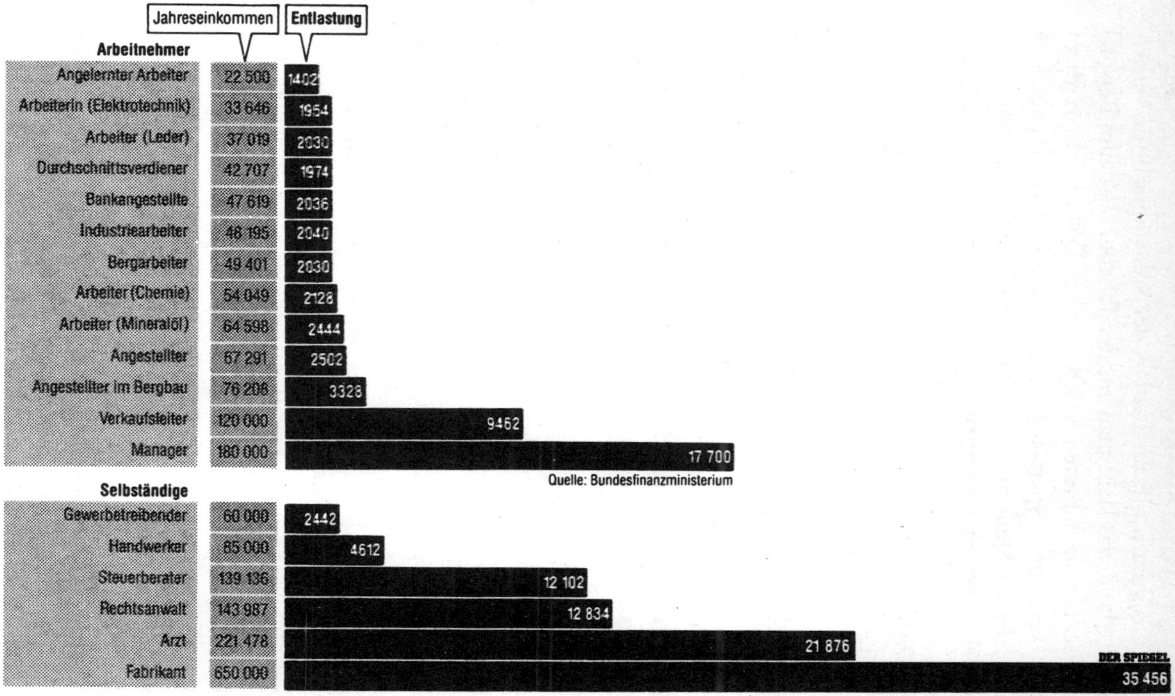
Jahreseinkommen
Entlastung
Arbeitnehmer
Angelernter Arbeiter 22 500 1402
Arbeiterin (Elektrotechnik) 33 646 1954
Arbeiter (Leder) 37 019 2030
Durchschnittsverdiener 42 707 1974
Bankangestellte 47 619 2036
Industriearbeiter 48 195 2040
Bergarbeiter 49 401 2030
Arbeiter (Chemie) 54 049 2128
Arbeiter (Mineralöl) 64 598 2444
Angestellter 67 291 2502
Angestellter im Bergbau 76 208 3328
Verkaufsleiter 120 000 9462
Manager 180 000 17 700
Quelle: Bundesfinanzministerium
Selbständige
Gewerbetreibender 60 000 2442
Handwerker 85 000 4612
Steuerberater 139 136 12 102
Rechtsanwalt 143 987 12 834
Arzt 221 478 21 876
Fabrikant 650 000 35 456
DER SPIEGEL

Der Grundtarif gilt für Ledige, der Splittingtarif für Verheiratete. Und was sieht man aus der Tabelle? Wer zum Beispiel als Lediger nach besten Kräften 30 000 DM im Jahr verdient und versteuert, spart 1990 gegenüber 1987 rund 1 000 DM im Jahr an Steuern. Derjenige jedoch, der z. B. sein Erbe verlebt und im Jahr zwar 200 000 DM nicht verdient, aber versteuert, spart 1990 gegenüber 1987 jährlich rund 12 000 DM an Steuern. Denn Leistung muß sich wieder lohnen.

Der Splittingvorteil bei Doppelverdienern

Ist es eigentlich gerechtfertigt, den verfassungsrechtlich verbrieften Schutz durch den Staat von Ehe und Familie finanziell so auszudehnen, daß z. B. ein alleinverdienender Lediger schon bei einem zu versteuernden Einkommen von 100 000 DM über 8 000 DM im Jahr mehr an Steuern zahlt als Verheiratete mit dem gleichen Jahreseinkommen? So, nehme ich an, haben die Väter des Grundgesetzes sich das nicht gedacht.
Der Splittingvorteil, der für Verheiratete mit zunehmendem Gesamteinkommen im Jahr absolut immer höher wird, braucht sich doch wohl bis in die Größenordnung von Millioneneinkommen nicht fortzusetzen. Wer hat für so etwas eine einleuchtendere Begründung als die, daß jene gutverdienenden Doppelverdiener eben die Klientel bestimmter Parteien bilden. Mit Steuergerechtigkeit jedoch hat der Splittingvorteil in den oberen Einkommensregionen rein gar nichts mehr zu tun.
Im Handelsblatt stand unlängst zu lesen, daß der maximale Splittingvorteil nach geltendem Recht 19 561 DM betrage und 1990 auf 22 844 DM ansteigen werde. Diese Steuernachlasse erhält ein Höchstverdiener allein dafür, daß er einen

nichterwerbstätigen Ehegatten heiratet. Die Frage, ob das gerecht ist, erscheint mir angebracht.
Dazu Ministerialdirektor Dr. Adalbert Uelner, Leiter der Steuerabteilung im Bundesfinanzministerium: »Das Ehegatten-Splittingverfahren entspricht dem Grundsatz der Besteuerung nach der finanziellen Leistungsfähigkeit. Es ist keine Steuervergünstigung, sondern die sich aus der Ehe als umfassender Lebensgemeinschaft auch des Erwerbs und des Verbrauchs ergebende sachgerechte Besteuerungsform.«
Was ist dem noch hinzuzufügen, angesichts der aufgezeigten Fakten?

Die Wohltat der Freibeträge

Wir wollen einmal die steuerlichen Auswirkungen der Kinderfreibeträge und der Ausbildungsfreibeträge betrachten.
Da hat ein verheirateter Arbeitnehmer drei Kinder. Nach dem Tarif 1990 zahlt er bei 40 000 DM Einkommen im Jahr ohne Berücksichtigung der Kinder 5 888 DM an Steuern. Das sind rund 15 %. Die Kinderfreibeträge werden sich bei ihm also mit (15 % von 3 × 3 024 DM = 9 072 DM =) rund 1 360 DM im Jahr steuerermäßigend auswirken.
Die drei Kinder desjenigen dagegen, der im Spitzensteuersatz von 53 % liegt (und eine Steuerermäßigung durch Kinderfreibeträge finanziell gar nicht nötig hätte), subventioniert der Staat mit (53 % von 9 072 DM =) rund 4 808 DM im Jahr.
Die gleichen Auswirkungen ergeben sich beim Abzug von Ausbildungsfreibeträgen. Der gutbetuchte Bürger erhält z. B. für seine drei in Ausbildung befindlichen über 18 Jahre alten Töchter im Internat, also auswärts untergebracht, Ausbildungsfreibeträge von (3 × 4 200 DM =) insgesamt

12 600 DM jährlich, wodurch er bei einem Steuersatz von 53 % rund 6 700 DM an Einkommensteuer spart, und zwar jährlich.
Unser Familienvater von vorhin, der erheblich weniger verdiente, könnte das Internat wahrscheinlich gar nicht bezahlen. Legte er sich jedoch so krumm, daß ihm dies wider Erwarten doch möglich würde, so honorierte der Staat seine Bemühungen um eine adäquate Ausbildung und Erziehung seiner Töchter mit etwa 1900 DM jährlich.
Diese Auswirkungen entstehen durch alle Freibeträge, die im Einkommensteuergesetz einkommensunabhängig gewährt werden, ob es sich nun um Kinder- und Ausbildungsfreibeträge, den Haushaltsfreibetrag, den Freibetrag für Haushaltshilfe oder Hausgehilfin, den pauschalen Kinderbetreuungsfreibetrag, den Freibetrag zur Unterstützung bedürftiger Personen oder den Versorgungsfreibetrag handelt.
Dabei ist doch die Leistung desjenigen, der trotz geringen eigenen Einkommens Päckchen an Verwandte in die DDR schickt, ungleich höher einzuschätzen als die jenes gutverdienenden Fabrikanten, der zwar die gleich hohe Unterstützung erbringt, aber aus einem erheblich höheren eigenen Einkommen. Hat der Kleinverdiener einen Steuersatz von 15 %, so wird seine Unterstützungsleistung von z. B. 4 500 DM (ab 1990: maximal 5 400 DM) vom Staat mit 675 DM Steuernachlaß belohnt, die des Großverdieners, der einen Steuersatz von 53 % hat, jedoch mit (53 % von 4 500 DM =) 2 385 DM.
Diejenigen, die das Schlagwort geprägt haben »Leistung muß sich wieder lohnen«, sollten langsam einmal das Nachdenken darüber beginnen, was Leistung eigentlich ist und wie sie honoriert gehört.

13 Die 25-Prozent-Beteiligung: Ein Trick

Wer sich an einer Kapitalgesellschaft beteiligen will und dem Finanzamt ein Schnippchen schlagen möchte, so daß bei einer Veräußerung seines Gesellschaftsanteils keine Einkommensteuer anfällt, wird wissen wollen, wie man das macht. Die Sache ist insofern einfach, als die Steuerfreiheit gesetzlich geregelt ist und von bestimmten Voraussetzungen abhängt.

Nehmen wir einmal an, daß jemand, irgendein Privatmann, einen Anteil an einer GmbH für 200 000 DM gekauft hat. Durch Beziehungen, Tatkraft und gute Ratschläge verhilft er diesem Unternehmen dazu, wieder gute Gewinne zu machen, so daß der Wert seines GmbH-Anteils innerhalb nur eines Jahres auf – angenommen – 500 000 DM gestiegen ist. Nach einem Jahr verkauft er also diesen Anteil zum Preis von 500 000 DM und erzielt einen Gewinn, die geringen Veräußerungskosten einmal unberücksichtigt gelassen, von (500 000 DM ∕. 200 000 DM =) 300 000 DM. Dieser Gewinn des zu 20 % an der GmbH beteiligten Gesellschafters ist steuerfrei.

Der Leser wird bemerkt haben, daß man, um sich an einer Gesellschaft beteiligen zu können, zuerst einmal Geld braucht. Ist dies jedoch vorhanden, lassen sich Veräußerungsgewinne durch geschickte Gestaltung einkommensteuerfrei erhalten. Der Leser wird fragen, wie das?

Das Einkommensteuergesetz schreibt vor, daß Gewinne aus der Veräußerung von Anteilen an Kapitalgesellschaften nach Abzug eines Freibetrags nur dann zu versteuern sind, wenn

- der Verkäufer innerhalb der letzten fünf Jahre am Kapital der Gesellschaft zu mehr als 25 % beteiligt war und
- die veräußerten Anteile 1 % des Kapitals der Gesellschaft übersteigen.

So einfach ist das.
Wer also eine Kapitalgesellschaft errichtet und den Verkauf von Anteilen an dieser Gesellschaft in naher Zukunft nicht ausschließen kann, wird darauf achten, daß er an der Gesellschaft kapitalmäßig nicht zu mehr als 25 % beteiligt ist. Das kann u. a. dadurch geschehen, daß er seine Ehefrau sich an der Kapitalgesellschaft ebenfalls beteiligen läßt, unter Umständen auch Kinder oder gute Freunde. Denn Anteile Angehöriger werden für die Frage, ob eine wesentliche (mehr als 25 %ige) Beteiligung vorliegt oder nicht, nicht zusammengerechnet.
Ist die Kapitalgesellschaft ohne Beachtung dieser Dinge bereits errichtet worden, so kann man das dadurch in Ordnung bringen, daß man z. B. Anteile auf Angehörige schenkweise überträgt. Dabei muß aber folgendes beachtet werden: Wurde der Gesellschaftsanteil innerhalb der letzten fünf Jahre unentgeltlich erworben, so genügt es, die Steuerpflicht auszulösen, wenn der Rechtsvorgänger innerhalb der letzten fünf Jahre zu mehr als 25 % beteiligt war. Ist dies der Fall, wird man rechtzeitig übertragen und die Fünfjahresfrist beim Rechtsnachfolger verstreichen lassen. Man wird die Übertragung so gestalten, daß der Rechtsvorgänger zum Zeitpunkt des endgültigen Verkaufs innerhalb der letzten fünf Jahre nicht mehr zu mehr als 25 % beteiligt war. Dazu ein Beispiel:
Nehmen wir an, der Unternehmer A und seine Ehefrau sind an der GmbH zu je 50 % beteiligt; das schon seit vielen Jahren. In 1988 überträgt die Ehefrau 25 % ihres GmbH-Anteils auf die Tochter. Spätestens 1994 sind weder die Ehefrau noch die Tochter innerhalb der letzten fünf Jahre an der Gesellschaft zu mehr als 25 % beteiligt gewesen.
Die Frage, ob ein Spekulationsgewinn vorliegt, spielt auch beim Verkauf von Anteilen an Kapitalgesellschaften eine Rolle. Die Zeit zwischen Erwerb und gewinnbringendem

Verkauf sollte also in jedem Fall mehr als sechs Monate betragen.
Bei der Verteilung der Kapitalanteile anläßlich einer Gesellschaftserrichtung wird der Schlauberger von Unternehmer natürlich wissen, daß Kapitalbeteiligung und Verteilung der Stimmrechte voneinander abweichen können, so daß dem Unternehmen bei entsprechender Gestaltung auch bei seinem relativ geringen Kapitalanteil nichts geschehen kann.

14 Die Herren Steuerhinterzieher

Steuerhinterziehung lohnt sich nicht. Wie bitte, da behauptet jemand das Gegenteil? Dann hat er bisher Glück gehabt. Aber kann man auf Dauer darauf vertrauen?
Dies soll keine Anleitung zur Steuerhinterziehung sein, sondern eine kleine Auswahl aus denjenigen Schlichen und Tricks darstellen, die – verlassen Sie sich darauf – doch auch das Finanzamt längst kennt. Man läßt von solcherart »Steuergestaltung« besser die Finger.

Wie Hauseigentümer hinterziehen

Da besitzt jemand ein Mehrfamilienhaus und hat eine oder mehrere Wohnungen davon vermietet. Die Mieteinnahmen führen zu steuerpflichtigen Vermietungseinkünften, und da fällt dem »cleveren« Hausbesitzer allerlei ein, wie er seine Einkommensteuer reduzieren kann.

- Da hat er angeblich wöchentlich eine Fahrt zu seinem Mietshaus unternommen, um Verhandlungen mit potentiellen Mietern zu führen und das Anwesen in Ordnung zu halten. Die Fahrtkosten setzt er ab.

- Mit seinem einkunftslosen Sohn hat dieser Hausbesitzer einen Arbeitsvertrag geschlossen, wonach die Rasenflächen zu pflegen sind und das Haus von ihm in Ordnung zu halten ist. Die Arbeitsvergütung übersteigt jährlich den Grundfreibetrag (ab 1990: 5 616 DM) nicht, so daß der Hauseigentümer die Zahlungen als Werbungskosten zwar steuermindernd absetzt, der Sohn sie jedoch nicht zu versteuern braucht. Solche Vereinbarungen sind zwar grundsätzlich auch steuerlich anzuerkennen, müssen aber ernsthaft getroffen und tatsächlich durchgeführt werden. Stehen sie nur auf dem Papier, so winkt das Finanzamt nur müde ab: »Kennen wir doch längst.« Außerdem darf die Arbeit des Ablegers nicht in dem Rahmen erfolgen, in dem eine Verpflichtung zur Mithilfe auf familienrechtlicher Basis vorliegt.
- Kriminell wird es, wenn Handwerkerrechnungen überhöht oder überhaupt unberechtigt gefälligkeitshalber ausgestellt werden, weil geringere oder überhaupt keine Leistungen erfolgt sind. Bei einer Prüfung wird das Finanzamt über solche Rechnungen Kontrollmitteilungen anfertigen, um dann beim Handwerker genau nachkontrollieren zu lassen, ob diese Rechnungsbeträge bei ihm als Umsätze erscheinen.
- Beliebt ist auch, Mieteinnahmen gar nicht oder doch nur teilweise anzugeben. Man hat an einen guten Bekannten eine Wohnung vermietet und denkt in seinem Kopf, woher das Finanzamt denn wissen soll, wie hoch die Mieteinnahmen tatsächlich sind. Das Finanzamt wird jedoch gelegentlich die Mieteinnahmen mit denen für Wohnungen gleicher Lage und Ausstattung vergleichen. Danach kann sich der Steuerpflichtige auf unbequeme Fragen gefaßt machen.
- Wer an Angehörige vermietet hat und behauptet, die

Räume alle selbst zu nutzen, begeht ebenfalls Steuerhinterziehung, falls er diese Mieteinnahmen verschweigt.

- Hiervon zu unterscheiden ist die völlig legale verbilligte Vermietung. Beträgt die Miete nicht weniger als 50 % der ortsüblichen Marktmiete, so kann das Finanzamt noch nicht einmal die Werbungskosten anteilig zusammenstreichen. Die verbilligte Vermietung, z. B. an Angehörige, wirkt sich damit wie ein Steuerfreibetrag aus.
- Ab 1987 ist die Besteuerung des Nutzungswerts der selbstbewohnten Wohnung(en) im eigenen Haus weggefallen, es sei denn, der Steuerpflichtige will diese beibehalten und macht von der sogenannten »Großen Übergangsregelung« Gebrauch (was maximal 12 Jahre lang möglich ist). Wer nur geringe Werbungskosten hat, ist durch die Neuregelung, den Nutzungswert nicht mehr versteuern zu müssen, im Vorteil. Hat jemand ein Dreifamilienhaus, in dem er zwei Wohnungen vermietet hat, und behauptet er, das ganze Haus selbst zu bewohnen, so wird er dem Finanzamt schon einige zusätzliche Erläuterungen geben müssen.
- Oder nehmen wir den Fall, daß Leistungen Dritter, z. B. von Rentnern, in Anspruch genommen werden. Da reinigt jemand die Treppen oder nimmt sonst noch irgendwelche Aufgaben im Zusammenhang mit dem Haus wahr. Wenn solche Tätigkeiten nicht konstruiert sind, bestehen dagegen grundsätzlich keine Einwendungen. Handelt es sich dabei um Nebeneinkünfte neben einer nichtselbständigen Arbeit, so sind die Nebeneinkünfte bis zu 800 DM im Jahr steuerfrei, wenn das Einkommen 24 000 DM (Verheiratete: 48 000 DM) im Jahr nicht übersteigt. Bei Nebeneinkünften bis zu 1 600 DM im Jahr erfolgt ein Härteausgleich in der Weise, daß sich der »Freibetrag« von 800 DM um den Betrag ermäßigt, um den die Nebeneinkünfte 800 DM übersteigen. Nebenein-

künfte von 801 DM sind also nicht sofort voll steuerpflichtig.

- Doch zurück zur Steuerhinterziehung: In einem Fall hatte ein Hauseigentümer, der sich für gewitzt hielt, alle Rechnungen für Heizöl auf sein vermietetes Mehrfamilienhaus ausstellen lassen, also auch diejenigen Rechnungen, die den Einkauf für sein selbstbewohntes Einfamilienhaus betrafen. Das Finanzamt kam ihm auf die Schliche. Der Schlaumeier hatte nämlich nicht bedacht, daß die Umlagen an seine Mieter für den Verbrauch von Heizöl über mehrere Jahre viel niedriger waren als die Kosten für den Bezug des Öls, obwohl er in dem Haus nicht selbst wohnte, sondern in seinem Einfamilienhaus. Das ließ den Prüfer stutzig werden, weil er sich nicht denken konnte, daß es solch humane Vermieter noch gibt.
- Unzulässig ist es natürlich auch, von seinen Kindern für Reparaturen am vermieteten Haus angeblich ein Darlehen aufzunehmen, um die Darlehenszinsen, die beim Kind gegebenenfalls keine oder doch nur geringe Steuern auslösen, bei der Ermittlung der Einkünfte aus Vermietung und Verpachtung als Werbungskosten absetzen zu können. Nicht zu beanstanden ist eine solche Vorgehensweise jedoch, wenn der Darlehensvertrag ernsthaft gewollt und tatsächlich durchgeführt wurde. Dann kann das Finanzamt daran zwar herummäkeln, aber letztlich doch nichts ändern.
- Wer im Supermarkt für den Hausgebrauch eine Videoanlage ersteht und sich die Rechnung über einen Rasenmäher ausstellen läßt, mit dem angeblich der Rasen vor einem Mietwohngrundstück für die Mieter in Ordnung gehalten werden soll, hinterzieht nicht nur Steuern, sondern muß auch damit rechnen, daß der Finanzbeamte bei einer Prüfung das Gerät gern sehen möchte. Die Ausrede,

gerade dieser Rasenmäher sei ausgerechnet in der Woche vor der Prüfung gestohlen worden und noch dazu so raffiniert, daß keine Einbruchspuren festzustellen waren, hilft da dem Steuerpflichtigen nur wenig weiter, besonders, wenn ein Mieter auf Befragen ganz unbefangen erklärt, das Gras stets selbst und mit der Sense beseitigt zu haben.

- Ein Steuerpflichtiger bewohnte in einem Zweifamilienhaus eine Wohnung selbst, die andere hatte er vermietet. Die Familien freundeten sich mit der Zeit an. Als in die vom Hauseigentümer bewohnte Wohnung nicht absetzbare Einbauschränke und eine ebenfalls nicht absetzbare Einbauküche installiert wurden, hatten weder der ausführende Unternehmer noch der Mieter etwas dagegen, daß die Rechnungen über das »Erneuern von Fenstern« in der vermieteten Wohnung ausgestellt wurden, so daß der Hauseigentümer die Aufwendungen steuerlich absetzte. Wie das Finanzamt hinter den Schwindel kam? Die Familien zerstritten sich ...
- Mit einem angeblichen Arbeitszimmer wird ebenfalls viel Unfug getrieben und die Grenze zur Steuerhinterziehung leicht überschritten. Wer nämlich ein Arbeitszimmer nur als solches deklariert, die Kosten dafür steuermindernd absetzt, aber nicht im Traum daran denkt, das Zimmer ausschließlich oder so gut wie ausschließlich (= zu mindestens 90 %) beruflich zu nutzen, sollte sich darüber im klaren sein, daß er den Staat bereits hintergeht. Das Finanzamt kann das Zimmer in Augenschein nehmen, muß sich aber vor einem Besuch rechtzeitig anmelden.

Die Steuerzahler und ihre Zinsen

Wohl weit verbreitet ist die »Unsitte«, Zinsen aus Kapitalvermögen dem Finanzamt zu verschweigen. Bei festverzinslichen Wertpapieren fiel bisher überhaupt keine Kapitalertragsteuer an, und der Steuerhinterzieher rieb sich die Hände ob der Steuer von 0 DM. Für Dividenden wurden bisher 25 % an Steuern einbehalten, und für gutverdienende Bundesbürger war es immer noch ein Geschäft, die Kapitaleinkünfte nicht anzugeben, denn 25 % sind besser als z. B. der Höchststeuersatz von 53 %. Das ist eine einfache Rechnung.

- Befassen wir uns zunächst einmal mit jenen Bundesbürgern, die ihre Kapitaleinkünfte aus Kontensparen oder Wertpapieranlagen in der Bundesrepublik Deutschland erzielt haben und diese Tatsache dem Finanzamt im Vertrauen auf das Bankgeheimnis verschwiegen. Das ist Steuerhinterziehung.

  Die neue Quellensteuer auf Kapitalerträge erfaßt nun auch die Erträge aus festverzinslichen Wertpapieren und aus dem Kontensparen (ausgenommen sind unter anderem Sparguthaben mit gesetzlicher Kündigungsfrist), knöpft diesen Kantonisten zwar 10 % ab, doch erfolgt die Abführung der Steuer an das Finanzamt völlig anonym, also ohne Nennung des jeweiligen Schuldners, so daß sich mancher Steuerhinterzieher sagen wird, 10 % seien bedeutend weniger als sein Normalsteuersatz; es lohne sich durchaus immer noch, die Kapitalerträge nicht anzugeben, sondern sie weiterhin zu hinterziehen.

  Solche Leute sollten sich auf das Bankgeheimnis nicht allzu sehr verlassen. Es gibt zwar den sogenannten »Bankenerlaß« der Finanzverwaltung, aber wird bei einer deutschen Bank eine Steuerprüfung durchgeführt, so kann es schon einmal – besonders bei hohen Kapitalerträgen – vorkommen, daß der eine oder andere Prüfer, obwohl er das eigentlich nicht soll, der Versuchung nicht widerstehen kann, in das eine oder andere private Konto einen Blick zu werfen (oder auch deren zwei) und Kontrollmitteilungen zu schreiben. Diese Mitteilungen gelangen dann zu demjenigen Finanzbeamten, der für den Inhaber des Kapitals zuständig ist, und der Beamte prüft dann mit preußischer Gründlichkeit nach, ob der Steuerpflichtige seine Zinsen auch erklärt und versteuert hat. Hat er dies nicht, ist ihm ein Strafverfahren sicher; und die nachzuzahlende Steuer obendrein.

- Schwerer hat es das Finanzamt mit jenen Steuerhinterziehern, die ihr Kapitalvermögen im Ausland angelegt haben. Das Bankgeheimnis z. B. in der Schweiz und in Luxemburg funktioniert nämlich ausgezeichnet. Wer von der Schweiz aus in deutsche Werte investiert hat, wird zwar auch von der 10 prozentigen Quellensteuer betroffen, braucht jedoch, wenn er die Erklärung dieser Kapitaleinkünfte unterläßt, weniger mit einer Entdeckung durch die deutschen Steuerbehörden zu rechnen. Das gleiche gilt für Kapitalanlagen von Luxemburg aus. Handelt es sich allerdings um Anlagen, die der Schweizer Verrechnungssteuer unterliegen, so beträgt diese Quellensteuer in der Schweiz sogar 35 %. Luxemburg kennt (noch) keine eigene Quellensteuer für Ausländer.
- Wer ein Haus baut oder kauft, wird vom Finanzamt hochnotpeinlich darüber ausgefragt, wie er die Finanzierung durchgeführt hat. Da werden, wie mir bekannt geworden ist, von einem Finanzamt per Fragebogen folgende Fragen gestellt:
  I Hypotheken, Grundschulden, Darlehen; Einzelaufstellung über Darlehensgeber (Genaue Anschrift), Nennbetrag des Darlehens, ausgezahlter Betrag, Damnum, Bearbeitungsgebühr, Zinssatz, Zinsbetrag 19..
  II Bausparverträge; Bausparkasse, Vertragsnummer, Vertragssumme, Darlehensbetrag, angespartes Guthaben, Bearbeitungsgebühr, Schuldzinsen 19..
  III Sonstige Schulden; Einzelaufstellung über Anschrift des Gläubigers, Betrag, Zinssatz, gezahlte Zinsen 19...

IV Eigenmittel; (Betrag und Zinsertrag der letzten drei Jahre pro Jahr); Einzelaufstellung über Sparguthaben, Barmittel, Schenkungen (Angaben des Schenkers), Dividenden und Anleihen, Investmentpapiere, sonstige.
In diesem Zusammenhang prüft das Finanzamt dann gleichzeitig, ob der Käufer oder Bauherr die Zinsen für die angesparten Eigenmittel erklärt und versteuert hat.

- Ganz bestimmt erwischt wird der Steuersünder jedoch nach seinem Ableben. Sie haben richtig gelesen: Nach seinem Tod schlägt der Fiskus zu. Wenn nämlich etwas vererbt worden ist, so ist das Finanzamt darüber bestens informiert, weil Banken und Sparkassen vorhandene Guthaben des Erblassers dem für Erbschaftsteuern zuständigen Finanzamt zu melden haben; ebenso vorhandene Wertpapierdepots und vorhandene Schließfächer.

Wer weiß denn schon, daß er als Erbe verpflichtet ist, die Steuererklärungen des Erblassers unverzüglich zu berichtigen, wenn erkannt wird, daß die dem Finanzamt eingereichten Steuererklärungen unrichtig oder unvollständig sind und wenn der Erbe ferner erkennt, daß dadurch eine Steuerverkürzung eintreten kann oder, schlimmer noch, bereits eingetreten ist.
Bei mehreren Erben ist es ausreichend, die Berichtigungserklärungen von einem der Erben abgeben zu lassen. Unterläßt der Erbe die Berichtigung jedoch vorsätzlich (was in gewissem Sinn zu verstehen wäre, weil ja sein Erbe durch die zu erwartenden Steuernachzahlungen – unter Umständen empfindlich – geschmälert wird), so begeht er selbst eine Steuerhinterziehung. Das wird dann zur Folge haben

— ein nervenaufreibendes Strafverfahren einerseits und
— die Haftung für die hinterzogenen Steuern andererseits.

Eine Berichtigung falscher Steuererklärungen kann bis zum Ablauf der sogenannten Festsetzungsfrist erfolgen, also für hinterzogene Steuern zehn Jahre rückwärts und für leichtfertig verkürzte Steuern fünf Jahre rückwärts.
Angesichts dieser Zeiträume und der drohenden Nachforderungen könnte manchem zu Recht der Gedanke daran kommen, die Erbschaft überhaupt auszuschlagen. Nun soll man nicht gleich das Kind mit dem Bade ausschütten. Der Erbe kann doch, steuerrechtlich unkundig, in der Regel gar nicht beurteilen, ob leichtfertige Steuerverkürzung vorliegt oder gar eine haarige Steuerhinterziehung. Eine Berichtigungspflicht wird er daher, wovon man wohl ausgehen kann, nur im Rahmen der regelmäßigen Festsetzungsfrist haben, und diese beträgt für die Einkommensteuer vier Jahre. Das hört sich schon viel moderater an, nicht wahr?

- Wer es als Inhaber von Kapitalvermögen bereits zu Lebzeiten nicht darauf ankommen lassen möchte, eventuell selbst erwischt zu werden oder seine Erben zu belasten, kann sich ja einmal mit der Frage befassen, ob er nicht von der Steueramnestie für Zinsenhinterzieher Gebrauch machen will. Solchen Steuersündern wird vom Gesetzgeber – non olet – zugesagt, daß aufgrund ordnungsgemäßer Erklärungen, die nach dem Inkrafttreten des Steuerreformgesetzes 1990 für die Jahre 1986 und 1987 bis zum 31. 12. 1990 abgegeben werden,
  — weder mit Steuernachforderungen für Kalenderjahre vor 1986
  — noch mit Straf- oder Bußgeldverfahren

  zu rechnen ist. Voraussetzung ist allerdings, daß die verkürzten Steuern innerhalb einer vom Finanzamt angesetzten angemessenen Frist auch gezahlt werden.
  Der Parlamentarische Staatssekretär beim Bundesminister der Finanzen Dr. Hansjörg Häfele erklärt zur Straf-

befreiung bei vorzeitiger Erklärung von Zinseinkünften im Rahmen der Steuerreform 1990:
»Bekanntlich sieht der Regierungsentwurf zur Steuerreform 1990 vor, daß auf eine Strafverfolgung und eine Nacherhebung der Steuern für die Zeit vor 1986 verzichtet wird, wenn Kapitaleinkünfte (z. B. Zinsen), die ab dem Jahre 1986 dem Steuerbürger zugeflossen sind, richtig und vollständig erklärt werden. Es zeigt sich, daß nicht wenige Bürger diese Brücke zur Steuerehrlichkeit betreten wollen. Sie brauchen dabei nicht zu zögern bis zum Inkrafttreten des Steuerreformgesetzes.«
Die Koalition beabsichtigt nämlich, auch den Bürgern die Vorteile aus der strafbefreienden Erklärung zu gewähren, die vorzeitig ab dem 14. Oktober 1987, dem Tag der Koalitionsbeschlüsse, ihre Kapitaleinkünfte oder ihr -vermögen gegenüber der Finanzbehörde offenbart haben. Damit will die Koalition den Steuerbürgern eine faire Lösung anbieten, die aufgrund der öffentlichen Diskussion über die Pläne der Bundesregierung den Weg in die Steuerehrlichkeit bereits vor Inkrafttreten des Steuerreformgesetzes gefunden haben.
Diese Erleichterung gilt auch für die Bürger, die in der Einkommensteuer-Erklärung 1987 ihre Kapitalerträge angeben und für 1986 nacherklären.
Wer Zinsen aus Kapitalvermögen hinterzogen hat, tat dies mit Sicherheit auch für die Vermögensteuer auf das Kapitalvermögen. Daher versichert der Gesetzgeber zusätzlich, daß die im vorigen Abschnitt genannte Amnestie auch für die Vermögensteuer auf das Kapitalvermögen gelten soll.
Ist sogenanntes »Schwarzgeld« zinsbringend angelegt worden, so wird der Steuerhinterzieher beachten, daß die Amnestie zwar für die Zinsen daraus und ebenso für die Vermögensteuer gilt, nicht jedoch für die unversteuerten

Schwarzgelder selbst. Will der Steuersünder also ehrlich werden, ohne daß er mit einer Bestrafung zu rechnen braucht, so muß er auch eine Selbstanzeige über die bisher unversteuerten Schwarzgelder machen.
Steueramnestie und Selbstanzeige sind heikle und schwierige Kapitel, so daß der Steuersünder unbedingt gut daran tut, einen Steuerberater mitwirken zu lassen.

- Wer anstelle seiner Kapitalanlagen bei inländischen Schuldnern solche ausländischer Schuldner wählt, z. B. Auslandsanleihen, kann sogar der Quellensteuer entgehen, wird aber auf Währungsrisiken und politische Risiken achten müssen.

Schwarzgeschäfte sind en vogue

Schwarzgelder sind Umsätze, die am Finanzamt vorbei in die Privatschatulle geschoben werden. Genannt werden diese unter Brüdern auch, weil weniger auffällig, OR-Geschäfte, also Geschäfte *o*hne *R*echnung. Leider sind solche Geschäfte nicht gerade eben selten anzutreffen, denn durch sie werden in der Regel Einkommensteuer, Gewerbesteuer und Mehrwertsteuer hinterzogen; Beträge, die dem Staat fehlen und die andere, z. B. auch der Kleinverdiener mit der höheren Mineralölsteuer, aufbringen müssen, damit der Staat finanziell das erledigen kann, was er für wichtig hält.
Da führt z. B. der Schreiner A für einen Privatmann B einen Auftrag aus; sagen wir mal die Anfertigung und den Einbau einer Küche in der Privatwohnung. Von B kommt der diskrete Hinweis, daß er eigentlich keine Rechnung brauche und im übrigen in der Lage sei, mit Barem zu begleichen. Das hört A nicht ungern. Das weitere Argument von B: Der Schreiner A spare ja in einem solchen Fall nicht nur die

Einkommensteuer und die Gewerbesteuer, sondern er brauche dann an das Finanzamt keine Mehrwertsteuer abzuführen. Um die Mehrwertsteuer von 14 %, so der clevere Privatmann B, sollte die Forderung des A dann schon niedriger sein als im Kostenvoranschlag.
Schreiner A hat unter anderem die Kosten für Löhne und Material durch die Buchhaltung laufen lassen, den Erlös für den Auftrag vereinnahmt er jedoch außerhalb seiner Buchführung und leitet ihn auf ein Konto, von dem das Finanzamt natürlich nichts weiß.
Nicht ganz so einfach ist die Sache, wenn besagter Handwerker den Auftrag anstatt für einen Privatmann für einen Unternehmer ausführen soll. Nehmen wir doch einmal an, es wären Reparaturarbeiten im Betrieb des Unternehmers B durchzuführen. A wird vielleicht daran interessiert sein, das Geschäft ohne Rechnung (und ohne Beteiligung des Finanzamts) zu machen, doch hat B das gegenteilige Interesse. Erstens kann B sich die Mehrwertsteuer in der Regel als Vorsteuer vom Finanzamt zurückholen, und zweitens könnte B, wenn er eine Rechnung erhielte, die Aufwendungen für die Reparatur steuermindernd absetzen. B wird also mit einem OR-Geschäft nur dann einverstanden sein, wenn entweder ein OR-Gegengeschäft stattfinden kann, bei dem nun zur Abwechslung B den A ohne Rechnung bedient, oder wenn der Handwerker den Preis für die Reparatur so stark ermäßigt, daß die Steuermäßigung bei B, falls dieser den Reparaturaufwand absetzen würde, dadurch zumindest kompensiert wird.
Aber auch aus einem anderen Grund noch sollte man die Finger von den OR-Geschäften lassen. Was der Schreiner A meistens nicht bedenkt, nämlich daß das »dicke Ende« häufig bei der nächsten Betriebsprüfung kommt. Der Prüfer verprobt anhand amtlicher Tabellen, ob der Rohaufschlag stimmt, also im Rahmen des durchschnittlich Üblichen liegt.

Auf den Wareneinsatz schlägt er nach Erfahrungssätzen den Rohgewinn auf. Wareneinsatz zuzüglich Rohgewinn ergeben bekanntlich zusammen den Umsatz. Und dieser Umsatz ist in der Regel dann erheblich zu niedrig, wenn in beträchtlichem Umfang OR-Geschäfte gemacht wurden, der Wareneinsatz jedoch voll durch die Buchführung gelaufen ist.
Diese Verprobungsmethode führt dann nicht zum Erfolg, wenn die OR-Geschäfte einen nur geringen Umfang haben oder der am Schwarzgeld interessierte Unternehmer so »clever« war, auch den Wareneinkauf und die mit diesem Geschäft zusammenhängenden Einzelkosten nicht zu verbuchen, so daß ein Mißverhältnis zwischen Wareneinsatz und Umsatz gar nicht erst entstehen kann.
Nehmen wir ein Beispiel: Der amtliche Richtsatz der Betriebsprüfer für den Rohgewinn soll 40 % betragen, der Umsatz des geprüften Handwerkers 860 000 DM.

Wareneinsatz (Materialverbrauch, Fertigungslöhne)	700 000 DM
Rohaufschlag 40 % =	280 000 DM
Soll-Umsatz	980 000 DM
Tatsächlicher Umsatz	860 000 DM
Fehlbetrag	120 000 DM

Hätte der Handwerker den Materialeinsatz ebenfalls nicht gebucht, wäre er – vielleicht und leider – nicht aufgefallen:

Wareneinsatz	614 300 DM
Rohaufschlag 40 % =	245 700 DM
Soll-Umsatz	860 000 DM
Ist-Umsatz	860 000 DM
Fehlbetrag	0 DM

Hat der Unternehmer seine Umsätze am Finanzamt erfolgreich vorbeigeschleust, bleibt immer noch die Frage, was mit den unversteuerten Schwarzgeldern geschehen soll und kann.
Verwendet der Steuerhinterzieher sie z. B. zum Hausbau, so wird das Finanzamt garantiert wissen wollen, woher das Geld dafür stammt, und der Spielbankgewinn ist ein inzwischen so verstaubter Hut, daß ihn sich keiner mehr aufsetzt. Legt er die Schwarzgelder in den Betrieb ein, um damit Investitionen zu finanzieren, wird das Finanzamt nach der Herkunft dieser Mittel ebenfalls höchst unbequeme Fragen stellen; spätestens bei einer Betriebsprüfung. Verwendet der Steuersünder das Geld für private Versicherungen, so kann das Finanzamt ihm durch eine Kontrollrechnung über den privaten Geldverbrauch auf die Schliche kommen.
Schwarzgelder können ohne große Gefahr der Entdeckung im wesentlichen nur zur Anlage im Ausland verwendet werden oder zu solchem Privatverbrauch, der sich in keinerlei Vermögenswerten niederschlägt (Spielbank, Reisen usw.). OR-Geschäfte sind gesetzeswidrig und abzulehnen.

Die angeblich mitarbeitende Ehefrau

Eine Ehefrau läßt sich auch zum Steuernsparen verwenden. Gegen diese Formulierung kann nur jemand etwas haben, der kein Macho ist. Doch geht es hier nicht um schwachsinnige Bonmots, sondern um ausgetüftelte Steuerhinterziehung. Also zurück zum Thema.
Natürlich ist es zulässig (und mitunter sogar wünschenswert), die Gattin im Betrieb mitarbeiten zu lassen. Freilich darf die Arbeitsvergütung, die als Betriebsausgabe den Gewinn des gewerbetreibenden Ehemanns mindert, nicht nur für eine vorgeschobene Tätigkeit der Ehefrau gezahlt

werden, durch die in Wahrheit lediglich das Taschengeld über Unkosten gebucht wird.
Wer so handelt, begeht Steuerhinterziehung, wenngleich sie ihm in einem solchen Fall nur schwer nachzuweisen ist. Will der Betriebsprüfer von der angeblich mitarbeitenden Ehefrau ein Interview und in diesem wissen, worin ihre Tätigkeit eigentlich besteht, wird daraufhin z. B. behauptet, sie sei im wesentlichen mit der Buchhaltung des Betriebs befaßt, und stellt sich schließlich heraus, daß sie von Soll und Haben nicht einmal einen blassen Dunst hat, so kann die Sache böse ins Auge gehen.
Die mitarbeitende Ehefrau muß aufgrund eines Vertrags angestellt worden sein, dieser Vertrag muß durch ihre Tätigkeit ausgefüllt und die Arbeitsvergütung für sie auf ein Konto von ihr überwiesen werden. Damit nimmt es der Fiskus genau.
Erhalten fremde Arbeitnehmer solche Annehmlichkeiten auch oder doch wenigstens angeboten, so kann auch die mitarbeitende Ehefrau, sofern mit Mutterfreuden gesegnet, steuerfreie Geburtsbeihilfen in Anspruch nehmen; ebenfalls Pensionszusagen, die zu steuermindernden Pensionsrückstellungen führen, entgegennehmen; natürlich auch Direktversicherungsbeiträge, die bis zu einem Höchstbetrag von jährlich 2 400 DM (ab 1990 3 000 DM) der Lohnsteuer pauschal nur mit 15 % unterliegen.
Wird die Ehefrau in der Lohnliste als Teilzeitbeschäftigte geführt, so richtet der Betriebsprüfer sein besonderes Augenmerk bestimmt darauf, ob das Arbeitsverhältnis nicht getürkt ist; zu Recht, denn der Lohn für eine kurzfristige Beschäftigung braucht nur mit 25 % und für eine Tätigkeit in geringem Umfang und gegen geringen Arbeitslohn pauschal nur mit 15 % versteuert zu werden, womit die Einkommensteuer voll abgegolten ist. Der Lohn reduziert also das Einkommen des Ehemanns bis zu einem Einkommen-

steuersatz von 53 %, reduziert auch die Gewerbesteuer, und unterliegt bei der Ehefrau nur einer Lohnsteuer von 15 % bzw. 25 %. Das nenne ich ein gutes Geschäft. Die Ersparnis in einem Jahr wird in der Regel nicht überaus hoch sein, doch über einen längeren Zeitraum läppern sich die Beträge zu einer ansehnlichen Summe.
Die mitarbeitende Ehefrau kann alles mögliche machen: Sie kann Personal beaufsichtigen, Buchhaltungsunterlagen sortieren, Geschäftsführerin oder Prokuristin sein, die Kasse führen, den Hof und die Büroräume reinigen oder den Mann als leitende Mitarbeiterin auf Geschäftsreisen begleiten. Eines darf sie freilich nicht sein: eine Pro-forma-Mitarbeiterin in der Lohnliste.

Herr Ober, die Rechnung bitte!

Mitunter ist es notwendig, daß der Unternehmer von seinen Geschäften sich löst; einerseits, um Kraft aufzutanken, andererseits, um den Haussegen wieder etwas gerade zu biegen. Der kommende Sonntag gehört also der Familie.
Man fährt ins Grüne und spannt aus. Anschließend geht man zusammen essen. Auf die Mark brauchen dabei jene, die den Staat betrügen wollen, nicht zu schauen, weil man die Rechnung ja ohnehin von der Steuer absetzt.
Ein Betriebsprüfer hat mir gegenüber einmal geäußert, daß der Gewinn durchaus nicht nach den gesetzlichen Vorschriften ermittelt werde. Gewinn, der schließlich versteuert werde, sei der Betrag, der übrigbleibt, nachdem der Unternehmer gut gelebt hat. Diese Definition halte ich zwar für etwas überspitzt, doch vom sprichwörtlichen Kopf des Nagels weit entfernt war der Schlag wahrhaftig nicht. Schließlich gehören die Bewirtungskosten, die der Unternehmer anläßlich einer geschäftlich verursachten Fête sich

selbst genehmigt, ebenfalls zu den abzugsfähigen Betriebsausgaben. Nur: Angemessen müssen die Aufwendungen insgesamt sein. Je größer der Betrieb ist und der durch die Bewirtung erzielbare Erfolg sein kann, um so geringer ist die Chance des Finanzamts, die Angemessenheit der Bewirtungskosten anzugreifen. Auch hier gilt also: Wer viel hat, darf viel absetzen.

Doch zurück zu unserem Steuerhinterzieher: Der steuermindernde Abzug auch völlig privater Gasthausschlemmereien ist weit verbreitet. Wer hat nicht schon oft erlebt, daß die Kellnerin beflissen fragt, über welchen Betrag sie denn die Rechnung ausstellen darf. Damit meint sie natürlich nicht eine niedrigere Summe als dem tatsächlichen Verzehr entsprechend, sondern eine beliebig höhere. Wählt der Steuerhinterzieher, je nach seinem individuellen Einkommen, einen ausreichend überhöhten Rechnungsbetrag, so kann er sich beruhigt in der Gewißheit zur Ruhe begeben, voll auf Kosten des Staates (sprich: der Allgemeinheit) getafelt zu haben. Und eine zweite Frage der trinkgeldheischenden Kellnerin schließt sich bei Sonntagsessen in der Regel gleich an: Mit welchem Datum hätten Sie die Rechnung denn gern? Solcherart gut bedient zieht der Gast von dannen.

Ich kannte einmal einen Finanzbeamten, den diese Praxis derart ärgerte, daß er sich sonntags unauffällig vor einschlägigen Lokalen postierte und die Kennzeichen der einheimischen Kraftfahrzeuge aufschrieb, die vor dem Lokal parkten. Diese Daten, verbunden mit den Daten der jeweiligen Kontrollsonntage, verglich der Eifrige anläßlich Betriebsprüfungen mit den angegebenen und gebuchten Daten der »Bewirtung«. Häufig war dabei festzustellen, daß der Gaststättenbesuch am Sonntag stattgefunden hatte, das Datum der Rechnung aber auf den vorhergehenden Samstag oder Freitag lautete. Diese Tätigkeit stellte der Emsige erst ein, als ihm – telefonisch und anonym – Prügel angedroht worden waren; eigentlich ein Beweis dafür, wie zielsicher er ins Schwarze getroffen hatte.

Die Bewirtungsrechnung kann bis einschließlich 1989 nur abgesetzt werden, wenn sie mit dem amtlich vorgeschriebenen Vordruck verbunden ist. Hier ein Muster:

Muster

Angaben
zum Nachweis der Höhe und der betrieblichen Veranlassung von Bewirtungsaufwendungen (§ 4 Abs. 5 Nr. 2 EStG)

Tag der Bewirtung	Ort der Bewirtung (genaue Bezeichnung, Anschrift)

Bewirtete Person(en)

....
....
....
....
....
....
....
....
....

Anlaß der Bewirtung

....
....

Höhe der Aufwendungen

☐ bei Bewirtung in Gaststätte:*) lt. umseitiger/beigefügter Rechnung

☐ in anderen Fällen:*)

______________________ DM ______________________ DM

Ort	Datum	Unterschrift

*) Zutreffendes bitte ankreuzen.

Ab diesem Zeitpunkt (Wirtschaftsjahre, die nach dem 31. 12. 1989 enden) ist der Abzug von Bewirtungskosten auf 80 % beschränkt worden. Die Steuerreform hat dem Unternehmer das Leben aber erleichtert, denn dieser Bewirtungsvordruck braucht nicht mehr ausgefüllt zu werden. Es genügt nun ein Nachweis durch andere Belege, und die Bewirtungsrechnung braucht vom Inhaber auch nicht mehr unterschrieben zu sein.

Der Vordruck bereitet aber überhaupt keine Schwierigkeiten, zumal Rechnungen, die den Betrag von 200 DM nicht übersteigen, nicht einmal den Namen des bewirtenden Steuerpflichtigen zu enthalten brauchen. So mancher Steuerhinterzieher macht sich diese Bestimmung zunutze, indem er Rechnungen von Freunden und Bekannten entgegennimmt, weil er sie schließlich »steuerlich unterbringen kann«. Scheu bewundernde Blicke streifen den reisigen Helden.

So sehr diese Praxis abzulehnen ist, so sicher ist auch, daß Freiberufler und Gewerbetreibende steuerlich im Vorteil sind, denn sie können beruflich veranlaßte Bewirtungsaufwendungen (auch die eigenen außerhalb ihres Heims) absetzen, während z. B. normalverdienende Steuerzahler, die ausschließlich Einkünfte aus nichtselbständiger Arbeit erzielen, diese Möglichkeit in der Regel nicht haben, weil ihnen schlicht das Geld zum Ausgeben fehlt.

Die Kurtisane als Wirtschaftsgut

Das Liebesleben des Unternehmers hat für uns tabu zu sein. Allerdings sage ich hier mit Radio Eriwan »im Prinzip ja, aber ...« Denn ist jemand nur dann endgültig befriedigt, wenn er die Kosten für sein Verhältnis als Betriebsausgaben der Allgemeinheit aufs Auge gedrückt hat, dann geht uns das alle sehr wohl etwas an.

Die Praxis ist einfach. Sie ist um so einfacher, je größer der Betrieb und je anonymer damit der einzelne ist.

Der Unternehmer lernt im Betrieb eine weibliche Angestellte kennen, z. B. anläßlich eines Betriebsausflugs. Daran mag man etwas auszusetzen haben oder auch nicht. Hier ist aber nicht die moralische Seite zu untersuchen, sondern die ökonomische.

Steuerlich auf jeden Fall nicht einwandfrei ist die Sache, wenn die Geliebte des Chefs nur noch halbtags zum Dienst erscheint, ihn auf Dienstreisen begleitet (obschon dafür eine betriebliche Notwendigkeit nicht besteht), schließlich mehr auf Golf- und Tennisplätzen sich aufhält als an ihrem eigentlichen Arbeitsplatz, aber gleichwohl das volle Gehalt weiterhin bezieht; als Betriebsausgabe abgesetzt, selbstredend. Und wer geht mit mir eine Wette darüber ein, daß das Salär beim nächsten sich bietenden Termin nicht überproportional steigt? Na, niemand? Ich will damit ja gar nicht behaupten, daß so viel Unehrlichkeit praktiziert wird. Ich möchte, wie mit allem in diesem Buch, lediglich darauf hinweisen, welche Möglichkeiten steuerlicher Art bestehen, wenn der Betreffende nur ausreichende kriminelle Energie an den Tag legt.

Hat er die, so wird er sich nicht scheuen, seine Geliebte auf die Gehaltsliste auch dann zu setzen und ihr ein Gehalt zu zahlen (das als Betriebsausgabe gebucht wird und damit den Gewinn mindert), wenn sie das Unternehmen von innen noch nie gesehen hat.

Der Wagen von ihr läuft steuerlich im betrieblichen Fuhrpark mit, so daß nicht nur die Abschreibungen den Gewinn mindern, sondern auch die laufenden Betriebskosten, die Kraftfahrzeugsteuern und Versicherungsprämien. Wagenwäsche findet im Betrieb statt, dafür hat man seine Leute.

Eine Vollkaskoversicherung für die zunächst noch sportunerfahrene Bettgefährtin wird preislich ebenfalls günstiger,

wenn man die Prämien, wie gehabt, als Betriebsausgaben bucht.
Sie bezweifeln, daß Sportwagen steuerlich abgeschrieben werden können? Der Bundesfinanzhof hat einem gutbetuchten Unternehmer Abschreibungen auf seinen Porsche als steuerlich abzugsfähig zugestanden, weil der Aufsteiger häufig und rasch längere Strecken aus beruflichem Anlaß zurückzulegen hatte.
Auch daß Freiberufler und Gewerbetreibende repräsentieren müssen, um Aufträge zu erhaschen und damit gute Gewinne zu erzielen, spielt bei der Beurteilung der Frage, ob Aufwendungen für eine Luxuskarosse von der Steuer absetzbar sind, eine Rolle. Von einer gewissen Unternehmensgröße an ist alles absetzbar, was noch in Serie produziert wird. Mit anderen Worten: Die Großen dürfen und können, die Kleinen nicht.

Das Klistier-Syndrom

Diese Fäkalienüberschrift habe ich gewählt, weil auch beim Einlauf man das meiste, was man »reingibt«, wieder zurückerhält. Die Rede ist von sogenannten »schwarzen Kassen«, die aus Spendengeldern gefüllt werden. Der Wohlhabende pumpt hinein und bekommt zurück; gegen Bescheinigung, versteht sich.
Für den in Steuerhinterziehung Ungeübten noch mal langsam und zum Mitschreiben:

- Spenden sind bis zu 5 % des Gesamtbetrags der Einkünfte oder 2 ‰ der Summe aus Umsätzen und Löhnen und Gehältern im Jahr als Sonderausgaben steuerlich absetzbar. Es handelt sich hier um Zuwendungen zur Förderung mildtätiger, kirchlicher, religiöser, wissenschaftlicher und als besonders förderungswürdig anerkannter gemeinnütziger Zwecke. Auch hier wieder: Wessen »Gesamtbetrag der Einkünfte hoch ist, kann demzufolge viel begünstigt spenden und entsprechenden Einfluß geltend machen«.

- Spenden für staatspolitische Zwecke (Parteispenden) sind bis zu 100 000 DM im Kalenderjahr absetzbar; bei Verheirateten: bis zu 200 000 DM.

Dies sind die Regelungen im groben, auf die Feinheiten soll es hier nicht ankommen. Worauf es vielmehr ankommt, ist, einen begünstigten Verein zu finden, der eine – abzugsfähige – Spende von z. B. 2 Mio. DM entgegennimmt, darüber eine ordnungsgemäße Spendenbescheinigung, die für den Abzug erforderlich ist, ausstellt und von den 2 Mio. DM nur 10 % endgültig kassiert, 90 % (= 1,8 Mio. DM) jedoch wieder herausrückt. Solche Vereine gibt es, dafür haben diese Vorbilder.

Haben Sie schon einmal nachgerechnet, wieviel ein Steuerhinterzieher auf diese Weise spart? Sie sollten es mit mir einmal tun.

— Er zieht 2 Mio. DM bei der Ermittlung des zu versteuernden Einkommens als Sonderausgaben ab. Steuerersparnis 53 % von 2 Mio. DM =	1 060 00 DM.
— Tatsächlich gezahlt hat er nur	200 000 DM.
— Im Wege der Steuerersparnis kassiert er also durch seinen Steuerbetrug vom Staat	860 000 DM.

Wenn er damit, wie durch das Haus Flick geschehen, die politische Landschaft nach seinen Vorstellungen »pflegt«, hat er einerseits die Gesamtheit aller Steuerzahler um 860 000 DM betrogen, wendet also für seine Manipulationen nicht eine müde Mark eigenen Geldes auf, verwendet andererseits diese Steuergelder gleichwohl dazu, unsere Republik nach seinem unternehmerischen Gusto auszurichten.

Sollte die Steuerersparnis aus dem Steuerbetrug nicht ausreichen, um die maßgeblichen politischen Größen zu kaufen,

so sei daran erinnert, daß die schwarze Schatulle durch den Spendenrückfluß mit 1,8 Mio. DM gefüllt war und daher, falls Not am Mann ist, zur Versiegelung auch der letzten Hohlräume, wenn es denn nicht anders geht, auf Eigenmittel zurückgegriffen werden kann.
Dem Leser ist doch hoffentlich nicht übel geworden bei der Lektüre dieses Kapitels? Falls nicht, so gratuliere ich ihm zu seiner Konstitution.

Diskrete schweizerische Versicherungen

Es war einmal ein wohlhabender Mann, der betrieb ein sehr gutgehendes Unternehmen. Diesem Steuerzahler war seit langem bekannt, daß die Steuersätze in der Schweiz erheblich niedriger liegen als hierzulande, das Steuerklima also deutlich milder ist als im Hochsteuerland Bundesrepublik Deutschland. Er sann darüber nach, was zu tun sei.
Gewiß, es ist eine einfache Sache, Geld aus dem Betrieb offiziell zu entnehmen, um es sodann in einem Köfferchen unauffällig in die Schweiz zu transportieren. Es herrscht Freiheit des Kapitalverkehrs, diese Handlungen gehören also nicht zu denen, die verboten sind.
Dann legt man das Bare bei einem schweizerischen Geldinstitut zinsbringend an, niemand weiß davon, das Finanzamt am allerwenigsten. Die Kontoauszüge holt der Steuerzahler in der Schweiz selbst ab. Entdeckt freilich die Zollbehörde in seiner Brieftasche einen Einzahlungsbeleg oder einen Kontoauszug, ist er selber schuld. Sie wird ihn fotokopieren und dem zuständigen deutschen Finanzamt zustellen. Der Unternehmer weiß das und vernichtet alles verräterische Papier noch vor dem Grenzübertritt. Oder er läßt sich diejenige Post, die unbedingt erforderlich ist, aus der

Schweiz postlagernd und ohne Angabe eines Absenders zuschicken. Das alles ist für ihn kein Problem.
Das Problem, das er zu lösen trachtet, liegt darin, wie er nicht nur versteuertes Geld am besten in die Schweiz schafft, sondern wie er es anfängt, das in der Schweiz anzulegende Geld in einem Zuge als Betriebsausgaben abzusetzen und gleichzeitig am Finanzamt vorbei in die Schweiz zu schleusen.
Sie haben recht, das Vorhaben klingt abenteuerlich, und mancher in solchen Schlichen Unerfahrene wird diese Idee für unrealisierbar halten. Dabei ist der Weg – wie alles Geniale, wenn es auch, wie hier, verwerflich ist – ganz einfach. Er führt über den Abschluß einer Betriebsunterbrechungsversicherung mit Niederlassungen der Gesellschaft in der Bundesrepublik Deutschland und Sitz einer der Hauptgesellschaften in der Schweiz. Der Mann zahlt eine einmalige Prämie von, sagen wir mal, 900 000 DM, die voll gewinn- und damit steuermindernd abgesetzt wird. Ein Batzen in Höhe von etwa 90 % wird ihm in der Schweiz zurückvergütet, und er hat erreicht, worüber nachgedacht worden war: den Abzug als Betriebsausgaben einerseits (Steuerersparnis: rund 600 000 DM) und die diskrete Anlage in der Schweiz andererseits.
Natürlich würden sich original schweizerische Versicherungen auf solche Praktiken nicht einlassen.
Das ist Steuerhinterziehung übelster Art. Gehen Sie aber mit mir einig, daß solche Praktiken nur machbar sind mit einem Großbetrieb im Rücken, also entsprechendem Kapital und Background? Und wie kommt man in der Regel zu Kapital? Durch hohe Gewinne. Wie aber kommt man zu Gewinnen? Durch Leistung. Wenn aber durch Leistung Großkapital gebildet werden kann, dann lohnte sich diese doch bisher schon. Oder?

Geringwertige Wirtschaftsgüter, die keine sind

Der Gesetzgeber erlaubt den Unternehmen, Wirtschaftsgüter des Anlagevermögens, die abnutzbar, beweglich und selbständig nutzungsfähig sind, dann sofort voll abzuschreiben, wenn der Kaufpreis oder die Herstellungskosten ohne Mehrwertsteuer nicht über 800 DM liegen.

Einige clevere Burschen, die sich für besonders gewitzt halten, versuchen diese Regelung so auszunutzen, daß der Staat nicht bekommt, was des Staates ist. Kurz, sie hinterziehen Steuern. Wie? Ganz einfach.

Da kauft ein Freiberufler für sein Büro einen Schreibtisch für 1350 DM und ein Regal für 150 DM. Den Kaufpreis für den Schreibtisch könnte er allenfalls über 10 Jahre abschreiben, während das Regal als geringwertiges Wirtschaftsgut (nicht über 800 DM ohne Mehrwertsteuer) sofort voll abgesetzt werden kann.

Da hat der Käufer eine Idee. Er schlägt dem Lieferanten vor, ihm zwei Rechnungen zu schreiben, und zwar für den Schreibtisch über 770 DM und für das Regal über 730 DM. Der Verkäufer willigt ein (»man will den Kunden nicht verlieren« und was es sonst noch an Gründen gibt, die einem einfallen müssen, um das eigene Tun vor sich rechtfertigen zu können). Der Freiberufler hat also, was er will. Da gibt es plötzlich, hokuspokus, Rechnungen über zwei »geringwertige« Wirtschaftsgüter. Die Steuerhinterziehung ist klar, nicht wahr?

Anders sieht die Sache aus, wenn jemand z. B. eine Schreibmaschine kauft, die – wie dämlich vom Händler – knapp über 800 DM kosten soll. Gelingt es dem Käufer, ihm nach Art der Teppichhändler einen Preisnachlaß abzuschwatzen oder zu vereinbaren, den Kaufpreis unter Skontoabzug zu bezahlen, so daß die Anschaffung nun nicht mehr über 800 DM (ohne Mehrwertsteuer) liegt, dann handelt es sich

nicht um Steuerhinterziehung, sondern um den Kauf eines geringwertigen Wirtschaftsguts, das sofort in voller Höhe abgeschrieben werden kann.
Die Vollabschreibung kann übrigens auch für solche geringwertigen Anlagegüter in Anspruch genommen werden, die der Unternehmer zur betrieblichen Nutzung aus seinem Privatvermögen in sein Betriebsvermögen einlegt. Was sich daraus für Gestaltungs- und Steuersparmöglichkeiten ergeben; z. B. von der nun betrieblichen Nutzung eines Mopeds des inzwischen erwachsenen Sohns für Botengänge bis zu der eines Eisschranks für das Personal.
Es wird immer wieder versucht, unter die geringwertigen Wirtschaftsgüter alles mögliche zu packen, z. B. Werkzeuge für Maschinen, Reparaturmaterialien, Formteile, Maschinenersatzteile usw. usw. Bei all diesen Objekten handelt es sich nicht um geringwertige Wirtschaftsgüter, da sie die Erfordernis, selbständig nutzbar sein zu müssen, nicht erfüllen. Ob die betreffenden Ignoranten sich erfolgreich von Betriebsprüfung zu Betriebsprüfung hangeln können mit der Begründung, es nicht besser gewußt zu haben, ist zumindest zweifelhaft und damit nicht risikolos. Jedenfalls dürfte die Strafsachenstelle dann eingeschaltet werden, wenn eben dieser Sachverhalt als Punkt berechtigter Kritik in jedem Betriebsprüfungsbericht erneut auftaucht.

Der Unternehmer als Jongleur

Die Gewinne können so gering nicht sein, wenn einige Zeitgenossen der Ansicht sind, sie müßten einen Teil davon vor dem Finanzamt verstecken, indem sie mit der Menge des Warenbestands manipulieren. Es ist zu hoffen, daß solchem Tun kein Steuerberater seine Hand leiht, denn das ist keine Beratung, sondern Beihilfe zur Steuerhinterziehung, und bei

Entdeckung steht nicht nur eine saftige Strafe ins Haus, sondern auch die Lizenz auf dem Spiel. Daß der Unternehmer in diesem Fall Steuern hinterzieht und sich nicht damit herausreden kann, er habe die Auswirkungen nicht gekannt, liegt wohl auf der Hand.

Dem steuerlich unbedarften Leser möchte ich kurz schildern, was es mit dem Verschweigen eines Teils des Warenbestands auf sich hat.

Wird die Bestandsaufnahme zum Jahresende in der Weise gefälscht, daß nicht alle Waren aufgenommen werden, so ist der Warenwert niedriger, als er in Wahrheit ist, und der Wareneinsatz, der zu den Aufwendungen gehört, höher. Die folgenden Rechnungen belegen das.

ohne Manipulation:	
Bestand 1.1.	100 000 DM
+ Wareneinkauf im Geschäftsjahr	800 000 DM
⁒ Bestand 31.12.	120 000 DM
Wareneinsatz	780 000 DM
mit Manipulation:	
Bestand 1.1.	100 000 DM
+ Wareneinkauf im Geschäftsjahr	800 000 DM
⁒ Gefälschter Bestand 31.12.	70 000 DM
Wareneinsatz	830 000 DM

Durch diese Bestandsfälschung hat unser Zeitgenosse den Aufwand um 50 000 DM erhöht und damit den Gewinn um 50 000 DM »gedrückt«.

Zum Glück ist aber die Bilanz eine zweischneidige Angelegenheit. Denn der Warenbestand am Ende des Jahres 01 (maßgebend für den Wareneinsatz 01) ist gleichzeitig der Anfangsbestand des neuen Geschäftsjahres 02 (maßgebend für den Wareneinsatz dieses Jahres). Hier zwei Beispiele:

	ohne Fälschung im Vorjahr:	mit Fälschung im Vorjahr:
Bestand 1.1.	120 000 DM	70 000 DM
+ Wareneinkauf im Geschäftsjahr	800 000 DM	800 000 DM
	920 000 DM	870 000 DM
./. Bestand 21.12.	100 000 DM	100 000 DM
Wareneinsatz	820 000 DM	770 000 DM

Durch die Manipulation im Vorjahr ist der Wareneinsatz der folgenden Jahre geringer geworden, so daß der Gewinn des Jahres 02 um den Betrag höher ist, um den der Unternehmer den Warenbestand im Vorjahr 01 gefälscht und zu niedrig angesetzt hat; vorausgesetzt, der Steuerhinterzieher hat nicht auch im folgenden Jahr 02 manipuliert. Will er sich nämlich die Gewinnminderung aus dem Vorjahr 01 noch für das Jahr 02 erhalten, so muß er im Jahr 02 den Bestand um den gleichen Betrag »herabsetzen« wie im Jahr 01. Aber dann ist er im Jahr 02 erst beim Normalgewinn.

Wer erst einmal Blut geleckt hat, versucht's ja immer wieder. Also will er den Staat auch im Jahr 02 um Steuern aus einer Bestandsfälschung um 50 000 DM betrügen. Er muß also einmal den Bestand um 50 000 DM »drücken«, um die Fälschung aus dem Jahr 01 wirksam zu halten, und um weitere 50 000 DM, um im Jahr 02 nun daraus Steuern zu hinterziehen. Er muß also gegenüber dem Finanzamt 100 000 DM an Beständen verheimlichen.

Im dritten Jahr (03) muß er gar (2 × 50 000 DM =) 100 000 DM vom Warenbestand verschwinden lassen, um im Jahr 03 nur den Normalgewinn dieses Jahres auszuweisen. Und nun passiert es.

Unser Steuerhinterzieher stellt nämlich fest, daß er sein Lager ja im wesentlichen geräumt hat, so daß ein gefälschter

Abschlag schon mangels Masse nicht möglich ist. So kommt der unzulässig gedrückte Gewinn der vergangenen Jahre in diesem Jahr voll hoch und schlägt steuerlich unter Umständen so stark in die Progression, daß der ganze Zinsgewinn aus der Steuerhinterziehung zweier Jahre im Eimer ist.

Wer den Warenbestand unzulässigerweise manipuliert, begeht also nicht nur Steuerhinterziehung, sondern wird auch den Tag nicht vor dem Abend loben. Unternehmen mit enorm hohen Beständen haben da freilich mehr Möglichkeiten.

Die Tricks mit den Beständen, das Herumjonglieren mit ihnen, kennt ein Betriebsprüfer natürlich auch.

- Einmal überprüft er anhand seiner amtlichen Rohaufschlagsätze, die Erfahrungssätze sind, den Rohgewinn. Ist der Wareneinsatz durch »Vergessen« einiger Warenbestände nach oben getrimmt worden, ist der Rohgewinn (absolut und prozentual) niedriger. Der Prüfer wird das merken, wenn der Unternehmer dabei zu sehr in die Vollen gegangen ist.
- Der Betriebsprüfer wird jedoch auch anhand der Lieferantenrechnungen, etwa aus dem letzten Vierteljahr, kontrollieren, wo diese als Eingang gebuchten Waren im Bestand aufgenommen wurden. Waren, die z. B. noch am 28. 12. eingegangen und gebucht worden sind, dürften bis zum 31. 12. schwerlich verkauft worden sein und daher in der Bestandsaufnahme nicht fehlen.
- Besondere Heiterkeit wird beim Betriebsprüfer auslösen, wenn jemand Wareneingänge nicht gebucht hat (etwa weil er die Erlöse daraus als Schwarzgelder am Finanzamt vorbeischieben wollte), bei der Bestandsaufnahme jedoch nicht mehr daran dachte und die »schwarzen« Bestände versehentlich mit aufnahm. Er erhöhte um diese Schwarzbestände, wenn auch unfreiwillig, seinen Gewinn.

Bestandsfälschung ist Steuerhinterziehung, also eine kriminelle Handlung. Man hat sie zu unterlassen. Außerdem lassen sich Gewinne dadurch allenfalls verlagern. Freilich können die Liquiditäts- und Zinsvorteile von Fall zu Fall beträchtlich sein; weshalb das unerlaubte Manipulieren der Bestände auch so beliebt ist.
Derjenige Unternehmer, der keine Bilanz aufzustellen braucht und auch freiwillig keine aufstellt, hat zwar keine Möglichkeit, steuerlich mit seinen Beständen zu jonglieren, aber er hat im Rahmen seiner Einnahmen-Überschußrechnung Möglichkeiten – und zwar ganz legale –, die Höhe seines Gewinns nach oben oder unten zu verändern, wie er es halt braucht.

- Er kann den Gewinn dadurch noch beträchtlich reduzieren, daß er kurz vor Jahresende noch Waren einkauft und vor Jahresende auch noch bezahlt. Zahlungen für Wareneinkäufe sind bei ihm sofort Betriebsausgaben. Das gilt übrigens auch für Anzahlungen. Zieht er Zahlungen für andere Betriebsausgaben vor, so kann er auch dadurch seinen Jahresgewinn »drücken«. Das ist nicht verboten. Die Grenze liegt beim Gestaltungsmißbrauch (§ 42 AO).
- Kann er in diesem Jahr einen höheren Gewinn gebrauchen, z. B. weil ein Verlustvortrag zur Verrechnung ansteht, so kann er Zahlungen auf Wareneinkäufe hinausschieben und auch andere Betriebsausgaben erst im neuen Jahr begleichen.

Sind Darlehen aus dem Ausland günstiger?

Auf diese Frage würde ich mit Radio Eriwan antworten »im Prinzip nein, aber ...«. Lassen Sie mich erzählen, was ich vor kurzem erlebt habe.
In einer Gastwirtschaft machte ich die kurze Bekanntschaft

eines Herrn, der mir schon nach dem zweiten Glas Wein freimütig von seinen Steuerhinterziehungen erzählte. Dabei kannten wir gegenseitig weder unsere Namen noch unsere Berufe. Auf die Idee, daß er es mit einem Finanzbeamten zu tun haben könnte, kam mein gemütlicher Gesprächspartner offenbar überhaupt nicht. Vielmehr sah er in seiner Steuerhinterziehung ein Kavaliersdelikt; sportliche Betätigung, Nervenkitzel und lohnender Effekt in einem.

Voller Eifer und mit listigem Augenzwinkern ab und zu erzählte mir der rundliche Fünfziger folgendes:

Seine Privatentnahmen aus dem Betrieb seien nicht gering, aber auch nicht so übertrieben hoch, daß der Betriebsprüfer je auf die Idee kommen könnte, ihn zu fragen, was er mit dem vielen Geld privat eigentlich mache. Er verdiene gut, um nicht zu sagen blendend, sein Betrieb werfe Jahr für Jahr eine runde Million DM netto ab, und er gehe mit seinen Privatentnahmen hart bis an die Grenze dessen, was an Verbrauch noch glaubhaft erscheine. Seine Devise sei jedoch, daß Vermögen nicht erarbeitet, sondern erspart würden.

Daher lege er monatlich einen ansehnlichen Betrag auf die hohe Kante, den er einmal im Jahr in die Schweiz schaffe und bei einem der verschwiegenen Bankinstitute dort verzinslich anlege.

Der Trick dabei sei der, daß er sich – zu günstigen Konditionen, versteht sich – von eben dieser Bank Kredite einräumen lasse, die er zur Finanzierung von Investitionen im Betrieb brauche; der Schornstein müsse ja rauchen. Die Zinsen für diese Kredite ziehe er, seit langem unbeanstandet, als Betriebsausgaben ab. »Unter dem Strich« sei das immer noch ein Geschäft. So nach und nach baue er sich in der Schweiz auf diese Weise ein Vermögen auf, von dem »niemand nichts weiß«.

Damit das Finanzamt wegen der Auslandskredite keinen

Verdacht schöpfe und er eine plausible Erklärung habe, aus welchem Grund er ausgerechnet Kredite einer Schweizerischen Bank in Anspruch nehme, sorge er dafür, daß die Konditionen für die Darlehen günstiger seien als im Inland. Beifallheischend prostete er mir strahlend zu. Als ich ihm erklärte, daß er damit unseren Staat betrüge, auch die kleinen Steuerzahler schädige und sein Tun kriminelles Handeln wie jedes andere sei, starrte er mich sprach- und verständnislos an. Er hatte es plötzlich eilig, die Rechnung zu bezahlen.

Der Kniff mit dem Zweitwagen

Wer in seinem Betriebsvermögen einen Pkw hat, und das sind wohl die meisten Freiberufler oder Gewerbetreibenden, nutzt den Wagen auch privat, mag er noch so heftig beteuern, daß dies gerade auf ihn nicht zutreffe. Das weiß das Finanzamt auch.

Es ist daher geregelt worden, daß aus Vereinfachungsgründen in der Mehrzahl der Fälle ohne besonderen Nachweis davon ausgegangen werden kann, daß der private Nutzungsanteil 30–35 % der Gesamtnutzung beträgt. Die gesamten Kosten für das Kraftfahrzeug einschließlich der Abschreibungen werden also zusammengerechnet. Davon werden dann 30–35 % gewinnerhöhend als Privatentnahmen behandelt. Der zu versteuernde Gewinn wird also um diesen Betrag erhöht, da die gesamten Kraftfahrzeugkosten vorher gewinnmindernd über Unkosten gelaufen sind.

Diese Gewinnerhöhung ärgert den Unternehmer. Dabei ist ein Satz für Privatnutzung von 30–35 % doch außerordentlich moderat. Schauen Sie: Fährt der Unternehmer 10 000 Kilometer im Jahr und benutzt er den Wagen einmal im Jahr zur Urlaubsreise in den Süden, wobei leicht 3 000 bis 4 000 Kilometer zusammenkommen, so ist der Satz von 30–35 % schon dadurch voll ausgeschöpft.

Trotzdem wird nach Tricks und Begründungen gesucht, wie man dem Betriebsprüfer hinsichtlich der Privatnutzung ein Schnippchen schlagen kann. Und dem, der es mit der Wahrheit so genau nicht nimmt, fällt in diesem Zusammenhang der Zweitwagen ein, den die Ehefrau benutzt, wenn – ja, wenn nicht dieser bereits ebenfalls als Firmenwagen geführt wird mit der Folge, daß auch dessen laufende Aufwendungen und Abschreibungen über Unkosten steuermindernd verbucht werden.

Ist dem jedoch nicht so, unverständlicherweise, so behauptet der Unternehmer wahrheitswidrig, daß der Betriebswagen ausschließlich für Geschäftsfahrten benutzt werde und Privatfahrten ausschließlich im Privatwagen erfolgten. Freilich, wenn es sich beim Zweitwagen um ein klappriges und billiges Gefährt handelt, das so hart ist wie weiland Goethes Kutsche, wird dem Unternehmer niemand abnehmen, damit nach Süditalien in den Urlaub gezuckelt zu sein. Die Lebenserfahrung spricht dagegen, und das Finanzamt wird von der Hinzurechnung eines Privatanteils nicht absehen.

Handelt es sich beim Zweitwagen dagegen um eine passable Karosse, so braucht der Unternehmer nur noch darauf zu achten, daß auch die Kilometerleistung des Zweitwagens mit einer Privatnutzung, die der Betriebsprüfer schätzen wird, annähernd übereinstimmt.

Daß Reparaturrechnungen für den Zweitwagen der Frau Gemahlin häufig über den Betrieb des Ehemanns als Betriebsausgaben laufen, ist zwar ebenfalls verbotene Steuerhinterziehung, steht aber auf einem anderen Blatt. Ähnlich kann es sich mit Tankquittungen und Inspektionsrechnungen verhalten. Bakschisch in der Hand manches Kfz-Inspekteurs mag das Wunder bewirken, daß die Rechnungen nun plötzlich die Daten des Geschäftswagens enthalten. Das ist dann Beihilfe zur Steuerhinterziehung und ebenfalls abzulehnen.

Leichen auf der Liste

Daß fingierte Arbeitsverhältnisse und daraus resultierende »Lohnzahlungen« Steuerhinterziehung darstellen, bedarf eigentlich keiner besonderen Erwähnung.

Doch will ich den Leser an dieser Stelle einmal darüber aufklären, was ihn erwartet, wenn er der Steuerhinterziehung überführt ist. »Chef«, sprach der Buchhalter beim Fälschen der Lohnliste, »wenn das rauskommt, wer da reinkommt, kommen wir rein und nicht wieder raus ...«. So ähnlich ist es.

Der Täter kann mit Freiheitsstrafe bis zu fünf Jahren oder mit Geldstrafe in unbeschränkter Höhe bestraft werden. Schon der Versuch ist strafbar. In besonders schweren Fällen, z. B. wenn der Täter aus grobem Eigennutz in großem Ausmaß Steuern verkürzt, seine Stellung als Amtsträger mißbraucht oder Belege fälscht, bedeutet das Freiheitsstrafe von 6 Monaten bis zu 10 Jahren.

Um gefälschte Belege handelt es sich mit Sicherheit, wenn der Unternehmer in seine Lohnliste die eine oder andere Leiche hineinpraktiziert, also Löhne an Personen zahlt, die bei ihm entweder gar nicht beschäftigt sind oder überhaupt nicht existieren.

Für diese »Löhne« führt er Lohnsteuern und Sozialversicherungsbeiträge ab, während die Nettobeträge auf Umwegen auf sein eigenes Konto gelangen. Diese Praktiken kommen deshalb vor, weil Lohnsteuern, Kirchensteuern und Sozialversicherungsbeiträge eines geringverdienenden Arbeitnehmers zusammen erheblich geringer sind als die Einkommensteuern, Kirchensteuern und Gewerbesteuern eines hochverdienenden Gewerbetreibenden.

Andere Steuerhinterzieher sind, wie könnte es auch anders sein, auch auf noch andere »Tricks« verfallen.

Da werden Arbeitnehmer zwar tatsächlich beschäftigt, doch

wird ein Vollarbeitsverhältnis zum Zwecke der Lohnsteuerpauschalierung in mehrere Beschäftigungen aufgeteilt, z. B. bei der Mitarbeit von Ehefrau und Kindern, um einen Lohnsteuersatz von nur 15 % oder 25 % zu erreichen. Der einzelne Arbeitnehmer erhält dann sein Arbeitsentgelt unter verschiedenen auf der Lohnliste eingetragenen Namen.
Der Arbeitgeber kann nämlich für Teilzeitbeschäftigte, die nur kurzfristig oder in geringem Umfang und gegen geringen Arbeitslohn beschäftigt werden, darauf verzichten, eine Lohnsteuerkarte vorgelegt zu bekommen, und die Lohnsteuer pauschal mit 15 % bzw. 25 % berechnen. Wann eine kurzfristige Tätigkeit vorliegt und wann eine Beschäftigung in geringem Umfang und gegen geringen Arbeitslohn, ist im Einkommensteuergesetz geregelt.
Es kann auch vorkommen, daß Arbeitsverhältnisse überhaupt fingiert werden, und zwar in der Weise, daß von vornherein die Voraussetzungen für eine Lohnsteuerpauschalierung vorliegen, natürlich nicht real, aber eben auf dem Papier, das bekanntlich geduldig ist. Dann führt der Unternehmer pauschal 15 % Lohnsteuer ab, bucht den »Gesamtaufwand« über Unkosten ab und steckt den »Netto-Betrag« in die eigene Tasche.
Solchen Burschen sollte man auf die Schliche kommen. Das wird dann der Fall sein, wenn der Betriebsprüfer alle nachweisbaren zweckgebundenen Geldabflüsse im Privatbereich (Privatsteuern, Möbelkäufe, Reparaturen am Privathaus, Privatversicherungen, Einzahlungen auf ein Sparbuch oder in eine Bausparkasse etc.), also ohne Lebenshaltungskosten, den nachweisbaren Geldzuflüssen im Privatbereich (Entnahmen aus dem Betrieb, Auszahlung eines Bausparvertrags, Abhebungen von privaten Bankkonten etc.) gegenüberstellt. Sind danach nämlich die Geldzuflüsse gegenüber den zweckgebundenen Privatausgaben so niedrig, daß der verbleibende Betrag für eine angemessene Lebensführung

erfahrungsgemäß nicht ausreicht, so weiß der Betriebsprüfer, daß etwas faul ist im Staate Dänemark.

Scheiden tut weh

Besonders, wenn es sich um eine kostspielige Ehescheidung handelt, und welche Scheidung ist billig? Da kommen nämlich auf die Ehepartner zu

- beim Güterstand der Zugewinngemeinschaft der dem anderen zustehende Zugewinnausgleich,
- die immensen Scheidungskosten sowie
- der gegebenenfalls zu leistende Unterhalt, in der Regel für Ehefrau und Kinder.

Da kommt es dann schon mal vor, daß der zur Zahlung Verpflichtete sich Gedanken darüber macht, wie er denn den Staat, sprich die Allgemeinheit, an diesen seinen persönlichen Kosten beteiligen kann.

Legal kann er für Unterhaltszahlungen an den geschiedenen oder getrennt lebenden Ehegatten von der Steuer absetzen

- bis zu 5 400 DM im Jahr, ohne daß der Ehegatte die Unterhaltszahlungen zu versteuern braucht, oder
- bis zu 18 000 DM im Jahr, die der empfangende Ehegatte dann aber versteuern muß.

Ein Abzug von 18 000 DM im Jahr ist nicht eben üppig zu nennen, und besonders bei bemittelten Partnern ist dieser Betrag schnell erreicht.

Ich habe gelesen, daß ein Gewerbetreibender, der sich zwar scheiden ließ, mit seiner Ex-Gattin jedoch nicht völlig über Kreuz war, mit seiner Ehemaligen auf folgenden Dreh verfiel:

In seinem Gewerbebetrieb befand sich ein Betriebsgrundstück. Dieses schenkte er seiner Frau, mietete es sodann von ihr an und zog die Mietzahlungen als Betriebsausgaben ab.

Das Vorkaufsrecht für den Fall, daß die Frau wieder heiraten sollte, behielt der clevere Geschäftsmann sich vor und sicherte es durch eine Hypothek ab. Man braucht kein findiger Betriebsprüfer zu sein, sondern fühlt es als Blinder mit dem Krückstock, daß hier verdeckter Unterhalt vorliegt, an dem man durch den Abzug als Betriebsausgaben und die dadurch gewollte Steuerminderung die Allgemeinheit zu beteiligen trachtete.
Ganz einwandfrei um Steuerhinterziehung handelt es sich, wenn man Unterhaltszahlungen an den Ehegatten gar nicht leistet, z. B. weil man ihn mit einer einmaligen Zuwendung eines Vermögenspostens abgefunden hat, aber gleichwohl vorgibt, Unterhaltszahlungen vorzunehmen, und die 18 000 DM im Jahr absetzt. Eine gewisse Sicherung gegen solche Praktiken liegt darin, daß ein Abzug bis zu maximal 18 000 DM im Jahr nur dann in Betracht kommt, wenn der berechtigte Ehegatte dieser steuerlichen Behandlung zustimmt. Der darf aber, wenn der zahlende Ehegatte den Steuernachteil des anderen ausgleicht, seine Zustimmung nicht grundlos verweigern. Erfolgen also in Wahrheit gar keine laufenden Unterhaltszahlungen, so muß schon – trotz Scheidung oder Trennung – das Verhältnis der beiden noch recht gut sein, will man den Staat gemeinsam betrügen. In der Regel (und in diesem Fall gottlob) sieht die Realität anders aus.

Der Schein regiert die Welt

Im Gegensatz zu Schwarzgeschäften oder Ohne-Rechnung-Geschäften (OR-Geschäften) sind Scheingeschäfte solche, denen gar keine realen Bewegungen zugrunde liegen, sondern die nur auf dem Papier stehen und ausschließlich den Zweck haben, Steuerhinterziehungen zu ermöglichen. An einigen Beispielen soll dieses verwerfliche und gefährliche Tun erläutert werden.

- Da gibt es den Unternehmer A und den Unternehmer B. A hat einen Verlust erlitten, den er mit anderen positiven Einkünften nicht ausgleichen kann. Nehmen wir einmal an, daß es sich um 300 000 DM handelt, die er auch als Verlustabzug nicht unterbringen kann. Erzielt er aus Lieferungen Gewinne, führen diese bis zu diesem Betrag zu keinem steuerpflichtigen Gewinn. Er kommt auf die Idee, mit seinem langjährigen Geschäftspartner B zu vereinbaren, daß auf dem Papier Lieferungen für 200 000 DM durchgeführt, also getürkt, werden sollen. Wie gedacht, so getan. B kann diesen »Aufwand« gut gebrauchen, da seine Gewinnsituation glänzend ist. Ergebnis: Bei A fallen keine Ertragsteuern an, bei B werden Einkommen und Gewerbesteuern von zusammen (70 % von 200 000 DM =) 140 000 DM reduziert.
- Gleiches könnte mit Anlagegütern praktiziert werden. Der gutverdienende Unternehmer A kauft von einem anderen Unternehmer B auf dem Papier eine Maschine. In der Buchhaltung von B passiert gar nichts, während A den »Zugang« bucht und die Maschine degressiv abschreibt (degressive Abschreibungen ermöglichen in der ersten Zeit besonders hohen Aufwand). Möglichkeiten, hinter diesen Betrug zu kommen, hat der Betriebsprüfer nur, wenn er entweder kontrolliert, ob B auch eine entsprechende Ausgangsrechnung verbucht hat, oder aber der Prüfer die Maschine in Augenschein nehmen will.
- B bringt sich durch eine getürkte Rechnung in Gefahr, ohne selbst einen Vorteil zu haben. Daher wird ein solches Ansinnen meistens abgelehnt, so daß der Unternehmer A, wollte er sein Vorhaben verwirklichen, sogar zum Mittel der Urkundenfälschung greifen müßte. Er müßte nämlich eine Lieferantenrechnung drucken und

das Geld dann auf ein ebenfalls gefälschtes Konto überweisen lassen.

- Kauft der Unternehmer pro forma ein Anlagegut für Abschreibungszwecke von einem Privatmann, so ist das ebenfalls Steuerhinterziehung und, soweit der andere daran beteiligt ist, Beihilfe zur Steuerhinterziehung. Der Privatmann kann freilich Gegenstände seines Privatvermögens außerhalb der Spekulationsfrist veräußern, ohne daß er daraus steuerpflichtig wird. Läßt er sich auf diesem Hintergrund aber auf ein Scheingeschäft ein, so macht er sich strafbar.
- Zu den Scheingeschäften zählen auch jene, durch die jemand sich Steuervergünstigungen erschleicht, z. B. die Investitionszulage.

Daß der Schein die Welt regiert, ist in diesem Zusammenhang vielleicht ein wenig überspitzt ausgedrückt, doch stinkt er nun mal nicht, der Geldschein.

Hilfe, die von oben kommt

Wer zur Buchführung verpflichtet ist oder ohne eine solche Pflicht freiwillig Abschlüsse macht, muß bestimmte Unterlagen eine Zeitlang aufbewahren, nämlich

- Bücher und Aufzeichnungen, Inventare, Bilanzen sowie zu ihrem Verständnis erforderliche Arbeitsanweisungen und sonstige Organisationsunterlagen, 10 Jahre,
- empfangene Handels- oder Geschäftsbriefe, Kopien abgeschickter Handels- oder Geschäftsbriefe, Buchungsbelege und sonstige Unterlagen, soweit sie für die Besteuerung von Bedeutung sind, 6 Jahre.

Sind diese Fristen abgelaufen, so brauchen die genannten Unterlagen nur noch aufbewahrt zu werden, wenn sie von Bedeutung sind

— für eine begonnene Betriebsprüfung,
— für eine vorläufige Steuerfestsetzung,
— für anhängige steuerstraf- oder bußgeldrechtliche Ermittlungen,
— für ein schwebendes oder aufgrund einer Betriebsprüfung zu erwartendes Rechtsbehelfsverfahren oder
— zur Begründung von Anträgen des Steuerzahlers.

In der Regel wird man also Unterlagen nach 6 bzw. 10 Jahren vernichten dürfen, was der clevere Steuerpflichtige auch gern und rechtzeitig tut, weil er dadurch nicht nur Kosten spart, sondern dem Finanzamt auch die Möglichkeit verbaut, nachzuprüfen, ob in der Buchhaltung wohl alles mit rechten Dingen zugegangen ist.

Gleichwohl sind manchen Leuten die genannten Aufbewahrungsfristen zu lang, insbesondere dann, wenn sie »Staub am Stecken« haben und damit rechnen müssen, nun bald vom Betriebsprüfer heimgesucht zu werden. Wie man so hört, zeigt sich manchmal »der da oben« unerwartet einsichtig und beschert einem, was man mit höherer Gewalt bezeichnet und wogegen bekanntlich kein Kraut gewachsen ist.

- Ein kleines Feuer zur rechten Zeit bewirkt, daß der Betriebsprüfer unverrichteter Dinge wieder abziehen muß. Die Unterlagen, die zu kontrollieren er die Absicht hatte, wurden nämlich ein Raub der Flammen.
- Hagelschlag ist nicht nur geeignet, Getreidefelder zu planieren und Weinreben zu vernichten, sondern eignet sich auch vorzüglich dazu, empfindliches EDV-Material zu zerstören.
- Wer an der Mosel wohnt oder am Rhein, kann ein Lied davon singen, welche Schäden durch Hochwasser schon angerichtet worden sind. Die Buchführungsunterlagen wurden davon nicht verschont, sind entweder völlig unleserlich oder wurden von den Fluten überhaupt weggeschwemmt.

- Die gleiche Wirkung kann der Bruch eines Wasserrohrs zur rechten Zeit an der rechten Stelle haben.
- Vor kurzem hörte ich, daß ein Steuerpflichtiger, dessen Wagen mit Buchhaltungsunterlagen gefüllt war, vom rechten Weg abkam, so daß das Auto mitsamt den Unterlagen im Fluß versank. Der Fahrer konnte sich retten.

Wer allerdings in dieser Richtung nachhilft, braucht nicht mit der Nachsicht der Finanzbehörden zu rechnen; und zu Recht. Kommt das Finanzamt hinter seine Tricks, muß der Steuerpflichtige damit rechnen, daß sein Gewinn mit erheblichen Sicherheitszuschlägen geschätzt wird. Ein Verfahren angehängt bekommt er obendrein.

Steuern mit Belegen »steuern«?

Wem ist das nicht schon passiert: Da kommt einer von einer Geschäftsreise zurück, den Kopf angefüllt mit allen möglichen Details, wirft der Sekretärin die gesammelten Belege ungeordnet in den Schoß und hastet zum nächsten Termin.
Die Reisekostenabrechnung wird geschrieben, und die Vorzimmerdame stellt dabei fest, daß der eine oder andere Beleg nicht mehr vorhanden ist. Das ist weiter kein Beinbruch. Man erstellt einen sogenannten Eigenbeleg, der zwar keine einwandfreie Nachweisfunktion erfüllt, aber die entstandenen Aufwendungen durchaus glaubhaft macht, wenn er in den Ablauf des Reisegeschehens sich nahtlos einfügt, so daß der Abzug als Betriebsausgaben gleichwohl gesichert ist.
Vom zulässigen Eigenbeleg zur unzulässigen und strafbaren Steuerhinterziehung ist es meistens nur ein kleiner Schritt. Das Schlimme daran ist, daß der Steuerhinterzieher bei einer Betriebsprüfung nur erwischt wird, wenn

- der Prüfer die Belege nahezu lückenlos kontrolliert, wozu ihm häufig die Zeit fehlt, oder

- der unrichtige Eigenbeleg dem Betriebsprüfer durch Zufall in die Hände fällt, was ebenfalls unwahrscheinlich ist, oder
- der Steuerhinterzieher mit seiner per Eigenbeleg gebuchten Betriebsausgabe vom Betrag her derartig in die vollen ging, daß die betreffende Kostenart im Vergleich mit anderen Jahren völlig aus dem Rahmen fiel, also als überhöht ins Auge sprang.

Wer aus dem Betrieb Geld entnimmt, um die Gattin am Geburtstag mit einem Einkaräter zu erfreuen, legt sein Geld in mehrfacher Hinsicht gut an. Wer auf dem Eigenbeleg jedoch vermerkt »Reparatur der Fassade des Betriebsgebäudes« und die Entnahme unter der Kostenart Reparaturen buchen läßt, hinterzieht Steuern und ist kriminell.

Das gleiche gilt übrigens, wenn Belege unrichtig ausgestellt werden. Wer nämlich die Verkäuferin veranlaßt, die Rechnung über den Kauf der Krokohandtasche für die Freundin als Aktenkofferkauf zu deklarieren, ist schlicht ein Steuerhinterzieher.

Wem Eigenbelege zu unsicher sind, der könnte ja auf den Einfall kommen, sich Rechnungsformulare unter der Firma eines (existierenden oder nicht existierenden) Lieferanten drucken zu lassen, um diese – je nach Bedarf und Gewinnhöhe – zur Steuerhinterziehung zu verwenden. Daß er bei Scheckzahlung dieser »Verbindlichkeiten« das Geld mühelos auf ein eigenes Bankkonto schleusen kann, sei nur am Rande vermerkt. Solche Handlungen zeugen von einer erschreckenden steuerkriminellen Energie. Und doch gibt es sie!

Zahlendreher …

… sind weder humusformende Käfer noch Leute, die Metall verarbeiten, sondern jene üblen Burschen, die mit dem

Zahlendrehen Steuern hinterziehen, um dann, wenn die Fehler wider Erwarten entdeckt werden, sich mit entwaffnendem Lächeln zu entschuldigen: »Ich bitte Sie, das kann doch jedem mal passieren.«

Da führt solch ein Typ das Wareneingangsbuch, aus dem die Monatssummen auf ein Wareneinkaufskonto übertragen werden, dessen Summe einen der wesentlichsten Ausgabenposten, der die Steuern mindert, in der Einnahmen-Ausgaben-Überschußrechnung darstellt. Bei der Addition am Ende des Monats März »verrechnet« sich der Mann. Anstatt des richtigen Betrags von 127000 DM notiert er als Monatsendsumme 172000 DM. Im Dezember, einem Monat mit, für seine Verhältnisse, beträchtlichem Einkaufsvolumen, dreht er abermals an der Endsumme und »ermittelt« anstatt 317000 DM den Betrag von 371000 DM. Um die Differenz von zusammen 99000 DM weist er zu hohe Betriebsausgaben aus und demzufolge einen um 99000 DM zu niedrigen Gewinn.

Bemerkt der Betriebsprüfer Jahre später den oder die Fehler, indem er nachaddiert, so wird er den Steuerhinterzieher voraussichtlich gleichwohl nicht dingfest machen können, denn der Vorsatz wird diesem kaum nachzuweisen sein. Sollten sich diese »Fehler« jedoch gehäuft haben, so kann doch zumindest ein Verfahren wegen leichtfertiger Steuerverkürzung in Betracht kommen.

Daß etwas nicht stimmt, kann der Betriebsprüfer auch daran merken, daß der gebuchte Umsatz im Verhältnis zum Wareneinsatz zu niedrig ist – vorausgesetzt, der Steuerhinterzieher hat dies nicht bereits einkalkuliert und sich mit seinen Zahlendrehern auch in der Größenordnung so beschieden, daß sie in einer Jahresrechnung nicht auffallen können.

Übrigens hat der Bundesfinanzhof entschieden, daß bei einer Differenz zwischen Nachkalkulation des Betriebsprüfers und gebuchtem Umsatz von etwa bis zu 3 % in den einzelnen Jahren eine Hinzuschätzung zum Umsatz und Gewinn nicht in Frage kommt (Schätzungsunschärfen!). Der Betriebsprüfer rechnet also wie folgt nach:

Wareneinsatz gebucht	4 000 000 DM
+ Rohaufschlag nach den Verhältnissen des Steuerzahlers, ggf. nach den amtlichen Richtsätzen, z. B. 60 % =	2 400 000 DM
= Soll-Umsatz, den der Steuerzahler haben sollte	6 400 000 DM
Gebuchter Umsatz jedoch	6 300 000 DM
= Differenz	100 000 DM

Die Abweichung zum gebuchten Umsatz beträgt nur rund 1,6 %, so daß hieraus allein eine Entdeckung nicht möglich ist und eine Hinzuschätzung auch von der Größenordnung nicht in Betracht kommt. Immerhin besteht die Chance der Aufdeckung, wenn einzelne Warengruppen nachkalkuliert werden oder der Betriebsprüfer nahezu lückenlos nachrechnet.

Vertrauen ist gut, Kontrolle ist besser

Der Leser hat in den vorhergehenden Kapiteln eine kleine Auslese dessen vorgeführt bekommen, was an steuerlichen Manipulationen machbar ist. Und es besteht überhaupt kein Zweifel, daß tatsächlich in erheblichem Umfang hinterzogen wird. Nur Dumme zahlen ihre Steuern voll; wer jedoch den Staat betrügt, gilt als alert und ausgebufft. Die Strafsachenstellen der Finanzbehörden haben überhaupt keinen Mangel an Arbeit. Daß dies so ist, verdanken sie unter anderem auch der Arbeit ihrer Betriebsprüfer. Auf deren Prüfungsmethoden will ich nun noch eingehen.

- Zunächst einmal legt der Betriebsprüfer sich ihre Jahresabschlüsse nebeneinander und vergleicht die Gewinne und Kostenarten der einzelnen Jahre miteinander. Bei wesentlichen Abweichungen wird er bereits stutzig werden, und der Steuerpflichtige wird auf diesbezügliche Fragen manches erklären müssen. Hat der Steuerpflichtige in den einzelnen Jahren jedoch gleichmäßig hinterzogen, so wird der Betriebsprüfer bei einem solchen Vergleich noch nichts merken, z. B. wenn der Unternehmer in etwa gleichmäßigem Umfang zu hohe Kosten oder zu hohen Wareneinsatz gebucht oder Einnahmen gleichmäßig nicht angegeben hat.
- Auf der Basis des gebuchten Wareneinsatzes kann der Betriebsprüfer nun eine Nachkalkulation vornehmen und damit verproben, ob der ausgewiesene Umsatz stimmt, ob also nicht etwa Einnahmen zu buchen »vergessen« wurden. Die Rechnung sieht, vereinfacht dargestellt, wie folgt aus:

Bestand am 1. 1.	100 000 DM	
+ Wareneinkauf im Geschäftsjahr	700 000 DM	
./. Bestand am 31. 12.	200 000 DM	
= Wareneinsatz		600 000 DM
Rohaufschlag lt. amtlicher Richtsatztabelle angenommen 60 %		360 000 DM
Soll-Umsatz, der gebucht sein müßte		960 000 DM

Hat der Steuerpflichtige beispielsweise nur einen Umsatz von 740 000 DM gebucht, so ist das eine erhebliche

Abweichung. Der Betriebsprüfer wird die Stirne runzeln und gefährlich leise fragen, wie das wohl kommt, daß der Umsatz so niedrig ist. Wer gefälschte Wareneingangsrechnungen gebucht hat, wer den Wareneinsatz durch Fälschen der Warenbestandsaufnahme hochgetrieben hat oder wer einfach nur Einnahmen ungebucht hat verschwinden lassen, wird bei dieser Art der Verprobung erwischt, wenn die Steuerhinterziehung ein erhebliches Ausmaß hatte.

- Doch dem Betriebsprüfer stehen noch andere erprobte Kontrollinstrumente zur Verfügung. Er hat durch seine amtlichen Tabellen, die nach Erfahrungswerten aufgebaut sind, durchaus auch die Möglichkeit zu überprüfen, ob denn wohl der Reingewinn des Steuerpflichtigen stimmen kann. Nehmen wir einmal an, die Verprobung des Reingewinnsatzes auf den Umsatz ergibt, daß der Reingewinn nur die Hälfte des normalen beträgt. Der Steuerpflichtige soll einen Umsatz von 2 Mio. DM gemacht haben und nach den dem Prüfer bekannten Erfahrungswerten einen Reingewinn von 10 % erzielen sollen. Tatsächlich weist sein Abschluß anstatt eines Reingewinns von 200 000 DM nur einen solchen von 80 000 DM aus. Durch eine Untersuchung der Kosten wird der Prüfer sehr bald herausbekommen haben, wo der Hase im Pfeffer liegt.
- Eine andere Möglichkeit zu kontrollieren, ob Einnahmen nicht ungebucht geblieben sind, besteht für den Betriebsprüfer darin, die Einnahmen und Ausgaben im Privatbereich des Steuerpflichtigen gegenüberzustellen. Bei dieser Kontrollrechnung geht er folgendermaßen vor: Die zweckgebundenen Geldabflüsse im Privatbereich werden den nachweisbaren Geldzuflüssen im Privatbereich gegenübergestellt, wodurch der Staatsdiener feststellt, ob das, was übriggeblieben ist, nach der Lebenserfahrung für

die Lebenshaltung ausreicht. Der Leser verstehe bitte richtig: Zweckgebundene Geldabflüsse im Privatbereich sind nur solche, die nicht für den Lebensunterhalt bestimmt sind. Der Prüfer stellt also gegenüber:

Zuflüsse	
Entnahmen aus dem Betrieb in Geld	...
Auszahlung eines Bausparvertrages	...
Darlehen von der Großmutter	...
Minderung des privaten Bankguthabens	...
Zuflüsse insgesamt	...
Abflüsse (ohne Lebenshaltungskosten)	
Einzahlungen in die Bausparkasse	...
Zahlungen privater Steuern	...
Prämien für Privatversicherungen	...
Geldschenkung an die Tochter	...
Unterhaltszahlungen an den geschiedenen Ehegatten	...
Dachreparatur am privaten Einfamilienhaus	...
Abflüsse (ohne Lebenshaltungskosten) insgesamt	...

Sollte sich bei dieser Rechnung herausstellen, daß die Abflüsse für zweckgebundene Dinge höher sind als die Zuflüsse, die dem Steuerpflichtigen zur Verfügung standen, so wird jedem einleuchten, daß da etwas nicht stimmen kann, denn von Liebe und Luft allein kann auf Dauer niemand leben. Dem Steuerpflichtigen müssen also zur Deckung der Lebenshaltungskosten noch andere Mittel zur Verfügung gestanden haben. Der Betriebsprüfer wird gar nicht so falsch liegen, wenn er annimmt, daß es sich hierbei um Einnahmen handelt, die am Finanzamt vorbeigeschoben wurden.

- Ob die Einnahmen möglichst vollständig ins Buchwerk

eingeflossen sind, kann der Betriebsprüfer auch durch eine Vermögenszuwachsrechnung kontrollieren. Dieser Rechnung liegt folgende Überlegung zugrunde:
Stellt man das Vermögen am Anfang und am Ende des zu prüfenden Jahres gegenüber und ist das Vermögen am Ende höher als am Anfang, so muß dieser Mehrbetrag ja irgendwo hergekommen sein. Nun hat der Steuerpflichtige in dieser Zeit ja gelebt, also Privatausgaben gehabt. Diese werden der Differenz noch hinzugerechnet, und dann geht der Betriebsprüfer davon aus, daß der Steuerpflichtige in dieser Höhe Gewinne gehabt haben muß, wenn er den Vermögenszuwachs nicht auf eine andere Art plausibel erklären kann. Der Prüfer rechnet also wie folgt (Grob-Schema):

Vermögen am Anfang	...
Vermögen am Ende	...
= (in der Regel) Mehrvermögen	...
Mehrvermögen	...
zuzüglich Privatausgaben, z. B.	
private Steuern	...
private Versicherungen	...
Geldschenkung an die Tochter	...
Lebenshaltungskosten	...
Krankenhauskosten	...
Brutto-Vermögenszuwachs	...

Wer weder eine Erbschaft gemacht noch Geld geschenkt bekommen noch einen Gewinn in der Spielbank gemacht hat, wird in Höhe des Brutto-Vermögenszuwachses dem Betriebsprüfer gebuchte Einnahmen vorweisen müssen. Kann er das nicht, wird's für ihn haarig.

- Und noch eine Methode will ich dem Leser vorstellen,

bei deren Anwendung der Betriebsprüfer dem Steuerhinterzieher auf die Schliche kommen kann. Das ist die Rechnung mit dem privaten Geldverbrauch. Dieser Rechnung liegt der Gedanke zugrunde, daß aus dem privaten Geldverbrauch und der privaten Geldanlage sich Rückschlüsse darauf ziehen lassen, welche Gewinne wohl erzielt worden sind. Private Geldzuflüsse sind bei Durchführung dieser Rechnung abzuziehen. Der Betriebsprüfer wird also seine Rechnung wie folgt aufmachen (Grobschema):

Privatausgaben		...
zuzüglich Bankguthaben am Jahresende	+	...
abzüglich Bankguthaben am Jahresbeginn	–	...
abzüglich Spielbankgewinn	–	...
abzüglich Erbschaft	–	...
abzüglich Abschreibungen	–	...
abzüglich Rückstellungen für Betriebssteuern	–	...
= zu versteuernder Gewinn		...

Gerade auch diese Methode ist vom Bundesfinanzhof als durchaus geeignet bezeichnet worden, die Höhe der Einkünfte aus Gewerbebetrieb ausreichend sicher zu bestimmen.

15 Das Zwei-Konten-Modell macht's möglich

Wer ein selbstzubewohnendes Privathaus auf Kredit baut oder kauft, darf die laufenden Schuldzinsen dafür steuerlich nicht mehr absetzen. Jedenfalls gilt dies für Objekte, die nach dem 31.12.1986 angeschafft oder fertiggestellt worden sind.

»Endlich einmal gleiches Recht für alle«, wird mancher Leser jetzt denken. Gemach. Es hat nur den Anschein, als ob es in diesem Fall so sei. Da gibt es nämlich die Gruppen der Freiberufler und Gewerbetreibenden, die sich das sogenannte Zwei-Konten-Modell zunutze machen und im Ergebnis die privaten Schuldzinsen als Betriebsausgaben von der Steuer absetzen. Das funktioniert so:

- Für den Gewerbebetrieb oder für die freiberufliche Praxis werden zwei getrennte Bankkonten eingerichtet. Auf ein Konto, das Betriebseinnahmen-Konto, werden sämtliche Erlöse dirigiert. Mit dem ständig steigenden Guthaben daraus tilgt der Unternehmer seine Privatschulden. Zwangsläufig, also mit zunehmender Tilgung, sinken die Schuldzinsen für diese Privatschulden.
- Über das inzwischen eingerichtete zweite Konto, das Betriebsausgaben-Konto, werden sämtliche Betriebsausgaben bezahlt, und zwar durch Überziehen des Kontos, denn es fehlen zur Deckung ja die Betriebseinnahmen. Die Zinsen für die Verbindlichkeit auf dem Betriebsausgaben-Konto sind voll abzugsfähige Betriebsausgaben.

Mit dieser Methode erreicht der Unternehmer, daß die Zinsen für Privatschulden im Ergebnis als Betriebsausgaben abgesetzt werden. Voraussetzung für diesen Trick ist eben nur, daß man ein Unternehmen hat.

Dieser Trick funktioniert übrigens unabhängig davon, ob der Unternehmer seinen Gewinn durch Bilanzierung oder durch Gegenüberstellung der Betriebseinnahmen mit den Betriebsausgaben (Einnahme-Ausgaben-Überschußrechnung) ermittelt.

Zur gesonderten Einrichtung der beiden Konten gehört aber, daß mit der Bank für jedes Konto getrennte Zinsvereinbarungen getroffen werden. Der Steuerpflichtige erreicht den Abzug der Zinsen nicht, wenn mit der Bank etwa vereinbart würde, daß Zinsen tatsächlich nur dann anfallen

sollen, wenn beide Konten zusammengenommen einen Schuldsaldo ergeben.
Die Bank wird jedoch für das Einrichten dieser beiden Konten Verständnis haben. Sicherlich können Konditionen in der Weise ausgehandelt werden, daß dem Unternehmer keine nennenswert höheren Kosten entstehen als bei Einrichtung nur eines Kontos.
Im übrigen ist es steuerlich durchaus zulässig, die Verbindlichkeit auf dem Betriebsausgaben-Konto durch Grundpfandrechte auf das Privatobjekt abzusichern. An der Abzugsfähigkeit der Schuldzinsen als Betriebsausgaben ändert das rein gar nichts.
Können Sie das Zwei-Konten-Modell nicht praktizieren, etwa weil sie weder Freiberufler sind noch einen Gewerbebetrieb haben, so werden Sie Ihre privaten Schuldzinsen nicht absetzen können, sondern voll aus Ihrem versteuerten Einkommen leisten müssen. In der Regel werden es wieder einmal die Kleinen sein, die diesen Steuertrick nicht umsetzen können.

16 Eine Firma in der Schweiz

Wer in der Schweiz eine Firma gründet, um in den Genuß der niedrigen Schweizer Steuern zu gelangen, hat natürlich einen erstklassigen Berater, der ihm hilft, die Firmengründung in der Schweiz steuerlich so wasserdicht zu gestalten, daß der deutsche Fiskus gründlich das Nachsehen hat.
Obwohl die Voraussetzungen, die für das Gelingen einer »Steuerflucht« in die Schweiz vorliegen müssen, vielfältig sind, ist die Angelegenheit doch nicht so kompliziert, daß sie nicht jeder mit einem durchschnittlichen Intelligenzquotien-

ten begreifen könnte. Dem interessierten Leser zeige ich die Grundzüge auf, damit er nachvollziehen kann, was machbar ist – und seit Jahrzehnten auch gemacht wird.

- Zunächst einmal gehe ich davon aus, daß der Steuerflüchtling in der Schweiz eine Kapitalgesellschaft errichtet, weil das Besteuerungsrecht für deren Gewinne der Schweiz zusteht, was ja der Sinn der Sache ist.
- Und die Gesellschaft wird an den Gesellschafter keine Dividenden ausschütten, weil diese im Ergebnis voll der deutschen Einkommensteuer unterliegen.
- Ferner wird der Steuerflüchtling dafür sorgen müssen, daß die Kapitalgesellschaft in der Schweiz auch wirklich eine wirtschaftliche Tätigkeit ausübt, also nicht nur als »Basisgesellschaft« die Anteile an der inländischen Gesellschaft hält oder gar nur eine »Briefkastenfirma« ist. Wirtschaftliche Geschäftstätigkeit im Ausland, die vom Finanzamt als solche anzuerkennen sein kann, liegt in der Regel vor, wenn Waren im Ausland produziert oder Waren im Ausland vertrieben werden. Beim Wareneinkauf im Ausland, bei Dienstleistungen und beim Verwerten von Patent- und Urheberrechten wird es schwieriger sein, die im Ausland gegründete Firma im Inland steuerlich anerkannt zu bekommen. Im wesentlichen hängt die steuerliche Anerkennung von folgenden Voraussetzungen ab:
  — tatsächlicher Sitz der Geschäftsleitung im Ausland (also keine Ausübung durch inländischen Gesellschafter);
  — kein Scheingeschäft (also z. B. keine »Briefkastenfirma«);
  — keine Treuhandschaft der ausländischen Kapitalgesellschaft für den Inländer (was aber bei einer wirtschaftlichen Betätigung der Auslandsgesellschaft nicht der Fall ist);

— kein Rechtsmißbrauch (keine Errichtung der Gesellschaft in der Schweiz ausschließlich aus Steuerspargründen).

- Das Außensteuergesetz erlaubt eine sogenannte Durchgriffsbesteuerung, also eine Besteuerung im Inland, wenn folgende drei Voraussetzungen ausnahmslos vorliegen (die Betonung liegt hier auf »ausnahmslos«):
  — Die Anteile an der ausländischen Gesellschaft werden zu mehr als 50 % von inländischen Gesellschaftern gehalten.
  — Die Einkünfte unterliegen im Ausland nur einer niedrigen Besteuerung, also einer Belastung mit Ertragsteuern von nur 30 % oder weniger.
  — Die Einkünfte im Ausland werden nicht aus einer aktiven wirtschaftlichen Tätigkeit erzielt; begünstigt sind Produktion, Handel, Dienstleistungen.

  Liegt nur eine dieser Voraussetzungen nicht vor, so hat der deutsche Staat keine Zugriffsmöglichkeit, z. B. wenn der Inländer die Gesellschaft in der Schweiz mit einem Ausländer gründet, der daran zu mindestens 50 % beteiligt ist.

  Für die Firmengründung in der Schweiz gilt also, daß eine in der Schweiz errichtete Kapitalgesellschaft, die eine wirtschaftliche Tätigkeit aktiv ausübt, nach schweizerischem Recht und mit den dortigen Steuern besteuert wird, also niedrig. Schüttet die Kapitalgesellschaft an den inländischen Gesellschafter keine Dividenden aus, so hat der deutsche Fiskus bezüglich der in der Schweiz erzielten Gewinne das Nachsehen.

Wer beabsichtigt, in einem Niedrigsteuerland wie der Schweiz eine Gesellschaft zu errichten, wird wissen, daß das deutsche Finanzamt auch dann äußerst mißtrauisch ist, wenn die Voraussetzungen für eine Besteuerung in der Schweiz ganz legal vorliegen. Er wird, um sich solche Unannehmlichkeiten von vornherein zu ersparen, so clever sein, den Kontakt zum Niedrigsteuerland Schweiz nicht direkt zu pflegen, sondern indirekt auf dem Umweg über ein Hochsteuerland.

Und nun stellt sich für den Steuerflüchtling die Frage, an welchem Ort in der Schweiz er seine Gesellschaft errichten soll, denn in der Schweiz setzt sich die gesamte Steuerbelastung eines Unternehmens aus

— den Bundessteuern,
— den kantonalen Steuern sowie
— den Gemeindesteuern

zusammen.

Um den Leser nicht mit allzu vielen Einzelheiten zu verwirren, ihm aber trotzdem einen Überblick zu geben darüber, wie hoch in den wichtigsten Orten der einzelnen Kantone die Gesamtsteuerbelastung ist, siehe folgende Darstellung.

Vergleichende Gegenüberstellung der kantonalen Steuerbelastung in Kantonshauptorten für Kapitalgesellschaften[1])

Gesamtsteuern		Gesamtsteuern Reinertrag SFr. 50 000,—[2]) Kapital und Reserven SFr. 100 000,—		
Zürich	SFr. 16 349,—	Herisau		SFr. 11 085,—
Bern	SFr. 11 722,—	Appenzell[3])	A	SFr. 11 477,—
			B	SFr. 12 794,—
Luzern*	SFr. 14 478,—	St. Gallen*[4])		SFr. 11 662,—
Altdorf	SFr. 12 859,—			
Schwyz*	SFr. 12 349,—	Chur		SFr. 10 766,—
Sarnen	SFr. 13 123,—	Aarau*		SFr. 13 544,—
Stans	SFr. 10 450,—	Frauenfeld		SFr. 15 018,—
Glarus*	SFr. 13 178,—	Bellinzona		SFr. 18 039,—
Zug	SFr. 10 650,—	Lausanne*		SFr. 14.640,—
Freiburg*	SFr. 13 550,—	Sitten		SFr. 17 367,—
Solothurn	SFr. 17 342	Neuenburg*		SFr. 11 940,—
Basel*	SFr. 14 257,—	Genf*[5])		SFr. 15 850,—
Liestal*	SFr. 14 644,—	Delsberg		SFr. 15 429,—
Schaffhausen*	SFr. 10 048,—			

Steuern von Gemeinde, Kanton (einschließlich Kirchensteuer) und Bund

*) In der Bemessungsperiode bezahlte Steuern können abgezogen werden
1) Handels-, Industrie-, Bank-Aktiengesellschaft ohne Beteiligungen
2) Reingewinn vor Abzug der im Geschäftsjahr bezahlten Steuern
3) Aktiengesellschaften haben die Wahl zwischen:
A = Besteuerung nach den für die natürlichen Personen geltenden Bestimmungen
B = Besteuerung nach Ertragsintensität
4) Angenommene mittlere Ausschüttung = 4,5 % Eigenkapital
5) Ohne Gewerbesteuer

Quelle: Steuerbelastung in der Schweiz 1985, Eidg. Steuerverwaltung, Bern

Die wichtigste einheitlich auf Bundesebene erhobene eidgenössische Steuer ist die direkte Bundessteuer (Wehrsteuer), die auch von ausländischen Unternehmen und Ausländern zu zahlen ist. Dazu kommen die Verrechnungssteuer, die Emissionsabgabe und die Warenumsatzsteuer.
Die Kantonalsteuern sind in den einzelnen Kantonen verschieden und auch unterschiedlich hoch.
Die Gemeinden erheben ihren Steueranteil meistens in Höhe eines Prozentsatzes von den betreffenden Kantonssteuern.
Mehr dazu an dieser Stelle nicht, aber doch noch ein Überblick über die Reingewinn- und Kapitalbelastung in den einzelnen Kantonen.

Der **Gesamtindex der Reingewinn- und Kapitalbelastung für Aktiengesellschaften** wurde für die Kantone wie folgt angegeben (Schweiz = 100) Stand 1984

Zürich	101,1	Schaffhausen	109,6
Bern	118,1	Appenzell A.Rh.	102,1
Luzern	103,7	Appenzell I.Rh.	107,0
Uri	114,1	St. Gallen	99,6
Schwyz	87,3	Graubünden	159,8
Obwalden	94,3	Aargau	111,5
Nidwalden	106,4	Thurgau	102,9
Glarus	131,3	Ticino	122,9
Zug	67,2	Vaud	97,1
Fribourg	106,8	Valais	118,6
Solothurn	120,5	Neuchâtel	138,6
Basel-Stadt	107,9	Genève	101,3
Basel-Landschaft	109,6	Jura	111,8

II Kapitalgesellschaften

1 Die GmbH als Steuer-Oase?

Unternehmer betreiben ihre Geschäfte häufig in der Rechtsform einer Gesellschaft mit beschränkter Haftung (GmbH). Da zählt heute nicht mehr der etwas antiquierte Kalauer »GmbH = gehscht mit, bischt hin«, sondern eine Kapitalgesellschaft hat schon etwas für sich. Durch Gründung einer GmbH werden nämlich mehrere Fliegen mit einer Klappe geschlagen.

- Zunächst einmal wird die Haftung eingeschränkt. Wie schon der Name »Gesellschaft mit beschränkter Haftung« sagt, haftet die Gesellschaft nur mit dem Gesellschaftsvermögen, und das braucht, wie wir noch sehen werden, nicht besonders groß zu sein. Das Vermögen des Gesellschafters bleibt in der Regel also auch dann unangetastet, wenn die GmbH in Konkurs geht.
- Die Gründung einer GmbH bringt jedoch durchaus auch steuerliche Vorteile, die der Unternehmer neben der Risikobegrenzung gern mitnimmt. Eine GmbH ist nämlich eine eigene Rechtspersönlichkeit und daher selbständig steuerpflichtig. Die Errichtung der GmbH ist auch als sogenannte Einmann-Gesellschaft möglich, so daß der alleinige Gesellschafter auch ohne Schwierigkeiten Geschäftsführer der Gesellschaft werden kann und für die GmbH handelt.
  - Die GmbH zahlt Tätigkeitsvergütungen an den Geschäftsführer, die abzugsfähige Betriebsausgaben der GmbH darstellen und im wesentlichen die Gewerbesteuern der GmbH mindern.

— Die GmbH gibt dem Gesellschafter-Geschäftsführer Versorgungszusagen, die zu steuermindernden Rückstellungen bei der GmbH führen.
— Gestaltet der Gesellschafter-Geschäftsführer sein Beteiligungsverhältnis, z. B. über Angehörige oder durch verminderte Stimmrechte, entsprechend, kann er von der GmbH steuerfreie Arbeitgeberzuschüsse zur Sozialversicherung erhalten.
— Beiträge zu einer Direktversicherung, von der GmbH für den Geschäftsführer geleistet, brauchen – sofern jährlich ein bestimmter Höchstbetrag (in der Regel 3 000 DM) eingehalten wird – der Lohnsteuer nur mit 15 % unterworfen zu werden.
— Die GmbH kann dem Gesellschafter im Rahmen der Angemessenheit der Gesamtbezüge einen Dienstwagen zur Verfügung stellen. Diesen lohnsteuerpflichtigen Vorteil braucht der Geschäftsführer unabhängig davon, wieviel Kilometer er mit dem Wagen privat zurücklegt, nur mit monatlich 1 % des Listenpreises des Wagens zu versteuern.
— Die Körperschaftsteuer der GmbH beträgt lediglich 50 %, während der Spitzensteuersatz für natürliche Personen 53 % ausmacht.
— Wer jedoch seine Kapitalgesellschaft in einem Niedrigsteuerland errichtet, wie z. B. der Schweiz, oder gar in einer Steuer-Oase wie Liechtenstein, und dabei das Außensteuergesetz beachtet, verlagert einen Teil seiner bisher in der Bundesrepublik Deutschland steuerpflichtigen Einkünfte in das Ausland und verschafft sich damit eine erheblich niedrigere Steuerbelastung als bisher.
— Aber auch im Inland braucht die GmbH nicht stets den vollen Steuersatz von 50 % an Körperschaftsteuer zu berappen. Durch Ausschüttungen ermäßigt sie den Körperschaftsteuersatz auf 36 %.

All dies wird im einzelnen noch zu erörtern sein. Sinn dieser kurzen Aufzählung der wichtigsten Gründe, die für die Errichtung einer GmbH sprechen, ist es, dem Leser klarzumachen, daß die Gründung einer Kapitalgesellschaft mit vielen Vorteilen verbunden ist, die vollständig auszunutzen natürlich nur dann möglich ist, wenn die Gesellschaft gute Gewinne macht. Steuersparmöglichkeiten hängen also auch hier wieder einmal davon ab, daß entsprechend hohe Einkünfte vorhanden sind.

Mit anderen Worten: Wer mit seinem Laden hinsichtlich der Einkünfte gerade so am Existenzminimum herumkrebst, hat keine großen Möglichkeiten, steuerlich subventioniert zu werden. Wer jedoch hohe Gewinne einfährt, kann steuerlich alle Möglichkeiten ausschöpfen und zahlt relativ erheblich geringere Steuern als der weniger Verdienende.

Nehmen wir doch einmal an, der Gewinn einer GmbH beläuft sich auf 1 Mio. DM im Geschäftsjahr, wohlgemerkt *vor* Inanspruchnahme legaler Steuersparmöglichkeiten. Korrigiert die GmbH diesen Gewinn nicht und schüttet sie ihn auch nicht aus, so zahlt sie 50 % Körperschaftsteuer = 500 000 DM.

Das ist viel Geld, und daher hat sich der Geschäftsführer auch einiges einfallen lassen. Für ihn werden Pensionsrückstellungen von 8 000 DM gebildet, es werden Sonderabschreibungen für mittlere Betriebe von 100 000 DM in Anspruch genommen, auf den Warenbestand und auf bestimmte Anlagegüter waren Teilwertabschreibungen von 62 000 DM vorzunehmen, Rückstellungen und Wertberichtigungen wurden um 130 000 DM erhöht. Der Gewinn nach diesen Korrekturen beläuft sich auf 700 000 DM, die Körperschaftsteuer auf (50 % von 700 000 DM =) 350 000 DM. Das sind, auf den ursprünglichen Gewinn von 1 Mio. DM bezogen, nur noch 35 %.

Die GmbH des kleinen Krauters, die einen Gewinn von

100 000 DM erzielte und mangels Masse keine Korrekturmöglichkeiten hatte, zahlt darauf 50 000 DM Körperschaftsteuer, also 50 %.
Und nun will ich Ihnen zeigen, was alles so geht mit einer GmbH.

Errichtung einer GmbH

Die Geschäfte in der Rechtsform einer Gesellschaft mit beschränkter Haftung zu betreiben wird in der Bundesrepublik Deutschland nicht gerade erschwert.
Es muß ein Gesellschaftsvertrag notariell abgeschlossen werden, denn bei einem Formverstoß ist er nichtig. Der Vertrag muß enthalten
— Firma und Sitz der Gesellschaft,
— Gegenstand des Unternehmens,
— Höhe des Stammkapitals sowie
— den Betrag der von jedem Gesellschafter auf das Stammkapital zu leistenden Einlage.
Ich will den Leser nicht mit Formalien langweilen, sondern möglichst bald zu den steuerlichen Knackpunkten kommen. Nur so viel sei noch zur Gesellschaftsgründung angemerkt:

- Die Einlagen können in Geld oder Sachen vorgenommen werden. Es sind auch Mischeinlagen möglich.
- Das Stammkapital muß mindestens 50 000 DM betragen; die Stammeinlage jedes Gesellschafters mindestens 500 DM.
- Vor Anmeldung beim Gericht müssen auf jede Geldeinlage mindestens 25 % eingezahlt, und jede Sacheinlage muß voll erbracht worden sein.
- Insgesamt muß auf das Stammkapital so viel eingezahlt worden sein, daß der Gesamtbetrag 25 000 DM erreicht.

Das sind keine unüberwindlich hohen Hürden, nicht wahr?

Die Einmann-GmbH

Wie oben schon ausgeführt, kann die Gesellschaft auch durch eine Person allein errichtet werden, nämlich als Einmann-GmbH. Nennenswerte Erschwernisse oder große Besonderheiten gibt es dabei nicht.

- Bei der Einmann-GmbH muß, außer der Mindesteinzahlung, vom Gesellschafter für den nicht eingezahlten Teil der Geldeinlage eine Sicherung bestellt werden, z. B. dadurch, daß Geld oder Wertpapiere hinterlegt, bewegliche Sachen verpfändet, Hypotheken an inländischen Grundstücken bestellt oder Grundschulden an inländischen Grundstücken verpfändet werden.
- Wer solche Sicherheiten nicht leisten kann, stellt einen tauglichen Bürgen. Das ist zulässig.
- Der Anmeldung zum Handelsregister muß die Versicherung beigefügt sein, daß die erforderliche Sicherung bestellt worden ist.

Und nun soll gleich in medias res gegangen, also dargestellt werden, was es bei Kapitalgesellschaften an steuerlichen Möglichkeiten gibt. Es handelt sich hier, wohlgemerkt, um spezifische Möglichkeiten von Kapitalgesellschaften. Was bei Unternehmen allgemein machbar ist und was Unternehmer auch machen, können Sie im Abschnitt III »Gewerbetreibende und Freiberufler« nachlesen.

Daß die für Unternehmer allgemein existierenden Möglichkeiten, Steuern zu sparen, auch von Kapitalgesellschaften in Anspruch genommen werden können und natürlich auch ausgenützt werden, sei nur am Rande vermerkt und versteht sich eigentlich von selbst.

Die Einbringung des Betriebs

... in eine Kapitalgesellschaft ist möglich. Es bedarf, um die Vorteile dieser Rechtsform zu genießen, keines zusätzlichen Unternehmens, sondern der Unternehmer bringt seinen Betrieb gegen Gewährung von Gesellschaftsrechten in eine neu errichtete GmbH ein.

Er kann seinen Betrieb einbringen, ohne die darin liegenden stillen Reserven auflösen, also ohne eine müde Mark an Ertragsteuern zahlen zu müssen. Wie das? Das Umwandlungssteuer-Gesetz macht's möglich. Es gestattet die Einbringung

- zu Buchwerten (also Fortführung der Werte, die derzeit in der Bilanz des Unternehmens stehen),
- zu Teilwerten (zu denen dann allerdings auch der Firmenwert gehört) oder
- zu Zwischenwerten (also Werten, die zwischen den Buchwerten und den Teilwerten liegen).

Der Unternehmer kann sich dies aussuchen, und er wird selbstverständlich diejenige Möglichkeit wählen, die für ihn steuerlich besonders günstig ist.

Bei der Einbringung zu Buchwerten passiert ertragsteuerlich gar nichts. Die Kapitalgesellschaft führt die Bilanzwerte einfach weiter fort.

Bei der Einbringung zu Teilwerten werden die im Betrieb liegenden stillen Reserven aufgelöst, und zwar einschließlich des Firmenwerts, der recht hoch sein kann. Das will also genau überlegt sein. Doch ist zu beachten: Der Einbringungsgewinn gilt beim Einbringenden als Veräußerungsgewinn, was zur Folge hat, daß er einerseits ermäßigt besteuert wird und dem Unternehmer unter Umständen ein Freibetrag auf den Veräußerungsgewinn zusteht. Ermäßigt besteuert wird dieser Gewinn bis zu 2 Mio. DM nur mit dem halben durchschnittlichen Steuersatz und bis zu 5 Mio. DM mit zwei Dritteln des durchschnittlichen Steuersatzes. Erst bei einem Gewinn darüber hinaus wird der normale Steuersatz voll angewendet. Andererseits wird der kluge Unternehmer bedenken, daß dem ermäßigten Steuersatz auf der einen Seite die Abschreibungen auf abnutzbare Wirtschaftsgüter des von der Kapitalgesellschaft übernommenen Betriebs gegenüberstehen, zu denen auch der Firmenwert gehört, und diese Abschreibungen mindern den Gewinn zum vollen Steuersatz. Das kann durchaus ein Geschäft sein und muß durchgerechnet werden.

Zwischenwerte wird der Unternehmer wählen, wenn es steuerlich nicht optimal ist, die Einbringung zu Buchwerten oder zu Teilwerten durchzuführen.

Wird bei einer Einbringung zu Teilwerten auch ein Firmenwert aufgedeckt, so wird der Unternehmer dabei beachten, daß auch dieser abgeschrieben wird, und zwar über eine Nutzungsdauer von 15 Jahren.

Auch bei einer Einbringung des Betriebs zu Zwischenwerten steht dem Unternehmer der oben erwähnte ermäßigte Steuersatz zu, nicht dagegen ein Freibetrag auf den Einbringungsgewinn.

Noch eine kurze Definition des Teilwerts. Beim Teilwert eines Wirtschaftsguts handelt es sich stets um einen geschätzten Wert. Teilwert ist der (geschätzte) Wert, den ein Dritter im Rahmen des Gesamtkaufpreises für das Wirtschaftsgut bezahlen würde, wobei davon auszugehen ist, daß der Betrieb fortgeführt wird. Der Teilwert deckt sich in der Regel mit den Wiederbeschaffungskosten für das Wirtschaftsgut im jetzigen Zustand. Der unterste Wert des Teilwerts ist der erzielbare Einzelveräußerungspreis.

Die Errichtung einer Vertriebs-GmbH

... wird sich dann anbieten, wenn der Unternehmer seinen Betrieb in der Rechtsform einer Einzelfirma oder einer Personengesellschaft zwar fortführen, gleichwohl aber in den Genuß der Vorteile der Rechtsform einer GmbH kommen möchte. Die errichtete GmbH übernimmt den Vertrieb der Erzeugnisse, die das Produktionsunternehmen an die GmbH zu einem niedrigeren Preis liefert, als sie bei unmittelbarem Verkauf erzielen würde. Jeder sieht ein, daß dadurch ein Teil des Gewinns, der bisher vom Produktionsunternehmen durch seine direkten Verkäufe erzielt wurde, auf die GmbH verlagert wird.

Der Unternehmer, der bisher z. B. sein Einzelunternehmen betrieben hat, kann nun gleichzeitig Gesellschafter-Geschäftsführer der GmbH sein und die Steuervorteile nutzen, die ich vorne bereits einmal zusammenfassend aufgezählt habe und auf die ich im einzelnen noch eingehen werde.

Bei dieser Konstruktion muß der Unternehmer darauf achten, daß die Preise für die zum Verkauf bestimmten Wirtschaftsgüter, die der GmbH berechnet werden, nicht unangemessen niedrig sind. Der Preis wird im allgemeinen nicht unter dem liegen dürfen, den ein der GmbH entsprechendes Verkaufsunternehmen für Wirtschaftsgüter gleicher Art und Beschaffenheit an andere Hersteller zahlen würde.

Es kann jedoch auch sein – und dies ist eine Frage der geschickten Gestaltung –, daß die GmbH im Interesse des Produktionsunternehmens besondere Aufwendungen zu tragen hat, z. B. für Reklame oder besondere Vertriebskosten. In diesem Fall wird das Finanzamt nichts daran ändern können, daß ein höherer Preis, den das Produktionsunternehmen im Normalfall berechnen könnte, deswegen nicht in Rechnung gestellt wird, so daß die GmbH niedrigere Preise

bezahlt, als sie beim Bezug von anderen Herstellern aufwenden müßte.
Wichtig ist aber, daß der GmbH für die einzelne Lieferung von vornherein feste Preise berechnet werden. Werden nämlich die Preise erst nach einem längeren Zeitraum mit Rücksicht auf den in dieser Zeit erzielten Gewinn festgesetzt, so sieht das Finanzamt darin einen Mißbrauch von Gestaltungsmöglichkeiten und erkennt diese Preisgestaltung nicht an.
Die Vertriebs-GmbH kann übrigens auch als Einmann-GmbH errichtet werden.
Es gibt also eine Vielzahl von Varianten, die Vorteile einer Kapitalgesellschaft zu nutzen (freilich, etwas Geld braucht man dafür schon). Eine weitere dieser Möglichkeiten ist die ...

Betriebsaufspaltung

Ein Unternehmer hat seinen Betrieb bisher als einzigen geführt und spaltet diesen nun in zwei Unternehmen auf:

- Das eine Unternehmen ist das Besitzunternehmen und verpachtet Wirtschaftsgüter, mindestens jedoch eine wesentliche Betriebsgrundlage, an das zweite Unternehmen.
- Das zweite Unternehmen, auch Betriebsunternehmen genannt, führt die bisherigen Geschäfte fort und leistet die Pachtzahlungen.

Das Betriebsunternehmen wird häufig in der Rechtsform einer GmbH betrieben mit allen Vorteilen für die GmbH, wie ich sie vorne schon beschrieben habe. Die GmbH wird errichtet, und die Wirtschaftsgüter werden vom Besitzunternehmen an das Betriebsunternehmen verpachtet.
Die Betriebsaufspaltung löst beim Besitzunternehmen keine

Aufdeckung der sogenannten »stillen Reserven« aus und bietet die weiteste Möglichkeit, das bisherige Betriebsvermögen aus der Haftung herauszuhalten.
Voraussetzungen dafür, daß das Finanzamt eine Betriebsaufspaltung anerkennt, sind, daß

— eine personelle Verflechtung vorliegt und
— zwischen Besitzunternehmen und Betriebsunternehmen auch eine sachliche Verflechtung besteht.

Am klarsten kommt die personelle Verflechtung zum Ausdruck, wenn am Besitz- und Betriebsunternehmen dieselben Personen beteiligt sind, so daß ein »einheitlicher geschäftlicher Betätigungswille« gegeben ist. Sind die Personen nicht im gleichen Verhältnis beteiligt, so reicht es aus, wenn der Personengruppe oder einer Person an beiden Unternehmen die Mehrheit der Anteile gehört. Die Anteile des Ehegatten und der wirtschaftlich minderjährigen Kinder sind für die Frage, ob ein einheitlicher geschäftlicher Betätigungswille vorliegt, zusammenzurechnen. Allerdings ist vom Bundesfinanzhof entschieden worden, daß eine Betriebsaufspaltung entfällt, wenn Besitzunternehmen und Betriebsunternehmen keine gemeinsamen Gesellschafter haben, wenn also z. B. an einer Gesellschaft der Ehemann zu 100 % und an der anderen Gesellschaft die Ehefrau zu 100 % beteiligt ist.
Die Rechtsprechung hat für folgende Beteiligungsverhältnisse bejaht, daß eine Betriebsaufspaltung vorliegt:

	Besitzgesellschaft %	Betriebsgesellschaft %
Ehemann	–	31,5
Ehefrau	100	31,5
Volljähriges Kind	–	37,0
Ehemann	50	100
Ehefrau	50	–
Ehemann	–	75
Ehefrau	100	25

Nachdem ich Ihnen einige Vorteile bereits im Zusammenhang mit der Errichtung einer GmbH aufgezeigt habe, sollen Sie nun erfahren, welchen steuerlichen Nutzen diese Gesellschaftsform sonst noch hat.

2 Steuerfreie Überstunden des Gesellschafter-Geschäftsführers

Am siebenten Tage sollst du ruhen. Das ist ein Bibelwort. Die Realität sieht anders aus. Der Gesellschafter-Geschäftsführer ist für seine Mitarbeiter ein Vorbild; jedenfalls gemessen am Arbeitseinsatz und den Opfern, die er für seine Firma bringt. Er schafft an und rackert sich ab, entläßt flaue Mitarbeiter und stellt billigere ein, hetzt hinter Umsätzen her, auch, um Arbeitsplätze zu erhalten, wie er sagt.
Da kann ihm doch nur recht sein, was dem in der Druckerei nächtens malochenden Setzer billig ist, nämlich die Steuerfreiheit für Zuschläge in Anspruch zu nehmen, die er für Sonntags-, Feiertags- und Nachtarbeit erhält.
Der Leser wird – berechtigterweise und vielleicht verblüfft – die Frage stellen, ob denn die Steuerfreiheit solcher Zuschläge unter anderem nicht davon abhängt, wie hoch das Einkommen des betreffenden Steuerpflichtigen ist. Nein, davon hängt die Steuerfreiheit ganz und gar nicht ab. Sie steht, gleiches Recht für alle, jedem zu, sei er Kleinverdiener oder Millionär. Und pikanterweise ist es auch nicht steuerschädlich, wenn ein Gesellschafter-Geschäftsführer diese steuerfreien Zuschläge sich selbst genehmigt, z. B. als Alleingesellschafter und Geschäftsführer seiner Einmann-GmbH. Er muß, um diese Zuschläge steuerfrei zu erhalten, nur einige leicht zu erfüllende Voraussetzungen beachten.

Die Steuerfreiheit setzt in der Regel voraus, daß die Zuschläge besonders berechnet und neben dem »Grundlohn« gezahlt werden. Macht der Gesellschafter-Geschäftsführer lediglich geltend, daß ein Teil seines Grundlohns auf die zwangsläufig zu leistende Sonntags-, Feiertags- und Nachtarbeit entfällt, so reicht diese Behauptung allein nicht aus, um einen Teil des Monatslohns vom Finanzamt als steuerfrei anerkannt zu bekommen. Ist nämlich ein einheitliches Gehalt vereinbart worden, so läßt sich dieses nicht in einen Grundlohn einerseits und in steuerfreie Zuschläge für Sonntags-, Feiertags- und Nachtarbeit aufspalten.

Was also liegt näher, als im Anstellungsvertrag des Gesellschafter-Geschäftsführers

- zum einen das Normalgehalt festzulegen,
- zum anderen die monatlich dafür zu erbringende Stundenzahl,
- und zum dritten zu vereinbaren, daß für darüber hinaus erbrachte Leistungen an Sonn- und Feiertagen sowie zur Nachtzeit Zuschläge zum Normalgehalt in der im Anstellungsvertrag festgelegten Höhe von der Gesellschaft geleistet werden.

Es reicht, wie gesagt, nicht aus, das monatliche Festgehalt um die Zahlungen für Überstunden an Sonn- und Feiertagen sowie in der Nacht zu reduzieren, so daß im wirtschaftlichen Ergebnis alles beim alten bleibt. Gehaltsumwandlungen sind keine Zuschlagszahlungen neben dem Grundlohn. Durch die Zuschläge muß sich also das Gehalt des Geschäftsführers erhöhen.

Ist das denn ein Problem, wenn man im Unternehmen, das möglicherweise ja das eigene ist, ohnehin das Sagen hat? Ich denke, nein.

Sie werden bei der bisherigen Lektüre schon des öfteren festgestellt haben, daß Leistungen steuerlich unterschiedlich subventioniert werden, nämlich je nachdem, ob man viel verdient oder wenig. Die steuerfreien Überstunden des Geschäftsführers schlagen netto erheblich beträchtlicher zu Buche als steuerfreie Zuschläge für Otto Normalverdiener.

3 Der Dienstwagen als zusätzliches Salär

Genehmigt sich der Gesellschafter-Geschäftsführer einer GmbH einen großen, repräsentativen Dienstwagen, so wird er dieses Fahrzeug in der Regel auch für Privatfahrten nutzen. Daraus entsteht für ihn ein sogenannter »geldwerter Vorteil«, den er der Lohnsteuer zu unterwerfen hat.
Normalerweise wäre der in der Überlassung des Fahrzeugs für Privatfahrten liegende geldwerte Vorteil in der Höhe zu versteuern, in der dem Gesellschafter-Geschäftsführer durch die Haltung eines eigenen Kraftfahrzeugs des gleichen Typs und der gleichen Ausstattung Kosten entstanden wären. Doch da gibt es von der Finanzverwaltung eine für den Geschäftsführer großzügige Regelung, die für den Betreffenden um so günstiger ist, je umfangreicher er das Fahrzeug zu Privatfahrten nutzt.
Unabhängig nämlich davon, wie viele Kilometer der Gesellschafter-Geschäftsführer mit dem Dienstwagen privat zurücklegt, unabhängig also von den tatsächlich anfallenden Kosten, braucht er den geldwerten Vorteil nur in Höhe von monatlich 1 % des auf volle 100 DM abgerundeten Listenpreises für den Dienstwagen zu versteuern.
Daraus resultiert bei einem Dienstwagen, der z. B. 70 000 DM gekostet hat, schon eine erhebliche Steuerersparnis. Sie sind der Meinung, daß ein Kraftfahrzeug, daß so teuer war, steuerlich nicht abgeschrieben werden dürfe? Hier der Originalton Bundesfinanzhof:

»Berühren allerdings die Aufwendungen die Lebensführung des Gewerbetreibenden, so sind sie nicht als Betriebsausgaben abzuziehen, soweit sie nach der allgemeinen Verkehrsauffassung als unangemessen anzusehen sind ... Aufwendungen berühren die Lebensführung eines Steuerpflichtigen, wenn sie durch dessen persönliche Motive mitveranlaßt werden, ohne daß deshalb die betriebliche Veranlassung zu verneinen wäre. Aufwendungen dieser Art können auch bei der Anschaffung eines betrieblich genutzten Kraftwagens vorliegen. Bei der Frage, ob Aufwendungen als unangemessen anzusehen sind, kommt es auf alle Umstände des Einzelfalls an. Neben der Größe des Unternehmens, der Höhe des längerfristigen Umsatzes und des Gewinns ist vor allem die Bedeutung des Repräsentationsaufwands für den Geschäftserfolg nach der Art der ausgeübten Tätigkeit zu berücksichtigen. ...

Die Unangemessenheit von Aufwendungen für einen Pkw kann sich nicht schon aus dem Umstand ergeben, daß es sich um einen besonders teuren repräsentativen Wagen handelt. Ein Unternehmer, der in seinem Betrieb hohe Umsätze und Gewinne erzielt und häufig betrieblich veranlaßte Fahrten über größere Strecken unternehmen muß, braucht sich bei der Anschaffung eines teuren Wagens im allgemeinen nicht entgegenhalten zu lassen, die Aufwendungen für diesen Wagen seien unangemessen. Demnach wird in der Regel die Benutzung eines serienmäßig hergestellten Fahrzeugs selbst der oberen Preisklasse nicht als unangemessen anzusehen sein.«

Bei so viel Verständnis des Bundesfinanzhofs für die Repräsentationspflichten des Unternehmers sollten Sie nun einmal mitrechnen. Es wird ein repräsentativer Dienstwagen zum Preise von nur 60 000 DM angeschafft, der Kilometerkosten einschließlich der Abschreibungen von 0,95 DM verursachen soll. Fährt der Geschäftsführer mit diesem Auto im Jahr 20 000 Kilometer privat, so wären ihm, hätte er das Auto selbst kaufen müssen, Kosten in Höhe von (20 000 km × 0,95 DM =) 19 000 DM im Jahr entstanden. Diese Kosten fallen nun bei der GmbH des Geschäftsführers an und mindern deren Gewinn. Zu versteuern braucht er monatlich jedoch nur (1 % von 60 000 DM =) 600 DM, im Jahr also (12 × 600 DM =) 7 200 DM. Es bleiben also (19 000 DM ⁒ 7 200 DM =) 11 800 DM im Jahr steuerfrei. Mit anderen Worten: Die GmbH hat dem Geschäftsführer im Jahr 19 000 DM zugewendet, von denen er nur 7 200 DM zu versteuern hat. Ein Betrag von (19 000 DM ⁒ 7 200 DM =) 12 200 DM im Jahr bleibt mithin steuerfrei.

Fahrten zwischen Wohnung und Arbeitsstätte wird der kundige Geschäftsführer mit dem Dienstwagen nicht durchführen, da diese Fahrten mit der 1 %-Regelung nicht abgegolten sind, folglich also für mindestens 180 Tage im Jahr zusätzlich versteuert werden müßten, falls der Geschäftsführer keine geringere Nutzung nachweist.

Ist die Privatnutzung des Dienstwagens so gering, daß die Versteuerung des geldwerten Vorteils mit 1 % des Listenpreises für den Geschäftsführer unvorteilhaft wäre, so ist auch für diesen Fall vorgesorgt. Anhand eines Fahrtenbuches weist er die Zahl der dienstlich und privat gefahrenen Kilometer nach und kann den geldwerten Vorteil nun

- entweder in Höhe der tatsächlichen Kosten je privat gefahrenem Kilometer
- oder, falls die Berechnung der einzelnen Kosten einen zu erheblichen Verwaltungsaufwand verursachen würde, mit 0,42 DM je privat gefahrenem Kilometer

der Lohnsteuer unterwerfen.

Auf folgende Besonderheiten wird der Geschäftsführer zusätzlich noch achten:

- Einzelkosten, z. B. für Treibstoffe, wird er der GmbH

nicht gesondert erstatten, weil diese Kostenübernahme auf die Versteuerung des geldwerten Vorteils nach der 1 %-Methode überhaupt keinen Einfluß hat. Er müßte gleichwohl 1 % des Listenpreises versteuern.

- Wenn schon Zahlungen an die GmbH erfolgen sollen, dann Pauschalzahlungen, z. B. in Form fester Jahres- oder Monatsbeträge unabhängig von der tatsächlichen Nutzung des Dienstwagens. Diese Pauschalzahlungen können auf den sonst zu versteuernden geldwerten Vorteil angerechnet werden.
- Leistet der Geschäftsführer zu den Anschaffungskosten des Dienstwagens eine Zuzahlung, so kann diese Zuzahlung im Kalenderjahr der Zahlung auf den geldwerten Vorteil angerechnet werden. Will der Geschäftsführer der GmbH eine solche Zuzahlung leisten, so wird er darauf achten, daß sie möglichst nicht höher ist als der geldwerte Vorteil in diesem Jahr, da ein Betrag der Zuzahlung, der darüber hinausgeht, steuerlich verloren ist.

Die Steuerersparnis durch Gestellung eines Dienstwagens kann beachtlich sein und hängt vom individuellen Steuersatz des Geschäftsführers ab. Beläuft sich sein Steuersatz z. B. auf 50 %, so beträgt seine Steuerersparnis, geht man einmal vom obigen Beispiel aus, jährlich 5 900 DM.

4 Keine rückwirkenden Manipulationen, bitte!

Manipulationen sind an der Tagesordnung. Werden an den beherrschenden Gesellschafter-Geschäftsführer nachträglich Vergütungen gezahlt, also nicht aufgrund von vornherein feststehender Vereinbarungen, so hat der Fiskus immer den

Verdacht, daß solche Zahlungen im wesentlichen dazu bestimmt sind, den Gewinn der Kapitalgesellschaft – und damit die Steuern dieser Gesellschaft – nachträglich noch »zu drücken«.

Um diesem Mißstand ein Ende zu bereiten hat der Bundesfinanzhof der Abzugsfähigkeit solcher nachträglicher Zahlungen einen Riegel vorgeschoben und entschieden, daß, um Abzugsfähigkeit zu erreichen, die Vereinbarungen von vornherein so getroffen worden sein müssen, daß die Höhe der Vergütungen allein durch Rechenvorgänge ermittelt werden kann, ohne daß es noch des Ermessens seitens der Geschäftsleitung oder der Gesellschafterversammlung bedarf. Werden diese Grundsätze nicht beachtet, so handelt es sich bei diesen nachträglichen Vergütungen nicht um abzugsfähige Betriebsausgaben, sondern um – meistens unangenehme – verdeckte Gewinnausschüttungen.

Der clevere Gesellschafter-Geschäftsführer, der die Gesellschaft beherrscht, kennt diese Fußangeln aus dem effeff und wird den vom Bundesfinanzhof aufgestellten Erfordernissen insbesondere auch bei Tantiemezahlungen sowie bei Versorgungszusagen Rechnung tragen.

Tantiemen: Es wird von ihm dafür gesorgt, daß die Höhe der Tantieme von vornherein eindeutig festliegt. So wird z. B. vereinbart worden sein, daß die Tantieme des Gesellschafter-Geschäftsführers ... % vom Umsatz oder Gewinn beträgt.

Ist im Anstellungsvertrag nämlich vereinbart worden, daß sich die Höhe der Tantieme des Geschäftsführers »nach seiner Leistung oder der Entwicklung der GmbH richtet«, oder legt erst die Gesellschafterversammlung die Höhe der Tantieme fest, z. B. auf der Grundlage des von der GmbH erzielten Gewinns, so handelt es sich bei der Tantiemezahlung nicht um Betriebsausgaben, sondern um nicht abzugsfähige verdeckte Gewinnausschüttungen.

Versorgungszusagen: Auch hierüber müssen von vornherein getroffene feste Vereinbarungen vorliegen, sollen die Versorgungsleistungen oder die Zuführungen zur Pensionsrückstellung abzugsfähige Betriebsausgaben darstellen. Das gilt sowohl für die Erstzusage als auch für die Anpassung der Versorgungszusage an gestiegene Lebenshaltungskosten. Am sichersten ist es, wenn darüber zwischen den Beteiligten ein schriftlicher Einzelvertrag geschlossen wird, und zwar so rechtzeitig, daß die Versorgungsbezüge in der restlichen Zeit der Geschäftsführertätigkeit vom Geschäftsführer noch erdient werden können.

Klare von vornherein getroffene Vereinbarungen müssen nicht nur zwischen einem Mehrheitsgesellschafter (mehr als 50 % der Kapitalanteile) und der Gesellschaft vorliegen, sondern auch bei Beteiligungen von 50 % und weniger, wenn mehrere Gesellschafter mit gleichgerichteten Interessen zusammenwirken, um eine ihren Interessen entsprechende einheitliche Willensbildung der Gesellschafter herbeizuführen. Ebenso gelten diese Grundsätze, wenn Zahlungen nicht unmittelbar an den beherrschenden Gesellschafter-Geschäftsführer erfolgen, sondern an eine ihm nahestehende Person.

5 Wenn der Gesellschafter ein Darlehen gibt

Mitunter wird der Gesellschafter einer GmbH vor der Notwendigkeit stehen, der Gesellschaft ein Darlehen zu gewähren, sei es, weil er als Gesellschafter persönlich kreditwürdiger ist, sei es, weil er kurzfristigen Liquiditätsbedarf der Gesellschaft decken und eine Kapitalerhöhung vermeiden will.

Der Gesellschaft steht es unter steuerlichen Gesichtspunkten frei, dem Gesellschafter für das Darlehen Zinsen zu zahlen oder es bleiben zu lassen. Werden keine Zinsen gezahlt, so ist das für die Beteiligten in der Regel steuerlich nicht nachteilig. Werden jedoch Zinsen gezahlt, so wird der kluge Mann darauf achten, daß dem Darlehensgeber keine höheren Zinszahlungen zufließen als an einen fremden Dritten geleistet würden. Sonst handelt es sich nämlich bei der Gesellschaft in Höhe des Betrags, um den die Zinsen überhöht sind, anstatt um abzugsfähige Betriebsausgaben um eine verdeckte Gewinnausschüttung.

Da es nicht nur darauf ankommt, früh aufzustehen, sondern auch rechtzeitig aufzuwachen, wird dem interessierten Leser hier aufgezeigt, worauf der clevere Geschäftsmann achtet um Steuernachteile zu vermeiden.

- Eine verdeckte Gewinnausschüttung liegt vor, soweit die an den Gesellschafter gezahlten Zinsen überhöht sind.
- Um eine verdeckte Gewinnausschüttung handelt es sich aber auch dann, wenn dem beherrschenden (also über 50 % beteiligten) Gesellschafter Zinsen gezahlt werden, ohne daß darüber von vornherein eine klare und eindeutige Vereinbarung getroffen worden ist.
- Sind vergleichbare Zinssätze, wie sie also auch fremden Dritten zugestanden werden müßten, zur Zeit hoch und wird der unter Umständen langfristige Darlehensvertrag zwischen Gesellschafter und GmbH zu diesen Konditionen geschlossen, so weiß der clevere Gesellschafter, daß es steuerlich unschädlich ist, diesen Zinssatz auch dann beizubehalten, wenn die Zinsen am Kapitalmarkt fallen. Im Darlehensvertrag muß die Unveränderlichkeit des Zinssatzes jedoch vereinbart worden sein.
- Eine verdeckte Gewinnausschüttung ist aber dann anzunehmen, wenn das »Darlehen«, steuerlich betrachtet, kein Darlehen ist, sondern verdecktes Nennkapital.

Wann es sich um verdecktes Nennkapital handeln soll, darüber gibt es eine pflaumenweiche Regelung der Finanzverwaltung, die natürlich verhindern will, daß auf dem Weg über Darlehensgewährungen und Darlehenszinsen der größte Teil des Gewinns auf diesem Wege abfließt. Also soll verdecktes Nennkapital vorliegen,

— wenn die Zuführung als Gesellschaftskapital (also nicht als Darlehen) rechtlich oder wirtschaftlich zwingend gewesen wäre;
— wenn es sich bei der Gestaltung des Vertrags um Mißbrauch rechtlicher Gestaltungsmöglichkeiten gehandelt hat.

Bei einiger Umsicht der Geschäftsführung der GmbH wird die Darlehensgewährung und werden die Zinszahlungen als Betriebsausgaben auch vom Finanzamt anzuerkennen sein. Auf diese Weise läßt sich der Gewinn, der der Körperschaftsteuer unterliegen soll, der Höhe nach beeinflussen und in Extremfällen ganz absaugen.

6 Versorgungszusagen sind erwünscht

Hat der Geschäftsführer in der GmbH das Sagen, z. B. wenn er gleichzeitig beherrschender (also zu mehr als 50 % beteiligter) Gesellschafter ist, dann ist es für ihn ohnedies kein Problem, von der GmbH eine Ruhegeldzusage zu erhalten, denn er macht ja faktisch das Geschäft mit sich selbst. Wer in der GmbH solch maßgeblichen Einfluß nicht hat, wird gleichwohl dafür sorgen, daß ihm eine Pensionszusage erteilt wird, denn sie ist für die GmbH und den Berechtigten gleichermaßen attraktiv; steuerlich, versteht sich.

Die Sache ist nämlich so: Die GmbH läßt ein versicherungsmathematisches Gutachten machen, in dem für eine Anzahl von Jahren der Versicherungsmathematiker ihr die Zuführungen zur Pensionsrückstellung ausgerechnet hat. Die Zuführungen stellen bei der GmbH Betriebsausgaben dar, während sich beim Berechtigten steuerlich gar nichts tut. Auf der einen Seite also eine Steuerminderung, auf der anderen Seite aber keine zu versteuernde Einnahme, solange noch keine Pension fließt.

Messerscharf wird der Leser jetzt schließen, daß die Steuervermeidung um so größer ist, je mehr dem (Gesellschafter-) Geschäftsführer an Pension zugesagt wurde. Darauf will ich kurz eingehen, denn der Leser hat im Prinzip recht, doch sind einige Besonderheiten zu beachten.

- Die Höhe der Rückstellung hängt zum einen tatsächlich von der Höhe der zugesagten Pension ab. Diese kann jedoch nicht willkürlich hoch angesetzt werden, sondern muß zusammen mit den anderen Bezügen und Vorteilen des Geschäftsführers angemessen sein. In der Höhe, in der die Bezüge nicht mehr als angemessen erscheinen, handelt es sich nämlich nicht mehr um Betriebsausgaben, sondern um verdeckte Gewinnausschüttungen, die dem Einkommen der Gesellschaft wieder hinzuzurechnen sind.
- Die Höhe der Rückstellung hängt aber auch vom Eintrittsalter ab, also dem Alter, das bei Erteilen der Versorgungszusage bereits erreicht worden ist. Da der Verteilungszeitraum größer ist, werden für einen noch jungen Geschäftsführer jährlich geringere Zuführungen zur Pensionsrückstellung vorgenommen werden können als unter sonst gleichen Verhältnissen bei einem Geschäftsführer, der schon in die Jahre gekommen ist.
- Ferner ist für die Höhe der Rückstellung die vertraglich vorgesehene Altersgrenze maßgebend. Mindestens ist

eine Altersgrenze von 65 Jahren zugrunde zu legen, es sei denn, besondere Umstände werden nachgewiesen, die ein früheres Ausscheiden wahrscheinlich sein lassen, z. B. schlechter Gesundheitszustand. Für anerkannt Schwerbehinderte kann der Rückstellung von vornherein eine Altersgrenze von 60 Jahren zugrunde gelegt werden.

Wer auf laufende Geschäftsführerbezüge, die ja versteuert werden müssen, nicht angewiesen ist, vielleicht, weil die Gattin geerbt hat, wird natürlich die Rechtsprechung des Bundesfinanzhofs aus 1974 kennen. Das höchste deutsche Steuergericht hat in jenem Jahr nämlich entschieden, daß mit steuerlicher Wirkung eine Pensionszusage auch anstelle laufender Bezüge erteilt werden kann, und zwar wenn es sich um einen maßgeblich beteiligten mitarbeitenden Gesellschafter handelt. Das ist für die Beteiligten eine hochinteressante Rechtsprechung, ermöglicht sie es doch im Extremfall, daß dem maßgeblich beteiligten mitarbeitenden Gesellschafter gar kein laufendes Gehalt gezahlt wird, an dessen Stelle jedoch eine entsprechend hohe Versorgungszusage tritt. Das Gehalt müßte er laufend versteuern, die Versorgungszusage führt, unter Umständen noch viele Jahre lang, bei der GmbH zu steuersparenden Zuführungen zur Pensionsrückstellung, für die beim Gesellschafter in ebenso vielen Jahren Lohnsteuer noch nicht anfällt.

Es steht also den Parteien GmbH und beherrschendem Gesellschaftsführer völlig frei, ob die Tätigkeit des Gesellschafter-Geschäftsführers vergütet werden soll

- mit laufenden Gehaltszahlungen oder
- mit ermäßigten Gehaltszahlungen, aber zuzüglich einer entsprechenden Versorgungszusage, oder
- nur mit einer Regelung über die Altersversorgung.

7 Das Gehalt muß stimmen

Unter »Gehalt« verstehe ich in diesem Fall die Gesamtvergütung des Gesellschafter-Geschäftsführers, also einerseits das Gehalt, andererseits aber auch die Tantieme, Direktversicherung, Altersversorgungszusage, Umsatzbeteiligung, Dienstwagenvorteil, und was diese Einkommensgruppe sonst noch alles kassiert. Das Gehalt muß »stimmen«, das heißt, es sollte weder zu hoch noch zu niedrig sein.

- Ist die Gesamtvergütung nämlich zu hoch, dann wird der Teil, der als unangemessen anzusehen ist, als verdeckte Gewinnausschüttung behandelt und stellt für die GmbH keine Betriebsausgabe dar. Die GmbH schenkt in diesem Fall also dem Finanzamt Steuern. Muß das sein?
- Ist die Gesamtvergütung allerdings zu niedrig, schöpft die GmbH das Potential an abziehbaren Betriebsausgaben nicht voll aus und verschenkt ebenfalls Steuern.

Wonach sich das Gehalt eines GmbH-Geschäftsführers richtet und wann es als angemessen anzusehen ist?

- Da müssen zunächst einmal Art und Umfang der Tätigkeit des Geschäftsführers berücksichtigt werden. Gibt es nur einen Geschäftsführer, der die ganze Arbeit und Last der Verantwortung allein zu tragen hat, so wird die Gesamtvergütung natürlich höher sein dürfen, als wenn sich die internen Aufgaben auf mehrere Geschäftsführer verteilen.
- Daneben ist zu berücksichtigen, welche besonderen Erfahrungen der einzelne Geschäftsführer hat und wie tüchtig er ist.
- Maßstab für die Angemessenheit der Gesamtvergütung werden ferner die Ertragsaussichten sein, die die Gesellschaft hat. Als Grundlage kann das bisherige durchschnittliche Ergebnis des Unternehmens herangezogen

werden. Bei Neugründung ist vielleicht ein Branchenvergleich angebracht und ein Betriebsergebnis zu prognostizieren. Jedenfalls sollte die Vergütung so bemessen sein, daß auch ein geschäftsführender Nichtgesellschafter diese voraussichtlich in etwa gleicher Höhe erhalten hätte.

- Ein weiteres Kriterium für die Angemessenheit der Geschäftsführervergütung ist, ob der Gesellschaft auf Dauer mindestens eine angemessene Verzinsung des eingezahlten Kapitals bleibt und eine angemessene Vergütung für das auf dem ausstehenden Stammkapital liegende Risiko.
- Anlaufverluste sind für einen Geschäftsführer bestimmt kein Anlaß, auf angemessene Bezüge zu verzichten, da sein Einsatz gerade auch in einer Aufbauphase verstärkt gefordert ist. Macht die Gesellschaft jedoch laufend Verluste, so wird zur Vermeidung einer verdeckten Gewinnausschüttung zu überlegen sein, ob nicht das Geschäftsführergehalt herabzusetzen ist. So hat z. B. das Finanzgericht des Saarlands entschieden, daß bei einem kleineren Handwerksbetrieb, der vier Jahre in Folge mit Verlusten arbeitete, das Festgehalt des Geschäftsführers in Höhe von monatlich 5 000 DM brutto zuzüglich eines 13. Gehalts als Weihnachtsgratifikation hinsichtlich der Angemessenheit an der obersten Grenze liegen kann. Die Saarbrücker Richter rechneten demzufolge die zusätzlich vergütete Umsatztantieme den verdeckten Gewinnausschüttungen zu.
- Die Gesamtvergütung kann auch unter folgenden Gesichtspunkten auf ihre Angemessenheit untersucht werden:
  — Erhalten leitende Angestellte oder gesellschaftsfremde Geschäftsführer im Betrieb, die eine vergleichbare Funktion und Tätigkeit haben, eine ähnlich hohe Vergütung? (= interner Vergleich)

— Erhalten vergleichbare Geschäftsführer im Unternehmen gleicher Branche und Größe eine Gesamtvergütung in etwa gleichem Umfang? (= externer Vergleich)

- Hat sich die Ertragslage der Gesellschaft nachhaltig verschlechtert, so kann es berechtigt sein, die Geschäftsführervergütung herabzusetzen, ohne das Anstellungsverhältnis des Geschäftsführers sonst zu berühren; der Geschäftsführer müßte nach Treu und Glauben dieser Herabsetzung der Vergütung zustimmen.

  Eine unerwartet positive Entwicklung des Unternehmens kann allerdings auch dazu berechtigen, die Gesamtvergütung unter dem Gesichtspunkt der Angemessenheit heraufzusetzen und z. B. einen Anspruch auf Tantieme nachträglich zu erhöhen.

  In beiden Fällen ist Voraussetzung, daß die Geschäftsführervergütung im Verhältnis zur wirtschaftlichen Situation der Gesellschaft unangemessen ist, so daß die GmbH argumentieren kann, die Geschäftsgrundlage sei fortgefallen.

  Ich habe schon ausgeführt, daß dann, wenn die Vergütung trotz nachhaltiger Geschäftsverschlechterung der GmbH nicht herabgesetzt wird, in Höhe des trotzdem weitergezahlten (überhöhten) Gehalts eine verdeckte Gewinnausschüttung zu sehen sein wird.

  Eine Herabsetzung der Gesamtvergütung ist jedoch dann nicht angebracht und auch nicht notwendig, wenn die Verlustphase der Gesellschaft nur von kurzer Dauer ist oder sich die Verhältnisse nur unwesentlich geändert haben.

Der hellhörige Gesellschaftsführer wird es längst bemerkt haben: Das Jonglieren mit der Angemessenheit der Geschäftsführer-Vergütung, also das Herabsetzen bei nachhaltigen Verlusten der GmbH und der Heraufsetzen bei verbesserter Ertragslage der Gesellschaft, ist ein vorzügliches Mittel, dem Fiskus zusätzlich Steuern – legal – vorzuenthalten.

- Macht die GmbH nachhaltig Verluste, so kann kein Interesse daran bestehen, als Geschäftsführer hohe Bezüge von der GmbH zu versteuern, die nur den Verlust der GmbH erhöhen. Die GmbH läuft durch nachhaltig hohe Verluste überdies Gefahr, die Verluste, obwohl sie zwei Jahre rücktragsfähig und unbegrenzt vortragsfähig sind, steuerlich vielleicht nicht nutzen zu können. Wird das Gehalt des Geschäftsführers herabgesetzt, so zahlt er weniger Steuern, ohne daß dies der GmbH letztlich schadet.
- Hat sich die Ertragslage der GmbH nachhaltig verbessert, so besteht für den Gesellschafter-Geschäftsführer durchaus ein steuerliches Interesse, seine Bezüge erhöht zu erhalten. Bei der GmbH stellen sie abzugsfähige Betriebsausgaben dar, mindern deren Gewinn und damit die Körperschaftsteuer und die Gewerbesteuer. Der Geschäftsführer muß diese Bezüge zwar versteuern, doch bleibt einerseits die Ersparnis an Gewerbesteuer bei der GmbH, während andererseits auch eine Ersparnis dadurch eintreten kann, daß der individuelle Steuersatz des Geschäftsführers unter Umständen niedriger ist als der Steuersatz für Körperschaftsteuer bei der GmbH.

Der Leser wird auch hier wieder einmal registrieren, daß die Möglichkeiten, Steuern zu sparen, vielfältig sind. Derjenige zum Beispiel, der eine Einmann-GmbH errichtet hat und deren Gesellschafter-Geschäftsführer ist, also in seinem Laden allein das Sagen hat, kann, sofern er sich vom Verbot des Selbstkontrahierens befreien ließ, alle erforderlichen Beschlüsse allein fassen und so optimal Steuern sparen.

Gehen wir doch einmal davon aus, daß der Gewinn einer GmbH 900 000 DM betragen soll. Da wäre es schiere Dummheit, wenn sich der Gesellschafter-Geschäftsführer mit einem Salär von jährlich 80 000 DM begnügen würde. Betrüge seine Gesamtvergütung z. B. 180 000 DM, also 100 000 DM mehr, so betrüge die daraus für die GmbH resultierende Gewerbesteuerersparnis, je nach Hebesatz der jeweiligen Gemeinde, in etwa 15 000 DM jährlich. Beträgt sein individueller Steuersatz beispielsweise 40 % und würde die GmbH von einer Gewinnausschüttung absehen, so wäre die Differenz zwischen dem Körperschaftsteuersatz von 50 % und dem Einkommensteuersatz des Gesellschafters 10 %, was an Steuerersparnis nochmals 10 000 DM im Jahr bringen würde.

Genau so unsinnig wäre es, wenn die GmbH nachhaltig einen kleinen Verlust von jährlich 150 000 DM machte, und der Gesellschafter-Geschäftsführer bezöge eine Gesamtvergütung von 200 000 DM im Jahr. Würde die Vergütung auf 100 000 DM ermäßigt werden, so machte die GmbH immer noch einen Verlust von 50 000 DM, der Geschäftsführer aber hätte für 100 000 DM weniger Steuern zu zahlen. Gehen wir wieder davon aus, daß sein individueller Steuersatz bei 40 % liegt, so spart er durch die Herabsetzung seiner Bezüge jährlich (40 % von 100 000 DM =) 40 000 DM an Einkommen- bzw. Lohnsteuer, ohne daß das für die GmbH steuerlich nachteilig wäre. Würde die Vergütung nicht herabgesetzt werden, so qualifizierte das Finanzamt den bei dieser Ertragslage der Gesellschaft unangemessenen Teil ohnehin als verdeckte Gewinnausschüttung.

Welche Gesamtvergütung nun darf der Geschäftsführer beziehen, um nicht Gefahr zu laufen, daß das Finanzamt einen Teil davon als verdeckte Gewinnausschüttung behandelt?

Die Höhe der Bezüge richtet sich nach der Unternehmensgröße, der Ertragslage des Unternehmens, der Konzernabhängigkeit, der hierarchischen Einordnung des Geschäftsführers in die Führungsspitze und der Kapitalbeteiligung des Gesellschafter-Geschäftsführers.

1987 beliefen sich die Gesamtvergütungen auf durchschnittlich 257000 DM. Geschäftsführer eines Betriebs mit 90 Beschäftigten verdienten durchschnittlich 225 000 DM, während Top-Manager von Großunternehmen bei 700 000 DM im Jahr lagen. Vorsitzende und Sprecher dürften im Durchschnitt 40 % mehr verdienen als »einfache« Mitglieder der Geschäftsleitung.
Handelt es sich um konzernabhängige Betriebe, so werden die Geschäftsführer um so besser bezahlt, je größer die Entfernung zur Konzernmutter ist. Geschäftsführer erhalten von inländischen Konzernmüttern durchschnittlich 245 000 DM vergütet, USA-Konzernmütter zahlen durchschnittlich 290 000 DM.

8 Der Gesellschafter-Geschäftsführer als »Sozialfall«?

Ausgaben des Arbeitgebers für die Zukunftssicherung des Arbeitnehmers sind in der Höhe steuerfrei, wie sie aufgrund gesetzlicher Verpflichtung geleistet werden. Allerdings sind auch Zuschüsse des Arbeitgebers für eine Lebensversicherung des Arbeitnehmers und für eine freiwillige Weiterversicherung in der gesetzlichen Rentenversicherung steuerfrei, wenn der Arbeitnehmer von der Versicherungspflicht befreit worden ist. Steuerfrei sind freiwillige Zuschüsse dann in der Höhe, in der ein Arbeitgeberanteil bei Versicherungspflicht in der gesetzlichen Rentenversicherung zu zahlen wäre.
Der Leser wird sich, mit Recht, jetzt fragen, ob denn ein Gesellschafter-Geschäftsführer einer GmbH, der also zugleich Gesellschafter und Geschäftsführer ist, Arbeitneh-

mer dieser GmbH im sozialversicherungsrechtlichen Sinn ist, so daß er die steuerfreien Arbeitgeberanteile oder die steuerfreien Zuschüsse kassieren kann. Er kann, wenn er bestimmte Voraussetzungen erfüllt. Diese entsprechend zu gestalten liegt häufig in seiner Macht.

- Der Gesellschafter-Geschäftsführer ist Arbeitnehmer der GmbH, wenn er auf die Gesellschaft keinen solchen Einfluß hat, daß er ihre Geschicke nicht lenken kann, und wenn er kein erhebliches Unternehmerrisiko trägt.
- In der Regel ermöglicht eine Beteiligung unter 25 % keine Beherrschung der Gesellschaft, so daß eine Arbeitnehmerstellung vorliegen kann. Etwas anderes gilt jedoch dann, wenn der Gesellschafter trotzdem einen ins Gewicht fallenden Einfluß auf die Willensbildung der Gesellschaft ausüben konnte und auch ausgeübt hat.
- Einen beherrschenden Einfluß wird der Gesellschafter bei einer Beteiligung von 25 % bis 50 % nur dann haben können, wenn besondere Umstände hinzukommen, z. B. wenn er Stimmrechte hat, die von der Höhe seiner Beteiligung abweichen. Einen beherrschenden Einfluß kann der Gesellschafter auch dadurch haben, daß er Stimmrechtsvollmacht oder Stimmrechtsbesitz des Ehegatten und/oder der abhängigen Kinder hat.
- Ist der Gesellschafter zu über 50 % an der Gesellschaft beteiligt, so reicht dies in der Regel aus, die Gesellschaft zu beherrschen, da die Höhe seiner Beteiligung ihm die erforderliche Mehrheit für Gesellschafterbeschlüsse sichert. Der Gesellschafter-Geschäftsführer ist jedoch sozialversicherungspflichtig, wenn sein Stimmrecht trotz dieser Beteiligungshöhe nicht ausreicht, Gesellschafterbeschlüsse herbeizuführen oder zumindest doch zu verhindern.
- Muß der Gesellschafter-Geschäftsführer nach den tatsächlichen Verhältnissen keinen Weisungen folgen, so ist

er nicht sozialversicherungspflichtig und kann demzufolge auch nicht die steuerfreien Arbeitgeberanteile in Anspruch nehmen. Dies gilt auch dann, wenn er aufgrund des Stimmrechts keinen maßgeblichen Einfluß ausüben kann.

Übrigens werden die Gesellschaftsanteile und die Stimmrechte des nicht getrennt lebenden Ehegatten und der von ihm abhängigen Kinder dem Gesellschafter-Geschäftsführer für die Frage, ob er einen maßgeblichen bzw. beherrschenden Einfluß ausüben kann, zugerechnet. Anteile der Kinder sind ihm zuzurechnen, solange sie das 18. Lebensjahr noch nicht vollendet haben. Nach Vollendung des 18. Lebensjahrs können sie ihre Stimmrechte selbständig ausüben.

Derjenige Gesellschafter-Geschäftsführer, der Beteiligungshöhe und Stimmrechte (zusammen mit Ehegatten und unter 18 Jahre alten Kindern) in Grenzen hält, kann dafür sorgen, daß er sozialversicherungspflichtig ist, und ist daher in der Lage, steuerfreie Arbeitgeberanteile zur Sozialversicherung zu vereinnahmen. Da die Höchstbeiträge zur Sozialversicherung nicht unbeträchtlich sind, kann er sich dadurch ein nennenswertes steuerfreies Zubrot verschaffen.

Der Gesellschafter-Geschäftsführer als potentieller Rentenempfänger.

Anspruch auf eine Erwerbsunfähigkeitsrente besteht nicht, wenn eine selbständige Erwerbstätigkeit ausgeübt wird. Der nicht geschäftsführende Alleingesellschafter einer GmbH ist nicht Unternehmer des von der Gesellschaft betriebenen Unternehmens. In einem solchen Fall hat er Anspruch auf Erwerbsunfähigkeitsrente.

9 Noch eine Wohltat: Die Direktversicherung

Die Vorschrift im Einkommensteuergesetz, daß von Beiträgen des Arbeitgebers für eine Direktversicherung des Arbeitnehmers bis zu Prämien von (in der Regel) 3 000 DM im Jahr nur 15 % Lohnsteuern zu erheben sind, ist vom Gesetzgeber wohl eher dafür gedacht, bestimmte Zukunftsicherungsleistungen des Arbeitgebers für den Arbeitnehmer milde zu besteuern, nicht aber dafür, den in der Regel hochbezahlten Geschäftsführern von Kapitalgesellschaften Möglichkeiten zum Steuernsparen zu eröffnen. Da der Geschäftsführer einer GmbH steuerlich als Arbeitnehmer dieser GmbH angesehen wird, gleichgültig, ob ihm die Anteile an der GmbH gehören oder nicht, kann er die Wohltat der Lohnsteuer-Pauschalierung auf Direktversicherungsbeiträge in Anspruch nehmen, auch wenn er zum Beispiel als beherrschender Gesellschafter die Versicherungsprämien sich quasi selbst genehmigt.

Eine Direktversicherung in diesem Sinn liegt vor, wenn der Arbeitgeber auf das Leben des Arbeitnehmers eine Lebensversicherung abgeschlossen hat, bei welcher der Arbeitnehmer hinsichtlich der Versorgungsleistungen (oder seine Hinterbliebenen) bezugsberechtigt ist. Die Versicherung

- darf nicht auf den Erlebensfall eines früheren als des 60. Lebensjahrs abgeschlossen worden sein, und
- eine vorzeitige Kündigung durch den Arbeitnehmer muß ausgeschlossen sein.

Es kann sich um Kapitalversicherungen einschließlich Risikoversicherungen, Rentenversicherungen oder fondsgebundene Lebensversicherungen handeln. Ebenso gehören zu den Direktversicherungen Unfallzusatzversicherungen und Berufsunfähigkeits-Zusatzversicherungen, die im Zusammenhang mit Lebensversicherungen abgeschlossen werden sowie Unfallversicherungen mit Anspruch des Arbeitnehmers auf Prämienrückgewähr.

Begünstigt sind in der Regel Prämien bis zu 3 000 DM im Jahr. Der Geschäftsführer mit einem persönlichen Steuersatz von zum Beispiel 50 % spart bei Inanspruchnahme dieser Vergünstigung (50 % ⁒ 15 % =) 35 % von 3 000 DM, also 1050 DM im Jahr an Steuern. Das ist nicht viel, aber die Vergünstigungen summieren sich, und der Clou kommt erst jetzt:

Scheidet der Geschäftsführer aus dem Arbeitsverhältnis aus und leistet der Arbeitgeber, also die GmbH, aus Anlaß der Beendigung des Dienstverhältnisses einen Beitrag zu einer Direktversicherung, so ist der Betrag, für den die Lohnsteuer nur mit 15 % berechnet zu werden braucht, nicht auf 3 000 DM begrenzt, sondern darf mit der Anzahl der Jahre vervielfacht werden, die das Dienstverhältnis zum Arbeitgeber bestanden hat.

War der Gesellschafter-Geschäftsführer zum Beispiel 20 Jahre für die GmbH tätig, so kann die GmbH einen begünstigten Beitrag von (20 × 3 000 DM =) 60 000 DM leisten. Normalerweise hätte der Geschäftsführer bei einem Einkommensteuersatz von 50 % darauf 30 000 DM an Einkommensteuer zu zahlen. Durch die Lohnsteuer-Pauschalierung fällt eine Lohnsteuer von nur (15 % von 60 000 DM =) 9 000 DM an. Der Geschäftsführer spart also auf einen Schlag 21 000 DM an Steuern.

Es spielt für die Inanspruchnahme der Vergünstigung keine Rolle, aus welchem Grund das Dienstverhältnis des Geschäftsführers endet. So kann die Lohnsteuer-Pauschalierung auch dann in Anspruch genommen werden, wenn der Geschäftsführer wegen Erreichens der Altersgrenze aus der GmbH ausscheidet.

Sogar die Finanzverwaltung hat sich hier großzügig gezeigt.

Einigen Leuten müssen wohl (berechtigte) Zweifel gekommen sein, ob diese Vergünstigung auch beherrschenden Gesellschafter-Geschäftsführern zusteht. Der Herr Bundesminister der Finanzen hat diese Frage ausdrücklich bejaht.

10 Und eine Abfindung obendrein

Deichselt der Geschäftsführer sein Ausscheiden aus der GmbH in der Weise, daß eine Abfindung wegen einer vom Arbeitgeber veranlaßten oder gerichtlich ausgesprochenen Auflösung des Dienstverhältnisses gezahlt wird, so kann er verschiedene für Arbeitnehmer geltende Steuervergünstigungen in Anspruch nehmen:

- Zum einen bleibt dann ein bestimmter Betrag der Abfindung überhaupt steuerfrei.
  - Grundsätzlich bleiben 24 000 DM steuerfrei, oder
  - 30 000 DM, wenn der Geschäftsführer das 50. Lebensjahr vollendet hat und das Dienstverhältnis mindestens 15 Jahre bestanden hat, oder
  - 36 000 DM, wenn der Geschäftsführer das 55. Lebensjahr vollendet und das Dienstverhältnis mindestens 20 Jahre bestanden hat.
- Der steuerpflichtige Teil der Abfindung
  - kann entweder mit dem halben durchschnittlichen Steuersatz versteuert oder
  - auf die drei Jahre rückwärts verteilt werden, bei denen dies für den Geschäftsführer steuerlich am günstigsten ist, wobei auch mehr als 10 Jahre zurückgegangen werden kann, wenn aus dieser weit zurückliegenden Zeit Veranlagungsunterlagen noch vorhanden sind.

Gehen wir einmal von folgendem aus: Ein Geschäftsführer, über 50 Jahre alt, mit mehr als 15 Dienstjahren für die GmbH, erhält eine Abfindung von 200 000 DM. Sein persönlicher Einkommensteuersatz soll 50 % betragen. Normalerweise hätte er für die Abfindung (50 % von 200 000 DM =) 100 000 DM an Einkommensteuer zu berappen.
Durch die Inanspruchnahme der Vergünstigungen für Arbeitnehmer bleiben zuerst einmal 30 000 DM steuerfrei. Auf (200 000 DM ./. 30 000 DM =) 170 000 DM zahlt er (1/2 von 50 % =) 25 % Einkommensteuer, also 42 500 DM. Er erreicht also eine Steuerersparnis von 57 500 DM.
Der Leser fragt sich an dieser Stelle sicher zu Recht, ob die Vergünstigungen bei der Zahlung von Abfindungen an Arbeitnehmer wohl deswegen eingeführt worden sind, um durch einen Stellenwechsel bei älteren Arbeitnehmern entstehende soziale Härten zu mildern, oder ob es auch gewollt war, gleichzeitig ein Schlupfloch zu schaffen für in der Regel doch hochbezahlte Manager, die etwaige Härten durch Bildung von Rücklagen selbst abfedern können und dazu gewiß nicht die Hilfe der Allgemeinheit brauchen.

11 Schütt' aus, hol' zurück

Die Körperschaftsteuer beträgt 50 %, und zwar gleichgültig, ob es sich um hohe oder niedrige Gewinne handelt. Allerdings hat die Kapitalgesellschaft die Möglichkeit, die Belastung mit Körperschaftsteuer zu reduzieren, denn für ausgeschüttete Gewinne beträgt der Körperschaftsteuersatz nur 36 %.
Da verfiel man zur Vermeidung der hohen Körperschaftsteuer auf einen Dreh:

Man schüttet den Gewinn grundsätzlich aus und führt, falls die Kapitalgesellschaft das Geld gebrauchen kann, dieses der GmbH wieder zu. Damit erreicht man, daß die Körperschaftsteuer nur 36 % beträgt und die Mittel der Kapitalgesellschaft trotz Ausschüttung zur Verfügung stehen.
Die Finanzverwaltung ist mit dieser Hin- und Herschieberei durchaus einverstanden.

- Die Voraussetzungen, die Körperschaftsteuer zu ermäßigen, sind auch erfüllt, wenn der Gewinn im Zusammenhang mit der Ausschüttung ganz oder teilweise der Körperschaft als Einlage zur Erhöhung des Nennkapitals zugeführt wird.
- Eine Gewinnausschüttung, die zu einer Ermäßigung der Körperschaftsteuer auf 36 % führt, liegt grundsätzlich auch dann vor, wenn Gesellschafter den verteilten Gewinn im Zusammenhang mit der Ausschüttung zur Hingabe von Darlehen an die Gesellschaft zur Beteiligung als stiller Gesellschafter oder als Zuführung zu den freien Rücklagen der Gesellschaft verwenden.

Zwischen der Körperschaftsteuer auf ausgeschüttete Gewinne einerseits und der Einkommensteuer des bedachten Gesellschafters andererseits besteht eine Wechselwirkung, denn die ausgeschütteten Gewinne führen beim Gesellschafter zu Einkünften aus Kapitalvermögen.
Der Geschäftsführer weiß längst, daß eine Ausschüttung von Gewinnen an ihn durch die Gesellschaft nur dann Sinn macht, wenn er mit seinem individuellen Steuersatz unter dem Steuersatz der Kapitalgesellschaft für nicht ausgeschüttete Gewinne von 50 % bleibt. Liegt zum Beispiel der Gesellschafter einschließlich der Gewinnausschüttung und der anrechenbaren Steuern bei einem Steuersatz von 35 % (z. B. weil er geringe Bezüge hat oder höhere Verluste aus anderen Einkunftsarten wie Gewerbebetrieb, Vermietung und Verpachtung usw.), so sind auf den ausgeschütteten

Gewinn in der Gesamtbetrachtung (50 % ·/· 35 % =) 15 % gespart worden.
Da hier relativ viel vom Körperschaftsteuersatz die Rede ist: Bei Kapitalgesellschaften, die ihren Sitz ausschließlich in West-Berlin haben, ermäßigt sich die Körperschaftsteuer, soweit sie auf bestimmte Einkünfte aus West-Berlin entfällt, um 22,5 %, in Sonderfällen um 10 %. Wer sich dafür interessiert, möge bitte den § 21 des Berlinförderungsgesetzes nachlesen.

12 Geschäftsfreunde bewirten und beschenken

Wer als Unternehmer Geschäftsfreunde bewirtet, muß die Aufwendungen dafür fortlaufend, zeitnah und von den anderen Betriebsausgaben getrennt aufzeichnen, wie der Bundesfinanzhof erst jüngst entschieden hat. Nicht so der Geschäftsführer einer GmbH, für den, da er Arbeitnehmer ist, diese Vorschrift im Einkommensteuergesetz über Betriebsausgaben nicht gilt, und der auch nicht den sonst vorgeschriebenen amtlichen Vordruck der durch das Steuerreformgesetz entgültig beseitigt worden ist, auszufüllen braucht.
Was liegt da für den kundigen Geschäftsführer näher, als seine Geschäftsfreunde nicht durch die GmbH, sondern selbst zu bewirten, also in der Weise, daß er die Aufwendungen dafür aus eigener Tasche zahlt und von der GmbH nicht (direkt) ersetzt bekommt.
Ein gewisser steuerlicher Nachteil liegt darin, daß die Bewirtungskosten dann, wenn sie bei der GmbH als Betriebsausgaben anfallen, sich auch gewerbesteuermindernd auswirken

würden. Doch kann das Geschäftsführergehalt um einen Posten für Bewirtungskosten pauschal angehoben werden, so daß dieser Nachteil wieder ausgeglichen ist.

Der dadurch zunächst höheren Lohnsteuer beim Geschäftsführer steht der steuermindernde Abzug der Bewirtungskosten als Werbungskosten gegenüber. Der Geschäftsführer braucht diese Bewirtungskosten nur nachzuweisen oder dem Finanzamt glaubhaft zu machen, daß die Aufwendungen auch dazu bestimmt sind, seine berufliche Stellung auszubauen, zu erhalten und abzusichern.

Ob die ab 1990 geltende Abzugsbeschränkung bei den Bewirtungskosten auf 8 % auch für Arbeitnehmer gilt, ist zunächst noch ungewiß. Gilt sie nicht, kann die Abzugsbeschränkung so unterlaufen werden.

Ähnlich elegant umgeht der (Gesellschafter-)Geschäftsführer für seine GmbH die Vorschrift im Einkommensteuergesetz, daß Aufwendungen für Geschenke an Personen, die nicht Arbeitnehmer der GmbH sind, nur bis zu DM 50 je Person im Jahr als Betriebsausgaben abgezogen werden dürfen. Auch hier hat der Bundesfinanzhof entschieden, daß diese Vorschrift für Arbeitnehmer nicht gilt. Und Geschäftsführer mit Dienstvertrag und lohnsteuerpflichtigen Bezügen gelten nun einmal als Arbeitnehmer.

Der Geschäftsführer kann also das tun, was im Geschäftsleben längst üblich ist und häufig auf Gegenseitigkeit beruht, sich nämlich in bezug auf Geschenke großzügig zeigen. Verpflichtet die GmbH den Geschäftsführer zum Beispiel im Anstellungsvertrag, Kontakte zu Geschäftspartnern auch durch Präsente zu pflegen, so handelt es sich beim Geschäftsführer um beruflich veranlaßte Aufwendungen, die er als Werbungskosten bei der Ermittlung seiner Arbeitnehmer-Einkünfte absetzen kann.

III Gewerbetreibende und Freiberufler

1 Steuerbelastung von 70 %? Ein Märchen

Das dritte Hauptkapitel nun befaßt sich damit, wie Unternehmer ihren Gewinn beeinflussen können.

Immer wieder geistert durch einige Gazetten die Nachricht, daß die Steuerbelastung gutverdienender Unternehmer in der Spitze an die 70 % betrage, nämlich durch Einkommensteuer (bei Kapitalgesellschaften: Körperschaftsteuer) und Gewerbesteuer. Wenn es mir wegen einer solchen Behauptung nicht die Lachtränen in die Augen treibt, dann deshalb, weil sie so traurig unwahr ist.

Aber auch Politiker, insbesondere von der Drei-Pünktchen-Partei, geben mitunter solchen Unfug zum besten und nehmen diesen dann zum Anlaß, eine Steuerentlastung ihrer Klientel, der Unternehmen, nachdrücklich zu fordern.

Vor kurzem las ich im *Handelsblatt* einen Artikel von Prof. Dr. Horst Vogel, Bonn, in dem er unter anderem schrieb, daß schon ein Vergleich der Spitzensteuersätze bei der Körperschaftsteuer mit einigen anderen Staaten zeige, daß »der Standort Bundesrepublik hinsichtlich der Wettbewerbskomponente ›Steuerbelastung‹ gegenüber anderen westlichen Industrieländern benachteiligt« sei.

Nun, der Spitzensteuersatz allein sagt gar nichts aus. Maßgebend ist, wie die Berechnungsgrundlage, also der Gewinn, ermittelt worden ist, ehe der Spitzensteuersatz zur Anwendung kommt.

Wird nämlich regulär ein Gewinn von 1 Mio. DM erzielt, so würde die Steuer bei einem Einkommensteuer-Spitzensatz von 53 % 530 000 DM betragen. Da dies dem Unternehmer natürlich viel zuviel ist, drückt er seinen Gewinn auf zum Beispiel 600 000 DM herunter. Danach beträgt die Steuer nur noch 318 000 DM oder, bezogen auf den ursprünglichen Gewinn von 1 Mio. DM, 32,8 %. Das nimmt sich dann schon anders (und für den Unternehmer besser) aus, nicht wahr?

Um den Gewinn zu drücken, haben die Unternehmen eine Vielzahl von Möglichkeiten. Ich denke da gar nicht einmal an die im ersten Hauptabschnitt dargestellten Untaten der Herren Steuerhinterzieher. Unternehmer haben eine Unzahl ganz legaler Möglichkeiten. Und diese werde ich dem Leser säuberlich auflisten, und zwar so, daß auch der steuerliche Laie versteht, was gemeint ist.

Wenn er dieses Kapitel durchgelesen hat, wird er sich ein fundiertes Urteil bilden können und wissen, was von den Behauptungen jener zu halten ist, die da von einer »Spitzenbelastung von 70 % und mehr« faseln. Vielleicht ist es mit diesem Spuk dann endgültig vorbei.

Das Bild über die Steuertricks Wohlbetuchter ist aber erst dann vollständig, wenn man zum Inhalt dieses letzten Kapitels die für Privatleute und Kapitalgesellschaften bereits aufgezeigten Möglichkeiten hinzunimmt und daraus eine Synthese bildet.

2 Abschreibungen

Wenn ein Unternehmer für seinen Betrieb ein Wirtschaftsgut kauft, zum Beispiel eine Werkzeugmaschine oder einen Drehkran, so reduziert sich der Wert, zu dem diese Gegenstände gekauft worden sind, in erster Linie durch die Nutzung. Die Anschaffungskosten setzt der Unternehmer also nicht auf einmal, zum Beispiel im Jahr des Kaufs, von der Steuer ab, sondern auf die Zeit der Nutzung verteilt. Kostet die Maschine zum Beispiel 100 000 DM und hat sie eine voraussichtliche Lebensdauer von 10 Jahren, so bucht der Unternehmer bei der einfachsten Form der Abschreibung jedes Jahr (10 % von 100 000 DM =) 10 000 DM steuermindernd als Aufwand ab.

Die degressive Abschreibung hat Vorteile

Kein Unternehmer, der gutes Geld verdient und etwas auf sich hält, gibt sich mit der oben beschriebenen linearen Abschreibung zufrieden, die zu gleichmäßigen jährlichen Abschreibungen führt. Vielmehr wählt er die degressive Abschreibung, die dem in den ersten Jahren stärkeren Wertverzehr Rechnung tragen soll. Es wird also in den ersten Jahren viel abgeschrieben, in den späteren Jahren dafür weniger. Die Höhe der Abschreibung ist begrenzt und darf das Dreifache der linearen Abschreibung nicht übersteigen. Bleiben wir einmal bei der Maschine, die 100 000 DM kostet und zehn Jahre lebt. Degressiv darf der Unternehmer im

1. Jahr 30 % von 100 000 DM =	30 000 DM,
2. Jahr 30 % von 70 000 DM =	21 000 DM,
3. Jahr 30 % von 49 000 DM =	14 700 DM,
zusammen	65 700 DM

abschreiben. Obwohl die Maschine eine Lebensdauer von 10 Jahren hat, darf der Unternehmer in drei Jahren rund zwei Drittel des Kaufpreises von der Steuer absetzen, also in unserem Beispiel (65 700 DM ⁒ 3 × 10 000 DM =) 35 700 DM mehr als bei der linearen Abschreibung.

Der interessierte Leser entnehme die möglichen Abschreibungssätze, die immer vom Restbuchwert vorzunehmen sind, bitte der folgenden Tabelle.

Betriebs-gewöhnliche Nutzungs-dauer (Jahre)	Degressive AfA (v. H. des Buchwerts) bei Anschaffung oder Herstellung		
	1. 1. 1961–31. 8. 1977 (§ 7 Abs. 2 Satz 2) EStG 1975)	1. 9. 1977–29. 7. 1981 (§ 7 Abs. 2 Satz 2 EStG 1977)	ab 30. 7. 1981 (§ 7 Abs. 2 Satz 2 EStG 1981)
1	2	3	4
4–10	20,00	25,00	30,00
11	18,18	22,73	27,27
12	16,66	20,83	25,00
13	15,38	19,23	23,07
14	14,28	17,86	21,42
15	13,32	16,67	20,00
16	12,50	15,63	18,75
17	11,76	14,71	17,64
18	11,10	13,89	16,66
19	10,52	13,16	15,78
20	10,00	12,50	15,00
21	9,52	11,91	14,28
22	9,08	11,37	13,63
23	8,68	10,87	13,04
24	8,32	10,42	12,50
25	8,00	10,00	12,00
30	6,66	8,33	10,00
40	5,00	6,25	7,50

Kleine und mittlere Unternehmen

... sind solche, deren Einheitswert des Betriebs nicht mehr als 240 000 DM und deren Gewerbekapital nicht mehr als 500 000 DM beträgt. Um diesem Mittelstand, zu dem übrigens auch Freiberufler gehören können, steuerlich unter die Arme zu greifen, hält der Gesetzgeber für diese Gruppe ein besonderes Bonbon bereit.

Zusätzlich zur linearen oder degressiven Abschreibung dürfen in den ersten fünf Jahren, beliebig verteilbar, nochmals 20 % abgeschrieben werden. Auf unser Beispiel mit der Maschine bezogen heißt das:
Die Maschine, die 100 000 DM kostet und zehn Jahre lebt, kann bereits im ersten Jahr mit (30 000 DM degressiv plus 20 000 DM Sonderabschreibung =) 50 000 DM abgeschrieben werden.
Dadurch wird zusätzliche Liquidität gewonnen, weil insoweit ja keine Steuern zu zahlen sind. Für alle, die immer behaupten, vorgezogene Aufwendungen würden zu keiner echten Steuerersparnis führen: Diese Behauptung ist zwar formal richtig, aber dennoch Augenwischerei. Die Herren unterschlagen nämlich bei dieser Argumentation den Zinseffekt aus dem Liquiditätsgewinn, der bei hohen Abschreibungen einer direkten Steuerersparnis durchaus gleichkommen kann.

Wirtschaftsgebäude

Den Gewinn drücken kann der Unternehmer auch dadurch, daß er neue Wirtschaftsgebäude viel schneller abschreibt, als es ihrer tatsächlichen Nutzungsdauer nach an sich zulässig wäre.
Der Gesetzgeber hat ihm nämlich großzügig konzediert, neue Wirtschaftsgebäude anstelle der Normalabschreibung in den ersten 4 Jahren mit je 10 %, in den nächsten 3 Jahren mit je 5 % und in den nächsten 18 Jahren mit je 2,5 % abzuschreiben. Unterstellt wird hierbei also eine Gesamtlebensdauer des Gebäudes von 25 Jahren.
Bei einer Nutzungsdauer von 25 Jahren sind nach 4 Jahren bereits 40 % und nach 7 Jahren schon 55 % der Anschaffungs- oder Herstellungskosten abgeschrieben. Gegenüber

einer linearen Abschreibung von jährlich 4 % (was einer Nutzungsdauer von 25 Jahren entspricht) sieht das bei einem Gebäude, das 2 Mio. DM kostet, so aus:

	Degressive Abschreibung	Lineare Abschreibung	Mehr
1. Jahr	200 000 DM	80 000 DM	120 000 DM
2. Jahr	200 000 DM	80 000 DM	120 000 DM
3. Jahr	200 000 DM	80 000 DM	120 000 DM
4. Jahr	200 000 DM	80 000 DM	120 000 DM
	800 000 DM	320 000 DM	480 000 DM
5. Jahr	100 000 DM	80 000 DM	20 000 DM
6. Jahr	100 000 DM	80 000 DM	20 000 DM
7. Jahr	100 000 DM	80 000 DM	20 000 DM
	1 100 000 DM	560 000 DM	540 000 DM

Nach 7 Jahren sind also 540 000 DM mehr abgeschrieben worden, als der normalen Nutzungsdauer und der darauf basierenden linearen Abschreibung entspricht.

Wer Lust verspürt, sich den Zinsgewinn des Unternehmers zu errechnen, kann dies anhand folgender Tabelle tun. Hätte man auf die bereits im ersten Jahr (ersparten) gestundeten 120 000 DM 60 % an Steuern zu zahlen, so wären das 72 000 DM, die gestundet werden; in einem Jahr, wohlgemerkt. Wird diese Steuerschuld 25 Jahre lang gestundet, so ist sie für den Staat aufgrund des Zinsverlustes, der der Zinsgewinn beim Unternehmer ist, nur noch rund ein Viertel wert. Das heißt, daß der Steuerzahler tatsächlich nur mit (25 % von 75 000 DM =) 18 750 DM belastet wird. Die Differenz hat er »im Sack«. Die folgende Tabelle zeigt Ihnen auf, wie hoch der Zinsgewinn ist von 100 DM auf die Zeit von 1–50 Jahren:

Anzahl der Jahre	Gegenwarts-wert in DM	Anzahl der Jahre	Gegenwarts-wert in DM
1	94,787	26	24,856
2	89,845	27	23,560
3	85,161	28	22,332
4	80,722	29	21,168
5	76,513	30	20,064
6	72,525	31	19,018
7	68,744	32	18,027
8	65,160	33	17,087
9	61,763	34	16,196
10	58,543	35	15,352
11	55,491	36	14,552
12	52,598	37	13,793
13	49,856	38	13,074
14	47,257	39	12,392
15	44,793	40	11,746
16	42,458	41	11,134
17	40,245	42	10,554
18	38,147	43	10,003
19	36,158	44	9,482
20	34,273	45	8,988
21	32,486	46	8,519
22	30,793	47	8,075
23	29,187	48	7,654
24	27,666	49	7,255
25	26,223	50	6,877

Berlinförderung

Investitionen in Berlin lohnen sich; besonders für Unternehmer. Bei abnutzbaren Wirtschaftsgütern nämlich, die zum Anlagevermögen einer in Berlin liegenden Betriebsstätte gehören, können im Jahr der Anschaffung oder Herstellung und in den vier folgenden Jahren anstelle der Normalabschreibungen erhöhte Abschreibungen bis zu sage und schreibe insgesamt 75 % in Anspruch genommen werden.

- Maschinen, Autos usw. müssen nach dem Kauf oder der Herstellung drei Jahre lang in der Betriebsstätte in Berlin (West) bleiben.
- Gebäude in Berlin müssen drei Jahre lang zu mehr als 80 % der Fertigung von zum Absatz bestimmten Gütern, der Bearbeitung, der Wiederherstellung von Wirtschaftsgütern, der Forschung oder Entwicklung, der Geschäftsführung oder Verwaltung oder der Lagerung von Vorräten dienen.

Da kauft z. B. ein Unternehmer, gut verdienend und daher beim Steuersatz von 53 %, einen Pkw Marke Daimler-Benz zum Preis von 80 000 DM, den er zwar auch gering privat nutzt, der aber zum Betriebsvermögen gehört und nach dem Berlinförderungsgesetz abgeschrieben wird. Die geringe Privatnutzung lassen wir einmal außen vor und rechnen aus, wie hoch die Steuerersparnis ist.

Die Abschreibung darf also im 1. Jahr (75 % von 80 000 DM =) 60 000 DM betragen, wodurch die Einkommensteuer um (53 % von 60 000 DM =) 31 800 DM gesenkt wird. Die Luxuskarosse kostet den Unternehmer in der Anschaffung also nur (80 000 DM ./. 31 800 DM =) 48 200 DM. Mit 31 800 DM haben sich an dem Repräsentationsschlitten alle Steuerzahler, auch die kleinen, beteiligt, und zwar auch jene, die jetzt zur Finanzierung der unsozialen »Steuerreform« mit höheren Benzinsteuern, höheren Steuern für Diesel-Pkw, höheren Steuern auf Zigaretten und Versicherungen sowie mit der neuen Stoltenberg-Erfindung, der Erdgas-Steuer, zur Kasse gebeten werden. Der Privatmann jedoch muß die Anschaffung seines Autos voll aus dem versteuerten Einkommen bestreiten; auch in Berlin.

Der Firmenwert

Ein Firmenwert erscheint in der Bilanz dann, wenn jemand ein Unternehmen übernimmt und einen Preis dafür bezahlt, der über dem Wert der materiellen und immateriellen Wirtschaftsgüter dieses Betriebs liegt.

Kaufpreis für das gesamte Unternehmen		3 000 000
Betriebsausstattung	600 000	
Gebäude	200 000	
Immaterielle Wirtschaftsgüter (z. B. Patente, Auftragsbestand, Pachtverträge)	400 000	1 200 000
Firmenwert		1 800 000

Der Firmenwert spiegelt verschiedene Komponenten wieder, die mit vergütet werden: schlagkräftige Vertriebsorganisation, den Kundenstamm oder langjährig geschultes Fachpersonal. Er hat aber auch und im wesentlichen mit der Ertragssituation des Unternehmens zu tun.

Manche Leute gehen bei der Bewertung eines Unternehmens so vor, daß sie einfach den nachhaltig erzielbaren Zukunftsertrag kapitalisieren (Jahresertrag × 100 : Kapitalisierungszinsfuß), davon die bewertbaren Wirtschaftsgüter abziehen, so daß der Firmenwert übrigbleibt.

Im Firmenwert schlägt sich also im wesentlichen die Ertragskraft des Unternehmens wieder. Gleichwohl darf der Firmenwert, auch wenn die Erträge nicht zurückgehen, sondern sich vielleicht sogar erhöhen, über 15 Jahre gleichmäßig abgeschrieben werden, was lange Zeit nicht zulässig war und eine Neuerung durch den Gesetzgeber zum Vorteil der Unternehmen ist. Der Gesetzgeber war also, neuerdings, der Auffassung, daß sich der alte Firmenwert nach 15 Jahren grundsätzlich verflüchtigt hat, und zwar auch dann, wenn das Unternehmen ertragsstark geblieben ist.

Der Teilwert

Ist dem Unternehmer der Gewinn trotz der schon aufgezählten Abschreibungsvorteile immer noch zu hoch, so wird er prüfen, ob nicht eine Abschreibung verschiedener Wirtschaftsgüter auf den niedrigeren Teilwert den gewünschten Erfolg bringt. Gesetzlich zulässig ist dieses Verfahren.
Der Teilwert ist vom Unternehmer zu schätzen. Es ist der Betrag, den ein Käufer des Betriebs für das betreffende Wirtschaftsgut zahlen würde, wobei davon auszugehen ist, daß der Betrieb fortgeführt wird. Der Teilwert deckt sich in der Regel mit den Wiederbeschaffungskosten, der unterste Wert ist der Einzelveräußerungspreis.
Der Teilwert ist in der Regel gesunken, wenn die Investition eine Fehlmaßnahme darstellt. Da hat ein Unternehmer zwei Turmdrehkräne für zusammen 400 000 DM gekauft in der Annahme, am Bau bestimmter Großprojekte mitmischen zu können. Die Aufträge bleiben aus, die Baukonjunktur ist ebenfalls rückläufig, die Kräne stehen unausgelastet herum. Es handelt sich um eine Fehlmaßnahme, und die Baufirma schreibt die Anschaffungskosten steuermindernd ab.
Die gleiche Möglichkeit hat ein Unternehmer, wenn ein Wirtschaftsgut, z. B. eine Maschine, erheblich und dauerhaft überdimensioniert ist. Erhält der Unternehmer z. B. nur noch Aufträge, die ohne weiteres auch mit kleineren und billigeren Maschinen ausgeführt werden könnten, so ist der Unternehmer berechtigt, eine Teilwertabschreibung vorzunehmen, denn ein Käufer des Betriebs würde für die zu großen Maschinen nur den Preis bezahlen, den kleinere (ausreichende) Maschinen kosten würden.

Ja, sogar die mangelnde Rentabilität des Unternehmens selbst kann, sofern die Ertragsschwankungen nicht nur geringfügig und vorübergehend sind, dazu führen, daß die Teilwerte einiger Wirtschaftsgüter absinken und daher eine Teilwertabschreibung berechtigt ist.
Weist eine Maschine schon kurz nach dem Kauf technische Mängel auf, die erheblich sind und vom Verkäufer nicht rasch behoben werden (können), so daß die Maschine von Anfang an nicht oder nur zeitweise funktioniert, so ist der Kauf eine Fehlmaßnahme, die zu einer Teilwertabschreibung führt.
Ich will diese Darstellung über die Abschreibungsmöglichkeiten nicht über Gebühr ausdehnen, obwohl durchaus noch weitere Möglichkeiten bestehen, Abschreibungen vorzunehmen. So hat z.B. das bayerische Staatsministerium der Finanzen in 1987 auf Unwetterschäden sofort reagiert und unter anderem bei beweglichen Anlagegütern, die als Ersatz für unbrauchbar gewordene beschafft wurden, zusätzliche Abschreibungen in den ersten drei Jahren von insgesamt 50 % zugestanden. Textziffer 3 des Erlasses:

> »Sind unmittelbar durch Unwetter oder Hochwasser Buchführungsunterlagen und sonstige Aufzeichnungen vernichtet worden oder verloren gegangen, so sind hieraus steuerlich keine nachteiligen Folgerungen zu ziehen.«

So mancher Steuerpflichtiger wird gestoßseufzt haben »dem Himmel sei Dank«.
Nach diesem kleinen Abstecher: Dem Leser wird klargeworden sein, daß bei den Unternehmen allein schon durch die Abschreibungen, die durchaus nicht dem tatsächlichen Wertverzehr entsprechen, beträchtliche Liquiditäts- und damit Zinsvorteile entstehen. Schon dadurch wird die Aussage mancher Leute, die Steuerbelastung deutscher Unternehmen liege bei 70 %, deutlich relativiert.
Im übrigen: Wie kommen denn die beträchtlichen stillen Re-

serven in Großunternehmen zustande (die oft erst nach Jahrzehnten, z. B. bei Übernahme durch einen Dritten, realisiert werden), wenn nicht unter anderem durch wesentlich zu hohe Abschreibungen? Diese stillen Reserven bleiben häufig bis zum St.-Nimmerleins-Tag im Dunkel der Bilanzpolitik. Freilich sind die Abschreibungen, die Unternehmen überhöht in Anspruch nehmen können, erst der Anfang einer Reihe von Möglichkeiten, die Unternehmer sonst noch haben.

3 Charly wird nicht saniert

Mein Freund Charly ist ein Bruder Leichtfuß. Er genießt das Leben, wo es ihm begegnet, kleidet sich gern in maßgeschneidertes Tuch vom Feinsten, mag schnelle Autos und was sonst noch so dazugehört. Was kommen mußte, kam dann auch, denn seine Einnahmen hielten mit den Ausgaben nicht Schritt. Eines Tages hat er Schulden wie ein Major, ist pleite, und die Gläubiger haben ihn fest im Griff. Seinen Schuldenberg trägt er seit fünf Jahren in Raten ab. Dabei hilft ihm niemand, auch der Staat nicht, denn Charly kann als Privatmann keinen Pfennig seiner Zahlungen von der Steuer absetzen. Wäre ja auch noch schöner.

Anders sieht die Sache aus, wenn ein Unternehmer vor dem Bankrott steht und ihm die Gläubiger einen Teil seiner Verbindlichkeiten erlassen, um den Betrieb vor dem Zusammenbruch zu bewahren. Dadurch entsteht im Betrieb ein Gewinn, weil Schulden ersatzlos wegfallen. Dieser Gewinn heißt steuerlich »Sanierungsgewinn« und ist steuerfrei.

Während Freund Charly die Sanierung seines Privatlebens aus versteuertem Einkommen vollziehen muß, beteiligt sich der Staat an der Sanierung eines Unternehmens mit einem

ordentlichen Zuschuß, indem er nämlich auf die Steuer für den Sanierungsgewinn verzichtet.
Da wird nicht geprüft, worauf die Notlage des Unternehmens zurückzuführen ist, ob etwa schlechtes Management oder überhöhte Privatentnahmen dazu geführt haben. Da steht die Steuerfreiheit auch nicht unter der Voraussetzung, daß alle Arbeitsplätze oder doch ein bestimmter Anteil davon erhalten bleiben müssen. Voraussetzung für die Steuerfreiheit ist lediglich, daß der Betrieb sanierungsbedürftig ist, Sanierungsabsicht besteht, Schulden ganz oder teilweise erlassen werden und der Schuldenerlaß geeignet ist, das Unternehmen vor dem Zusammenbruch zu bewahren und es wieder ertragsfähig zu machen.
Es kommt noch eines hinzu: Verluste können zurück- und vorgetragen, also mit früheren oder späteren Gewinnen verrechnet werden. Sanierungsgewinne zählen nicht als Gewinne in diesem Sinn, mindern also die rück- oder vortragsfähigen Verluste nicht. Einerseits bleibt also der Sanierungsgewinn steuerfrei, andererseits können die Verluste, die unter Umständen die Notlage des Betriebs verursacht haben, steuermindernd abgezogen werden; eine Vergünstigung also in zweifacher Hinsicht.
Immerhin wird bei einem Einzelunternehmer für die Frage, ob sein Betrieb sanierungsbedürftig ist oder nicht, das Privatvermögen mitgerechnet. Bei Kapitalgesellschaften dagegen dürfte das Privatvermögen der Anteilseigner keine Rolle spielen ...
Nun könnte jemand einwenden, daß Privatschulden, die Freund Charly vielleicht nicht zu zahlen braucht, ja ebenfalls nicht zu versteuern sind. Das ist richtig. Doch erlaube mir der Leser die Frage: Wer hat schon ein Interesse daran, einem Privatmann Schulden zu erlassen?
Übrigens hat der Verband der Vereine Creditreform einmal untersucht, warum eigentlich so viele Firmen pleite gehen,

und kam zu dem Ergebnis, daß es sich in der Mehrzahl der Fälle um Fehler des Managements handelt. In diesem Zusammenhang ist das interessant, nicht wahr?

4 Der Trick mit dem Wirtschaftsjahr

Der Gewinn, der schließlich zu versteuern ist, wird immer für einen bestimmten Zeitraum ermittelt. Diesen Zeitraum nennt man Wirtschaftsjahr.

- Stimmt das Wirtschaftsjahr mit dem Kalenderjahr überein, so wird der Gewinn jährlich ermittelt für die Zeit vom 1. 1. bis 31. 12., d. h., der Steuerpflichtige erstellt seine Bilanz jeweils auf den 31. 12. eines Jahres. Dieser Gewinn wird der Besteuerung für dieses Jahr zugrunde gelegt.
- Das Wirtschaftsjahr kann jedoch bei Gewerbetreibenden, die im Handelsregister eingetragen sind, auch vom Kalenderjahr abweichen. So kann das Wirtschaftsjahr z. B. jährlich vom 1. 4. bis 31. 3. oder 1. 7. bis 30. 6. laufen. Dann versteuert der Steuerzahler den Gewinn immer in dem Kalenderjahr, in dem das Wirtschaftsjahr endet. Der Gewinn z. B. des Wirtschaftsjahrs vom 1. 7. 1987 bis 30. 6. 1988 wird in 1988 versteuert.

Die Bestimmung, daß der Gewinn immer in dem Kalenderjahr zu versteuern ist, in dem das Wirtschaftsjahr endet, machen sich gewiefte Steuerfüchse zunutze und stellen das Wirtschaftsjahr, das bisher mit dem Kalenderjahr übereinstimmte, auf ein vom Kalenderjahr abweichendes Wirtschaftsjahr um.

Beispiel: Bis zum 31. 12. 1987 bilanzierte der Steuerzahler auf den 31. 12. eines jeden Jahres. Der Gewinn vom 1. 1. 1987 bis 31. 12. 1987 wird der Besteuerung 1987 zugrunde gelegt. Nun will er jeweils auf den 31.3. abschließen. Dann entsteht für 1988 ein sogenanntes Rumpfwirtschaftsjahr für die Zeit vom 1.1.1988 bis 31.3.1988. Der Gewinn nur dieses Vierteljahres wird der Besteuerung 1988 zugrunde gelegt. Das nächste Wirtschaftsjahr, nämlich vom 1.4.1988 bis 31.3.1989, endet im Kalenderjahr 1989 und wird der Besteuerung 1989 zugrunde gelegt.

Merken Sie etwas? In unserem Beispiel wird in 1987 ein Gewinn von 12 Monaten versteuert, in 1988 nur von 3 Monaten und in 1989 wieder von 12 Monaten. Durch die Umstellung des Wirtschaftsjahrs auf einen vom Kalenderjahr abweichenden Zeitpunkt entsteht also eine wohltuende Steuerpause.

Nehmen wir einmal an, der Unternehmer habe in den 12 Monaten des Jahres 1988 einen Gewinn von 2,4 Mio. DM erzielt und stellt sein Wirtschaftsjahr in 1988 auf die Zeit vom 1.2.1988 bis 31.1.1989 um. Dann hat er in 1988 (vorausgesetzt, der Gewinn fällt zeitlich gleichmäßig an) anstatt der 2,4 Mio. DM nur (ein Zwölftel von 2,4 Mio. DM =) 200 000 DM zu versteuern, während die Steuern auf den Gewinn von 2,2 Mio. DM ihm bis zum St.-Nimmerleins-Tag gestundet werden. Na, wie finden Sie das als Arbeitnehmer, dem die Lohnsteuer Monat für Monat abgenommen wird?

Geht man von 65 % Einkommensteuer und Gewerbesteuer aus, so verschafft sich der kluge Gewerbetreibende durch die Umstellung einen zinslosen Kredit von 1 430 000 DM praktisch bis zur Aufgabe seines Unternehmens. Nimmt man einmal eine Laufzeit von 30 Jahren an, so beträgt der Vorteil rund 80 % = 1 144 000 DM.

Weil die Vorteile aus der Umstellung des Wirtschaftsjahrs so immens sind, bedarf sie der Zustimmung des Finanzamts. Die Zustimmung zur Umstellung ist vom Finanzamt jedoch zu erteilen, wenn dafür gewichtige, in der Organisation des Betriebs liegende Gründe angeführt werden. Man zeige mir den Geschäftsmann, der diese Gründe nicht findet.

Außerdem gibt es Fälle, in denen die Zustimmung des Finanzamts nicht eingeholt zu werden braucht:

— bei Betriebsaufspaltung abweichendes Wirtschaftsjahr für die Betriebsgesellschaft;
— Pächter gleicht sein Wirtschaftsjahr an das vom Kalenderjahr abweichende Pachtjahr an;
— Einbringung mehrerer Betriebe in eine neugegründete Personengesellschaft;
— Erwerb eines weiteren Betriebs und Wahl eines anderen Wirtschaftsjahrs als das des Rechtsvorgängers;
— Eröffnung eines Betriebs, da keine Umstellung, sondern erstmalige Wahl.

Mir ist nicht bekannt, daß eine andere Bevölkerungsgruppe als die der im Handelsregister eingetragenen Gewerbetreibenden eine ähnlich gravierende Möglichkeit hat, die Steuern auf den Gewinn beinahe eines ganzen Jahres nahezu unbegrenzt lange zinslos gestundet zu bekommen.

5 Forderungen werden im Wert berichtigt

Aus Lieferungen, die von den Kunden des Unternehmers noch nicht bezahlt wurden, resultieren Forderungen des Unternehmers an seine Abnehmer. Diese Forderungen werden zunächst einmal mit dem Nennbetrag gebucht.

Nun gibt es Faktoren, die den Wert der einen oder anderen Forderung zum Negativen hin beeinflussen:

- Der Kunde zieht bei Zahlung Skonto ab.
- Der Abnehmer zahlt verspätet.
- Ihm werden, freiwillig oder vertragsgemäß, Boni und Nachläße gewährt.
- Dem Lieferer entstehen Buchhaltungs- und Überwachungskosten infolge verzögerten Zahlungseingangs.

- Des weiteren entstehen ihm Mahn- und Beitreibungskosten.
- Durch verspätete Zahlungen entstehen dem Lieferer innerbetriebliche Zinsverluste.
- Verschiedene Kunden sind zahlungsunfähig und gehen in Konkurs.

Wegen all dieser Faktoren wird der Wert der Forderungen aus Warenlieferungen und Leistungen steuermindernd berichtigt. Und weil der Unternehmer einerseits nach handelsrechtlichen Vorschriften gehalten ist, vorsichtig zu bewerten, in diesem Fall also die Forderungen nicht zu hoch anzusetzen (Gläubigerschutz!), andererseits aber auch gerne Vorsicht walten läßt, weil dadurch Gewinn und Steuern niedriger werden, bezieht er jeden einzelnen der genannten Faktoren in seine Berechnung des steuermindernden Abschlags ein. Einzelrisiken werden ohnehin direkt berücksichtigt, zum Beispiel wenn Kunden trotz Mahnbescheids nicht zahlen oder in Konkurs gegangen sind, latente Risiken dagegen durch Pauschalabschläge, wobei die Erfahrungen der Vergangenheit eine Rolle spielen.

Befindet sich ein Schuldner im Ausland, so ist bereits dies für sich ein Grund, noch vorsichtiger zu bewerten; einerseits wegen der größeren Schwierigkeiten, Forderungen im Ausland beizutreiben, andererseits wegen drohender Kursverluste, wenn Forderungen auf ausländische Währung lauten.

Man kann davon ausgehen, daß der Unternehmer auch beim Ansatz der Forderungen immer einen gewissen Bewertungsspielraum hat, der in seinem Ermessen liegt. Schließlich ist er derjenige, der seinen Betrieb und damit die Situation bei seinen Kunden am besten kennt. Wer würde es dem Unternehmer verdenken, wenn er in einem Jahr mit besonders hohem Gewinn bei der Einschätzung der Bonität seiner Kunden eine etwas größere Skepsis hegte als sonst. Es gibt zwar den Grundsatz der Bewertungsstetigkeit, wonach der

Unternehmer in seinem Bewertungsmethoden nicht willkürlich hin- und herspringen darf. Man kann jedoch diesen Grundsatz befolgen und gleichwohl die Situation (zweck-) pessimistischer einschätzen.

6 Was der Unternehmer zurücklegt

Bildet der Unternehmer steuerfreie Rücklagen, dann legt er aus seinem (sonst voll zu versteuerndem) Gewinn etwas zurück, um diesen Teil erst später versteuern zu müssen. Die Versteuerung wird häufig viele Jahre lang hinausgeschoben, so daß der Zinsgewinn aus den gestundeten Steuern oft beträchtlich ist.

Wenn re-investiert wird

Wird Anlagevermögen verkauft, so kann, wenn die entsprechende Investition erst noch beabsichtigt ist, ein etwaiger Veräußerungsgewinn in eine steuerfreie Rücklage eingestellt werden, und zwar

- beim Gewinn aus der Veräußerung von Grund und Boden sowie aus Gebäuden zu 100 %,
- beim Gewinn aus dem Verkauf anderer Anlagegüter zu 50 %.

Während der Gewinn normalerweise zu versteuern gewesen wäre, bleibt er zu 100 % bzw. zu 50 % erst einmal steuerfrei. Wird alsbald wieder investiert, so darf die steuerfreie Rücklage auf die Anschaffungs- oder Herstellungskosten der neuen Wirtschaftsgüter übertragen werden. Die stillen Reserven aus den ausgeschiedenen Wirtschaftsgütern werden damit also auf die neuen Wirtschaftsgüter übertragen.

Der Unternehmer hat mit der Investition zwei Jahre, bei Gebäuden vier Jahre Zeit. Und die Rücklage setzt voraus,

- daß die veräußerten beweglichen Wirtschaftsgüter eine Nutzungsdauer von mindestens 25 Jahren haben und
- daß alle Wirtschaftsgüter, aus deren Verkauf Gewinne in die Rücklage genommen werden sollen, zur Zeit des Verkaufs ununterbrochen mindestens sechs Jahre zum Anlagevermögen im Inland gehört haben.

Die folgende Tabelle zeigt dem Leser, welche Gewinne aus Verkäufen auf welche Neu-Investitionen übertragbar sind:

	Übertragung auf:				
Veräußerung von:	Grund und Boden	Gebäude	Aufwuchs	Abnutzbare bewegliche Wirtschaftsgüter	Anteile an Kapitalgesellschaften
Grund und Boden	ja	ja	ja	ja	nein
Aufwuchs	nein	ja	ja	ja	nein
Gebäude	nein	ja	nein	ja	nein
Abnutzbare bewegliche Wirtschaftsgüter mit einer betriebsgewöhnlichen Nutzungsdauer von mindestens 25 Jahren	nein	nein	nein	ja	nein
Schiffe	nein	nein	nein	ja	nein
Anteile an Kapitalgesellschaften	nein	ja	nein	ja	nein
Lebendes Inventar land- und forstwirtschaftlicher Betriebe	nein	nein	nein	ja	nein

Da verkauft zum Beispiel ein Kaufhauskonzern sein in der Innenstadt günstig gelegenes Grundstück mit Gebäude (Buchwert = Wertansatz in der Bilanz 700 000 DM) zu 14 Mio. DM. Normalerweise hätte er 13,3 Mio. DM zu versteuern. Nichts da. Er kauft rechtzeitig außerhalb zwei neue Grundstücke, außerdem für ein neues Gebäude die gesamte Geschäftsausstattung, und überträgt die Rücklage auf den Neubesitz. Die stillen Reserven bleiben dem Konzern voll erhalten, er zahlt auf die Wertsteigerung seines Altgrundstücks beim Verkauf keinen Pfennig an Ertragsteuern.

Ein anderes Beispiel: Ein Großunternehmer hält in seinem Betriebsvermögen Aktien im Wert von 10 Mio. DM, die nur mit 3 Mio. DM in der Bilanz stehen, weil zwischenzeitlich einmal die Kurse zurückgegangen waren und die Aktien daher von 10 Mio. DM auf 3 Mio. DM abgeschrieben worden sind. Die Abschreibung auf die Aktien hat, wohlgemerkt, den Gewinn gemindert, wodurch der Unternehmer ein erkleckliches Sümmchen an Steuern gespart hat, nämlich bei einer Steuerbelastung von angenommen 60 % (60 % von 7 Mio. DM =) 4,2 Mio. DM. Würde der Unternehmer die inzwischen wieder auf 10 Mio. DM gestiegenen Aktien verkaufen, müßte er den Veräußerungsgewinn von 7 Mio. DM versteuern.

Kauft er jedoch für 12 Mio. DM ein Betriebsgebäude, so kann er den Veräußerungsgewinn aus den Aktien auf das Gebäude übertragen und damit die stillen Reserven aus den Wertpapieren auf das neue Gebäude verlagern, das nach dieser Operation mit (12 Mio. DM ./. 7 Mio. DM =) 5 Mio. DM in der Bilanz steht, obwohl es in der Anschaffung doch gerade erst 12 Mio. DM gekostet hat.

Der Clou: Durch das Steuerreformgesetz 1990 ist die Möglichkeit geschaffen worden, Veräußerungsgewinne auch dann steuerfrei zu übertragen, wenn die Neu-Investition bereits im Wirtschaftsjahr vor der Veräußerung durchgeführt wurde. Für Unternehmer ein schönes Entgegenkommen des Gesetzgebers.

Es wird Ersatz beschafft

Scheiden Wirtschaftsgüter aus dem Betrieb zwangsweise aus, zum Beispiel durch Brand, Diebstahl oder Hochwasser, aber zum Beispiel auch, um eine Enteignung zu vermeiden, so braucht ein Gewinn aus einer geleisteten Entschädigung nicht versteuert zu werden.

Nehmen wir einmal an, ein Gebäude stehe in der Bilanz mit 300 000 DM und sei mit 1 Mio. DM versichert. Das Gebäude brennt ab, die Versicherung zahlt. Wird ein Ersatzgebäude beschafft, so brauchen die 700 000 DM nicht versteuert zu werden. Der Bilanzwert des neuen Gebäudes wird um 700 000 DM reduziert. Für in der Regel ein bis zwei Jahre kann auch eine steuerfreie Rücklage gebildet werden, die dann auf das Ersatzwirtschaftsgut übertragen wird. Ist nach Ablauf der zwei Jahre noch ernstlich geplant, Ersatz zu beschaffen, war dies bisher aus besonderen Gründen nur noch nicht möglich, so drückt der Bundesfinanzhof immer noch beide Augen zu, und die Finanzverwaltung hat dann die Frist von zwei Jahren angemessen zu verlängern.

Clevere Steuerpflichtige nutzen natürlich diese Fristen aus, und sie nutzen auch die Möglichkeiten, diese verlängert zu bekommen; kurz, sie schinden Zinsen heraus. Denn jedes Jahr Steuerstundung durch eine steuerfreie Rücklage für Ersatzbeschaffung vor der Neu-Investition beschert dem Unternehmer in der Regel beträchtliche Zinsgewinne.

Und was es sonst noch gibt

Der Möglichkeiten, steuerfreie Rücklagen zu bilden, sind noch einige. Um dieses Gebiet nicht zu überstrapazieren, sei nur stichwortartig darauf hingewiesen.
Es gibt noch Rücklagen zur Finanzierung von Investitionen im Zonenrandgebiet, ferner die sogenannten Zuschußrücklagen, die der Unternehmer bilden kann, wenn Zuschüsse nicht sofort versteuert werden sollen. Alles dies sind Möglichkeiten, die Versteuerung von Gewinnen, mitunter über viele Jahre, zinslos hinauszuschieben.
Der Leser wird diese Möglichkeiten der Betriebe, Rücklagen zu bilden, aufmerksam registrieren, um über die Steuerbelastung der Wohlhabenden in diesem Lande zu einem ungefärbten Urteil zu kommen.

7 Mehr Schein als Sein

Wenn ein Unternehmer repräsentiert, indem er zum Beispiel sein Chefzimmer mit Möbeln aus Edelholz und Handgeknüpftem aus dem Orient ausstattet und schließlich nur teure Wagen der Nobelmarken fährt, so kann er die Abschreibungen dafür als Betriebsausgaben absetzen, und zwar darf er in dieser Hinsicht einen um so größeren Aufwand auf Kosten des Staates und damit der Allgemeinheit treiben, je größer sein Betrieb ist oder je mehr Geld er verdient. So einfach ist das.
Repräsentationsaufwendungen sind im Einkommensteuergesetz als Betriebsausgaben nicht ausdrücklich zum Abzug zugelassen, doch ist es Auffassung der Rechtsprechung und Meinung der Finanzverwaltung seit langem, daß Kosten der

Repräsentation bei einem Unternehmer abzugsfähig sind, soweit es sich um »angemessene« Aufwendungen handelt.
Mir ist der Zusammenhang zwischen Größe des Betriebs und Höhe des Gewinns einerseits und der angeblich betriebsnotwendigen Repräsentation andererseits durchaus nicht klar. Kunden einer Maschinenfabrik zum Beispiel werden die Leistungsfähigkeit der gelieferten Maschinen kaum daran messen, welche Anzahl von Orientteppichen in der Chefetage des Lieferanten mit Füßen getreten werden. Und sind unsere angeblich kühlen Manager tatsächlich so wenig vorurteilsfrei, die Auftragsvergabe an einen Interessenten davon abhängig zu machen, ob sich dieser einen den eigenen Vorstellungen entsprechenden teuren Wagen leisten kann und dies auch tut? Ich habe da Zweifel.
Hier wird ein liebgewonnenes Relikt aus alter Zeit gehegt und gepflegt; was man ja auch verstehen kann, denn mehr als die Hälfte solcher Aufwendungen (auf die man nur ungern verzichtet) bürdet man durch den Abzug als Betriebsausgaben in Form von Steuerausfällen der Allgemeinheit auf, unter anderem also auch Rentnern, Arbeitslosen, Kleinverdienern und von der Gesundheitsreform betroffenen Kranken.
Ich höre schon den Einwand, daß Repräsentationsaufwendungen doch nur in der Höhe abzugsfähig sind, wie sie noch als angemessen angesehen werden können. Wer entscheidet denn darüber, welche Kosten noch angemessen sind und welche schon nicht mehr?
Der Bundesfinanzhof hat hierzu schon in 1978 Recht gesprochen und geurteilt, daß es bei der Frage der Angemessenheit nicht auf die Auffassung der beteiligten Wirtschaftskreise ankommt, sondern auf die Auffassung breitester Bevölkerungskreise. Sehr schön. Und wie der Bundesfinanzhof die Meinung breitester Bevölkerungskreise einschätzt, geht unter anderem aus einem Urteil von Anfang 1988 hervor.

Da betrieb eine OHG (Offene Handelsgesellschaft), bestehend zu je 50 % aus den Eheleuten P, ein Bestattungsunternehmen. Dieses erwirtschaftete aus Trauerfällen im Jahr 1981 einen schönen Gewinn von 500 000 DM. Ebenfalls in 1981 kaufte die OHG einen Mercedes-Benz 500 SEL für 68 755 DM, der auch privat genutzt wurde. Die OHG schrieb das Fahrzeug steuermindernd ab. Der Bundesfinanzhof kam zum Ergebnis, daß die Anschaffungskosten von knapp 70 000 DM für einen auch privat genutzten Pkw nicht unangemessen sind. Es liege doch auf der Hand, daß bei einem Gewinn von 500 000 DM die OHG einen »erheblichen Umfang« hatte.

Nach einer Entscheidung des Bundesfinanzhofs aus 1987 kann man davon ausgehen, daß der Kaufpreis für ein serienmäßig hergestelltes Fahrzeug selbst der oberen Preisklasse in der Regel noch angemessen sein wird; jedenfalls unter steuerlichen Aspekten.

Im übrigen komme es für die Beantwortung der Frage, ob die Aufwendungen noch als angemessen anzusehen sind, auf die Größe des Unternehmens, die Höhe des Umsatzes und des Gewinns sowie auf die Bedeutung des Repräsentationsaufwands für den Geschäftserfolg an.

Wer viel verdient, setzt viel ab; logisch. Hat der Betrieb eine gewisse Größe erreicht, so wird es kaum mehr etwas geben, was der Unternehmer durch Abzug von der Steuer nicht der Allgemeinheit, sprich dem Leser und mir, aufs Auge drükken kann; ob es nun der Hubschrauber des Konzernchefs ist, der Seidenkeshan aus dem 18. Jahrhundert im Dienstgemach, der Lüster aus Bergkristall oder der auch nach Sylt startende Privatjet des Baulöwen X.

Ob das nach Auffassung breitester Bevölkerungskreise so in Ordnung ist? Vielleicht denkt der Bundesfinanzhof einmal darüber nach, anstatt – wie geschehen – zu entscheiden, daß die unfallbedingte Erhöhung von Versicherungsbeiträgen

bei Arbeitnehmern nicht als Werbungskosten abzugsfähig ist; aus Vereinfachungsgründen.
An dieser Stelle sei der Leser noch einmal darauf aufmerksam gemacht, daß der Höchststeuersatz der Einkommensteuer (53 %) und der Körperschaftsteuer (50 % bzw., bei ausgeschütteten Gewinnen 36 %) angewendet wird, nachdem all diese Aufwendungen den Gewinn gemindert haben. Was Unternehmer alles so absetzen, bevor auf den Gewinn der Höchststeuersatz angewendet wird, das komprimiert darzustellen ist mein Anliegen in diesem dritten Abschnitt meines Buchs.

8 Wer gut schmiert, der gut fährt

Einem geschenkten Gaul guckt man nicht ins Maul; einem geschenkten Barsch schaut man nicht in die Kiemen. Das Finanzamt freilich sieht sehr genau hin, wenn es sich um Schmiergelder handelt, die der Geschäftsmann als Betriebsausgaben verbucht hat.
Schmiergeldzahlungen sind an der Tagesordnung, obwohl es sich dabei zivilrechtlich um den Tatbestand der Bestechung handelt, der nach § 12 des Gesetzes gegen den unlauteren Wettbewerb mit Geldstrafe oder Freiheitsstrafe bis zu einem Jahr geahndet werden kann.
Für die Finanzbehörden ist es keine Frage der Moral, ob Schmiergeldzahlungen beim »Spender« als Betriebsausgaben abgezogen werden können oder beim Empfänger zu versteuern sind, denn für die Besteuerung ist es unerheblich, ob ein Verhalten gegen ein Gesetz oder gegen die guten Sitten verstößt.

Jeder Unternehmer weiß längst, daß Geschenke nur bis zu 50 DM je Person und Jahr als Betriebsausgaben abgesetzt werden dürfen. Schmiergelder jedoch sind keine Geschenke und unterliegen der Abzugsbeschränkung nicht, wenn sie für eine erwartete oder bereits erbrachte Gegenleistung gezahlt werden. Sollen mit der Zahlung freilich lediglich persönliche Kontakte geknüpft oder andere Voraussetzungen für Geschäftsbeziehungen erhalten oder verbessert werden, so ist das Schmiergeld für keine konkrete Gegenleistung gewährt worden und damit nicht abzugsfähig.
Der gewiefte Unternehmer vermerkt daher für das Finanzamt auf dem Beleg über die Schmiergeldzahlung, welche konkrete Gegenleistung erwartet wurde oder, falls erbracht, worin sie bestand. Wird zum Beispiel der Baudezernent einer Stadt mit 100 000 DM bestochen, damit die Firma des Baulöwen X an einem bestimmten Bauprojekt beteiligt wird und den Auftrag bekommt, so sind diese 100 000 DM auf Kosten der Gesamtheit der Steuerzahler abzugsfähige Betriebsausgaben.
Nun könnte jemand argumentieren, daß die Baufirma durch Bestechungsgelder zusätzliche Gewinne erwirtschafte und dafür zugunsten der Allgemeinheit Steuern zahle. Das ist vordergründig richtig. Allerdings verdient die Mehrzahl aller Bürger ihre Brötchen auch ohne kriminelle Handlungen – und zahlt ebenfalls Steuern; beträchtlich.
Einen Haken haben Schmiergeldzahlungen aber doch: Das Finanzamt kann nämlich als Voraussetzung für die Betriebsausgaben verlangen, daß der Empfänger genannt wird, denn nur so kann es überprüfen, ob dieser die Schmiergelder auch versteuert hat. Und da es das Bestreben von Dunkelmännern ist, im Dunkeln zu bleiben, also nicht genannt zu werden, scheitert der Abzug der Schmiergeldzahlungen als Betriebsausgaben manchmal am Empfängernachweis.
Ich schreibe »manchmal«, denn besonders kundige Geset-

zesbrecher machen sich inzwischen einen Erlaß der Finanzverwaltung zunutze, wonach bei Zahlungen an ausländische Empfänger der Empfänger nicht genannt zu werden braucht, wenn feststeht, daß die Zahlung im Rahmen eines üblichen Handelsgeschäfts erfolgte, das Geld tatsächlich ins Ausland geflossen ist und der Empfänger der deutschen Steuerpflicht nicht unterliegt. Also leisten diese Herren Schmiergeldzahlungen grundsätzlich ins Ausland, auch wenn sie letztlich für Personen im Inland bestimmt sind. Der Mauschelei ist hier Tür und Tor geöffnet.

Die Oberfinanzdirektion Hamburg hat verfügt, daß bei der Prüfung von Schmiergeldzahlungen an Ausländer im wesentlichen nur auf folgende Punkte geachtet werden sollte:

- Daß gezahlt wurde und in welcher Höhe, muß nachgewiesen bzw. ausreichend glaubhaft gemacht werden.
- Es muß sichergestellt sein, daß es sich nicht um Zahlungen an Inländer handelt oder um Zahlungen, die für Inländer bestimmt sind.
- Eigenbelege, um Barzahlungen glaubhaft zu machen, müssen außer der Unterschrift des Betriebs- oder Geschäftsinhabers zusätzlich die Unterschrift eines weiteren Firmenangehörigen (kein Familienangehöriger) tragen, möglichst der auszahlenden Person.

Wer also Verhandlungsführer oder Beamte in Schlüsselpositionen schmiert, findet Mittel und Wege, diese Zahlungen auch dann als Betriebsausgaben abzuziehen, wenn der Empfängernachweis im eigentlichen Sinn nicht erbracht worden ist.

Auf eines sei in diesem Zusammenhang noch hingewiesen: Der Essensfreibetrag für Arbeitnehmer von täglich 1,50 DM ist im Zuge der Steuerreform gestrichen worden. Der Bundesverband der Deutschen Industrie bezeichnete diesen Freibetrag von 1,50 DM als »nicht mehr notwendig«, der

Arbeitsverband selbständiger Unternehmer als »zwar lieb gewordenen, aber überholten Besitzstand«. Ich habe bisher nichts darüber gelesen, daß man auf Unternehmerseite bereit wäre, den lieb gewordenen Besitzstand beim Abzug von Repräsentationsaufwendungen und Schmiergeldern aufzugeben.
Übrigens: Nimmt der Gesellschafter-Geschäftsführer einer GmbH Schmiergelder an, so handelt es sich um eine verdeckte Gewinnausschüttung der GmbH an ihn, wenn die GmbH nicht unverzüglich geltend macht, daß der Gesellschafter-Geschäftsführer die an ihn gezahlten Gelder herauszugeben hat. Ein kleines Trostpflaster für frustrierte Leser, immerhin.

9 Das aufwendige Zweifamilienhaus

Ich bringe dieses Kapital im Abschnitt über »Unternehmer«, weil ich davon ausgehe, daß sich diesen Luxus nur gutbetuchte Gewerbetreibende und Freiberufler leisten können.
Der Bundesfinanzhof, das höchste deutsche Steuergericht, hat in 1986 entschieden, daß der Nutzungswert der eigenen Wohnung in einem besonders aufwendig gestalteten oder ausgestatteten Zweifamilienhaus (Swimming-pool, Kupferdach, Edelholztüren, Marmorbad, Holzverkleidungen usw.) anhand der Kostenmiete zu ermitteln und der Besteuerung zugrunde zu legen ist, wenn sich die Marktmiete für ein vergleichbar luxuriöses Objekt nicht ermitteln läßt.
Der Leser muß wissen, daß der Nutzungswert der selbstbewohnten Wohnung im Zweifamilienhaus zu den Einnahmen aus Vermietung und Verpachtung gehört (hat). Dazu unten mehr.

Von einem aufwendigen Zweifamilienhaus ging man in der Regel aus, wenn der Kaufpreis oder die Herstellungskosten für das Gebäude ohne die Anschaffungskosten für den Grund und Boden höher waren als 900 000 DM.
Aus Vereinfachungsgründen konnte die Kostenmiete, die die Kapitalkosten (Eigen- und Fremdkapitalkosten) und Bewirtschaftungskosten (Abschreibung, Verwaltungskosten, Betriebskosten, Instandhaltungskosten) zu enthalten hatte, mit 6 % des Kaufpreises oder der eigenen Baukosten für das Gebäude einschließlich des Kaufpreises für den Grund und Boden angesetzt werden.
Nehmen wir einmal an, daß ein Unternehmer sich 1980 in reizvoller Lage Baden-Badens für 2,7 Mio. DM eine Zweifamilienvilla gekauft hat und diese selbst bewohnt. Der Grund und Boden soll im Kaufpreis mit 1,5 Mio. DM enthalten sein; eine gediegene Kapitalanlage, denke ich.

Als Einnahme hatte er (6 % von 2,7 Mio. DM=) 162 000 DM anzusetzen. Das ist die Kostenmiete. Da es sich um ein noch recht neues Gebäude handelt, fallen keine hohen absetzbaren Aufwendungen an. Er schreibt 2 % von 1,2 Mio. DM ab (24 000 DM) und soll noch 26 000 DM andere Kosten gehabt haben, setzt

also	50 000 DM
ab. Zu versteuern waren demnach im Jahr	112 000 DM

Finanziert hat er das Objekt aus Eigenmitteln, für eine Abschreibung nach § 7b EStG (8 Jahre lang 5 %) war Objektverbrauch bereits eingetreten.
Die Einnahme von 112 000 DM brachte an Einkommensteuer (56 % von 112 000 DM =) 62 720 DM im Jahr.
Ich schreibe in der Vergangenheitsform »brachte«, denn ab 1. 1. 1987 braucht der Unternehmer den Nutzungswert seiner Villa nicht mehr zu versteuern, wie der Gesetzgeber beschlossen hat. Dabei kommt es nicht darauf an, ob es sich

um einen begüterten Steuerpflichtigen in einem besonders aufwendigen Haus wohnend handelt, wie in unserem Beispiel, oder um einen solchen, der sich sein kleines Wohneigentum regelrecht vom Munde abgespart hat.
Zusammenfassend kann man sagen, daß diejenigen Steuerzahler, die für die selbstbewohnte(n) Wohnung(en) bisher einen Nutzungswert zu versteuern hatten, diesen ab 1. 1. 1987 nicht mehr zu versteuern brauchen, ohne Unterschied, ob es sich um den (hohen) Nutzungswert für ein Luxusobjekt handelt oder um den (geringen) Nutzungswert für eine kleine Eigentumswohnung.
Das nenne ich den Grundgesetzauftrag zu erfüllen, nämlich die Besteuerung nach der Leistungsfähigkeit.

10 Der Unternehmer fährt zum Betrieb

Für Arbeitnehmer gilt, daß sie für Fahrten zwischen Wohnung und Arbeitsstätte mit dem Pkw nur 0,36 DM je Kilometer der einfachen Entfernung als Werbungskosten absetzen dürfen (ab 1989 0,43 DM, ab 1990 0,50 DM).
Diese Bestimmung gilt entsprechend für Unternehmer. Fragt der Betriebsprüfer also den Unternehmer, ob er mit dem Geschäftswagen von daheim zum Betrieb fahre und wieder zurück, so wird der Prüfer, falls der Unternehmer wahrheitsgemäß mit »ja« antwortet und nicht behauptet, ausschließlich Straßenbahn, U-Bahn und Taxen zu benutzen, den Betrag als Betriebsausgaben streichen, der für Fahrten zwischen Wohnung und Betrieb mehr als 0,36 DM (0,43 DM bzw. 0,50 DM) je Kilometer der einfachen Entfernung ausmacht.
Kleine Leute sind entweder nicht Unternehmer oder haben nur einen einzigen Betrieb, so daß diese Abzugsbeschrän-

kung bei ihnen voll durchschlägt. Anders sieht das aus bei jenen, die mehrere Betriebe haben und diese auch aufsuchen. Da hatte der Bundesfinanzhof kürzlich einen Fall zu entscheiden, in dem der Steuerpflichtige zwei Betriebe hatte, und zwar einen ganz nahe bei der Wohnung gelegen in A, den anderen weit entfernt von der Wohnung in B. Wäre der Unternehmer von seiner Wohnung aus direkt zum Betrieb in B gefahren, hätte ihn die Abzugsbeschränkung voll getroffen.

Vor seinen täglichen Fahrten nach B suchte der clevere Unternehmer jedoch seinen nahegelegenen Betrieb in A auf, um dort »nach dem Rechten zu sehen« und anschließend von dort aus nach B zu reisen. Er fuhr also mit seinem Pkw von Betrieb zu Betrieb, beschränkte sich dabei nicht auf die Pauschale von nur 0,36 DM je Kilometer der einfachen Entfernung als Betriebsausgaben, sondern setzte die tatsächlich entstandenen Kosten ab.

Der Bundesfinanzhof teilte die Auffassung des Unternehmers – und eröffnete mit seinem Urteil jenen, die bisher nur einen Betrieb hatten, interessante Gestaltungsmöglichkeiten. Und welcher Unternehmer, der auf sich hält, gibt sich mit einem einzigen Betrieb zufrieden?

11 Gastlichkeit wird großgeschrieben

Bewirtet der Unternehmer seine Geschäftsfreunde in seinem Bungalow, so wird er Schwierigkeiten haben, den Abzug der Aufwendungen dafür als Betriebsausgaben anerkannt zu bekommen, weil der ausschließlich betriebliche Anlaß der Bewirtung in der Regel nur schwer nachzuweisen ist; unmöglich ist dies freilich nicht.

So weicht der Unternehmer den Schwierigkeiten mit dem Finanzamt von vornherein aus und sucht mit seinen Geschäftsfreunden solche Stätten der Gastlichkeit auf, die den Abzug der Bewirtungskosten unstreitig ermöglichen. Das kann ein Hotel sein, eine Gaststätte, ein Night-Club oder eine schlichte Bar.

Auch diejenigen Genüsse, die der Unternehmer anläßlich der Bewirtung seiner Geschäftsfreunde sich selbst gönnt, gehören zu den Betriebsausgaben und sind steuermindernd abzugsfähig; wohl als Belohnung für seinen kräfteverzehrenden Einsatz an vorderster Front. Hier ein Auszug aus dem Schreiben des Bundesministers der Finanzen aus 1975:

> »Nehmen an einer betrieblich veranlaßten Bewirtung von Geschäftsfreunden der Steuerpflichtige und/oder Arbeitnehmer des Steuerpflichtigen teil, so handelt es sich bei den gesamten durch die Bewirtung verursachten Aufwendungen um Betriebsausgaben, also auch bei dem auf den Steuerpflichtigen und/oder die Arbeitnehmer des Steuerpflichtigen entfallenden Teil der Aufwendungen.
>
> Die auf den Geschäftsfreund entfallenden Aufwendungen sind bei diesem nicht als Betriebseinnahmen, die auf den Arbeitnehmer des Steuerpflichtigen sind bei diesem nicht als Arbeitslohn zu erfassen.«

Dann ist soweit ja alles klar.

Daß mit den Bewirtungen von Geschäftsfreunden, insbesondere mit der Gegenseitigkeit von Einladungen, viel Mißbrauch getrieben wird, weil damit jeder Unternehmer die Aufwendungen für sein leibliches Wohl im Ergebnis steuermindernd abzieht, halt nur auf dem Umweg über den Geschäftsfreund, ist bekannt. Daher wohl ist die Abzugsfähigkeit dieser Aufwendungen durch das Steuerreformgesetz 1990 auf 80 % begrenzt worden. Allerdings hat man gleichzeitig eine Erleichterung insofern geschaffen, als der zum Nachweis bisher erforderliche amtliche Vordruck über die

Bewirtungskosten nun nicht mehr ausgefüllt zu werden braucht. Hat die Bewirtung in einem Lokal stattgefunden, so genügen jetzt bereits die Rechnung sowie Angaben zum Anlaß und zu den Teilnehmern an der Bewirtung.
Rechnungen sind schnell beigebracht, Angaben rasch gemacht, und die Beschränkung des Abzugs auf 80 % ist nichts als Augenwischerei und Volksverdummung, weil jetzt – wieder – mehr Mißbrauch getrieben und die Abzugsquote von 100 % durch den Mißbrauch nicht nur erreicht werden kann, sondern sie wird überschritten werden.
Die Beschränkung des Abzugs auf 80 % der Kosten ist aber auch willkürlich. War der Gesetzgeber der Auffassung, daß die Bewirtung jeweils zum Teil privater und zum Teil betrieblicher Natur sei, so hätte er den Abzug von Bewirtungskosten als Betriebsausgaben konsequenterweise ganz streichen müssen.
Und bis zu welchem Betrag können 80 % der Bewirtungskosten steuermindernd abgesetzt werden? In der Höhe, wie die Aufwendungen noch als angemessen anzusehen sind. Wie hohe Häupter die Angemessenheit sehen, darüber habe ich bereits im Kapitel über die Repräsentationsaufwendungen Aufschlußreiches berichtet. Wer viel verdient, kann hohe Bewirtungskosten absetzen; wer wenig verdient oder nur einen kleinen Betrieb hat, nicht. Der Handwerksmeister von nebenan wird seine Gästebewirtung nicht gerade am Bratwurststand durchführen müssen, aber ob ihm – im Gegensatz zum Inhaber eines Großbetriebs – die Sause im Night-Club »Chez Madame« als betrieblich veranlaßt anerkannt werden wird, ist mit Sicherheit zweifelhaft.
Dies war ein weiteres Beispiel, mit wie unterschiedlicher Elle in diesem unserem Staat in Sachen Steuerrecht gemessen wird.

12 Ein Unternehmer schreibt rote Zahlen

Hat ein Steuerpflichtiger aus einer Einkunftsart Verluste erlitten, so kann er diese Verluste, falls ein Ausgleich mit anderen positiven Einkünften im Verlustjahr nicht möglich ist, in den beiden zurückliegenden Jahren abziehen. Wirkt sich dieser »Verlustrücktrag« jedoch nicht aus, so können die nicht ausgeglichenen Verluste vorgetragen und mit Einkünften späterer Jahre verrechnet werden. Die Einschränkung, daß Verluste nur fünf Jahre lang vorgetragen werden dürfen, ist durch das Steuerreformgesetz 1990 weggefallen, so daß es nun eine zeitliche Begrenzung nicht mehr gibt.

Diese Möglichkeiten, Verluste zu verrechnen, können von allen Steuerpflichtigen in Anspruch genommen werden, ob es sich z. B. um Arbeitnehmer oder Gewerbetreibende handelt.

War ein Arbeitnehmer arbeitslos, hatte also im ganzen Jahr keine Einkünfte, besuchte er aber auf eigene Kosten Fortbildungsveranstaltungen, so führten diese Kosten zu abzugsfähigen Werbungskosten und, da Einnahmen fehlten, zu einem ausgleichsfähigen Verlust. Bei Dauerarbeitslosigkeit freilich kann der Arbeitnehmer unter Umständen lange warten, bis er wieder Einkünfte erzielt und dann in den Genuß des Verlustabzugs kommt.

Anders dagegen der Unternehmer. Es liegt doch auf der Hand: Je rascher man den Verlust steuerlich absetzen kann, um so größer ist der Zinsgewinn aus der daraus resultierenden Steuerminderung. Große Unternehmen haben die eine oder andere Tochtergesellschaft. An diese verkauft das Unternehmen, das den Verlust erwirtschaftet hat, schnell abschreibbare Wirtschaftsgüter, die in der Bilanz niedrig ausgewiesen sind, zum Verkehrswert, gleichen mit dem daraus erzielten Gewinn den eigenen Verlust aus und schrei-

ben die Wirtschaftsgüter bei der Tochtergesellschaft gewinnmindernd ab.
So hat es z. B. die AEG praktiziert, die in ihrer Steuerbilanz 1986 noch einen Verlustvortrag von 1,5 Mrd. DM auswies, der 1987 (wegen der damals noch geltenden 5-Jahres-Frist) zu verfallen drohte. Kurzerhand verkaufte die AEG Wirtschaftsgüter zu Verkehrswerten an eine Tochtergesellschaft. Die Bilanzwerte waren niedrig, so daß die Differenz zwischen Bilanz- und Verkehrswerten einen Gewinn ergab, der ausreichte, um den steuerlichen Verlustvortrag steuermindernd auszunutzen. Die Tochtergesellschaft schreibt die übernommenen Wirtschaftsgüter ab; steuermindernd, versteht sich.
Bei einem dauerarbeitslosen Arbeitnehmer wären die Verluste aufgrund der bis vor kurzem noch geltenden Regelung, die viele, viele Jahre Bestand hatte, nach fünf Jahren verfallen, während Unternehmer da ganz andere Möglichkeiten hatten, sich zu helfen. Doch sollte man sich darüber im klaren sein, daß die Regelung über die zeitlich unbegrenzte Abzugsfähigkeit von Verlusten im wesentlichen Unternehmern zugute kommt.

13 Beziehungen zum Ausland lohnen sich

Insbesondere dann, wenn der Unternehmer Geschäftsbeziehungen zu Nahestehenden im niedrig besteuernden Ausland unterhält, wird es sein Bestreben sein, Einkünfte in das Niedrigsteuerland zu verlagern, zum Beispiel durch Lizenzzahlungen in das Ausland, Zinszahlungen in das Ausland, durch Inanspruchnahme anderer Leistungen oder durch Lieferungen von Waren zu untersetzten Preisen.
Bekommt das Finanzamt davon Wind, so können nach dem

Außensteuergesetz die Einkünfte im Inland nach oben korrigiert werden, wenn die Beteiligten (In- und Ausländer)

- durch wesentliche Beteiligung,
- durch beherrschenden Einfluß,
- durch besondere Einflußmöglichkeiten oder
- durch Identität der Interessen

verflochten sind.

Der Unternehmer weiß das natürlich, und ihm ist auch bekannt, daß Geschäftsbeziehungen zwischen Nahestehenden steuerlich danach beurteilt werden, ob sich die Beteiligten wie voneinander unabhängige Dritte verhalten haben (Fremdvergleich). Das Finanzamt legt dabei als Maßstab die Verhältnisse des freien Wettbewerbs zugrunde. Maßgebend ist also, wie Fremde die Entgelte für gleichartige Lieferungen oder Leistungen angesetzt hätten. Daß dem inländischen Unternehmer hier durchaus ein ausreichender Gestaltungsspielraum bleibt, der es ihm ermöglicht, Gewinne in das niedrigbesteuernde Ausland zu verlagern, liegt auf der Hand.

So arg viele Möglichkeiten, die Richtigkeit der Verrechnungspreise bis auf den letzten Heller zu überprüfen, hat das Finanzamt nämlich nicht.

- Werden Waren geliefert, so ist Fremdpreis derjenige Preis, den Fremde für Lieferungen
  - gleichartiger Güter oder Waren,
  - in vergleichbaren Mengen,
  - in den belieferten Absatzmarkt,
  - auf vergleichbarer Handelsstufe und
  - zu vergleichbaren Lieferungs- und Zahlungsbedingungen

  vereinbart hätten.
- Bei Finanzierungsleistungen muß ein Darlehen oder ein sonstiger Kredit »ernsthaft gewährt« worden sein. In diesem Fall ist Fremdpreis der Zins, zu dem Fremde

unter vergleichbaren Bedingungen Kredite eingeräumt hätten. Hier wird von den Zinssätzen für Bankkredite ausgegangen (Soll-Zinsen).

- Bei der Überlassung von Patenten, Know-how oder anderen immateriellen Wirtschaftsgütern an den Inländer gegen Entgelt ist ebenfalls vom Fremdpreis auszugehen, und zwar auf einer sachgerechten Bemessungsgrundlage, zum Beispiel Umsatz, Menge oder Einmalentgelt.
- Werden dem inländischen Unternehmen vom Ausland aus verwaltungsbezogene Leistungen berechnet, so wird eine solche gesonderte Berechnung, durch die ja ebenfalls Gewinne in das Ausland abfließen, nur anerkannt, wenn auch außerhalb des gesellschaftsrechtlichen Verhältnisses zwischen Fremden ein Entgelt gezahlt worden wäre. Das kann zum Beispiel der Fall sein (und wird von den Finanzbehörden auch anerkannt) für
  — die Übernahme von Buchhaltungsarbeiten und ähnlichen Dienstleistungen,
  — die zeitlich begrenzte Überlassung von Arbeitskräften (einschließlich solcher im Führungsbereich),
  — die Aus- und Fortbildung von Personal sowie
  — Leistungen zum Zwecke der Beschaffung von Waren.

  Für solche verwaltungsbezogenen Leistungen können Fremdpreise zu Vergleichszwecken herangezogen werden, soweit Leistungen zwischen voneinander Unabhängigen nach Art und Umfang vergleichbar sind. Aber in welchen Fällen sind sie das?

Bei den Finanzämtern leuchtet die rote Warnlampe immer und sofort auf, wenn der Unternehmer Firmen in Niedrigsteuerländern betreibt, und zwar auch dann, wenn steuerlich alles mit rechten Dingen zugeht. Denn natürlich wissen auch die Steuerbehörden um die Vorzüge eines milden Steuerklimas, forschen also nach, ermitteln, prüfen, stellen Fragen und schicken dem Unternehmer ihre Steuerprüfer früher als sonst ins Haus.

Daher sind einige gewitzte Steuerpflichtige dazu übergegangen, Beziehungen zu eigenen Firmen in Niedrigsteuerländern nur indirekt zu pflegen. Sie errichten Gesellschaften in unverdächtigen Hochsteuerländern, um dann von dort aus diskret in Niedrigsteuerländer auszuweichen.

Sie sehen, liebe Leser, daß der Unternehmer, der geschäftliche Verbindungen zu Nahestehenden im steuergünstigen Ausland unterhält (z. B. in der Schweiz an einer selbständigen, wirtschaftlich aktiv tätigen Kapitalgesellschaft beteiligt ist), eine Reihe von Möglichkeiten hat, Gewinne am Finanzamt vorbei zu schieben und ins Ausland zu verlagern. Sofern er gewisse Grundsätze beachtet, von denen ich hier einige der wesentlichsten genannt habe, hat er gute Chancen, beim Finanzamt damit durchzukommen.

Die Bemessungsgrundlage für die Steuer, auf die der Einkommensteuersatz oder, bei Kapitalgesellschaften, der Körperschaftsteuersatz im Inland anzuwenden ist, wird vorher also durch direkte oder indirekte Gewinnverlagerungen in das Ausland reduziert.

Blenden wir kurz zurück: Das Ziel der Ausführungen über die Besteuerung der Unternehmer war, einmal darzustellen, mit welchen Mitteln diese den Gewinn drücken können, auf den schließlich – am Ende all dieser Maßnahmen – der Höchststeuersatz ggf. angewendet wird. Sie sollten daher das Studium auch der folgenden Kapitel nicht unterlassen.

Allerdings möchte ich es auch nicht versäumen, dem Leser wenigstens die wesentlichsten Praktiken aufzuzeigen, mit denen durch Beziehungen zum Ausland Steuern hinterzogen werden können und auch hinterzogen werden; zur Nachahmung nicht empfohlen.

- Nicht unbeliebt ist es, Kosten vom Ausland in das Inland doppelt überwälzen zu lassen, nämlich einmal über die Warenbezugspreise, in denen diese Kosten bereits enthalten sind, und zum zweiten dadurch, daß für diese Kosten Rechnungen noch extra ausgestellt werden.

- Aber Steuerhinterzieher praktizieren das oft gar nicht so kompliziert, sondern lassen sich einfach beim Einkauf von Waren überhöhte Preise in Rechnung stellen.
- Werden dagegen an die eigene Gesellschaft im Ausland Waren verkauft, so gehen diese Herren umgekehrt vor und stellen zu niedrige Preise in Rechnung.
- Ich habe es auch schon erlebt, daß aus dem Ausland Beratungshonorare in Rechnung gestellt worden sind, obwohl eine Beratung überhaupt nicht stattgefunden hat, oder die stark überhöht waren.
- Die Beteiligung am ausländischen Unternehmen befindet sich häufig im Betriebsvermögen des Inländers, was diesem gar nicht so ungelegen kommt, können die Beteiligungen doch häufig abgeschrieben werden mit der Begründung, es fanden angeblich Devisenbeschränkungen statt, die den Kapitaltransfer (Gewinne) erschwerten, oder es ergebe sich die Notwendigkeit, die Beteiligung unter Preis zu verkaufen. Manchmal findet ein Verkauf unter Preis auch tatsächlich statt, nämlich an ein ausländisches Unternehmen, das dem Inländer ebenfalls gehört, wovon das Finanzamt aber wegen der indirekten Beteiligung nichts weiß.
- Auch wenn eine Erfindung im eigenen Betrieb im Inland gemacht wurde oder vielleicht sogar überhaupt keine Erfindung ist, lassen sich inländische Unternehmer die Auswertung von Patenten oder Schutzrechten übertragen und zahlen hohe Lizenzen an die eigene Auslandsfirma. Der Phantasie sind da, wie ich weiß, keine Grenzen gesetzt.
- Mitunter werden Maschinen oder sonstige Anlagegegenstände vom ausländischen Unternehmen erworben, die entweder gar nicht existieren oder zu weit überhöhten Preisen gekauft worden sind. Ziel dieser Manipulationen

ist es, die Abschreibungen, die sich ja gewinnmindernd auswirken, im Inland zu erhöhen.

- Es kommen auch Miet- oder Leasing-Verträge mit der ausländischen Firma vor. Dabei kann es sich um nicht vorhandene Gegenstände handeln, um Gegenstände, die zwar vorhanden sind, aber gar nicht vom Ausland angemietet wurden oder um tatsächlich aus dem Ausland gemietete oder geleaste Gegenstände zu stark überhöhten Mieten oder Leasingzahlungen.
- Natürlich können im Ausland auch Darlehen aufgenommen werden. Ein bliebtes Spielchen ist jenes, Schwarzgelder in das Ausland zur eigenen Firma fließen zu lassen und diese dann offiziell als Darlehen zu Konditionen zurückzuerhalten, die marktüblich sind, so daß die Zinsen, die als Betriebsausgaben ins Ausland abfließen, auch vom Finanzamt anerkannt werden müssen.

Es gibt eine Unzahl von Möglichkeiten, bei Beziehungen in das steuerniedrige Ausland Steuern zu verkürzen. Freilich handelt es sich um unzulässige und strafbare Handlungen.

14 Prämien für Lebensversicherungen als Betriebsausgaben

Mitunter ist es so, daß Unternehmer zur Sicherstellung der eigenen Versorgung und der ihrer Angehörigen eine Lebensversicherung abschließen. Das ist weiter nichts Besonderes. Man kann eine solche Lebensversicherung beleihen und sich von der Versicherungsgesellschaft ein sogenanntes Policen-Darlehen geben lassen.

Werden solche Policen-Darlehen dazu benutzt, um damit betriebliche Investitionen zu finanzieren, so sind die für das

Darlehen aufgewendeten Schuldzinsen als Betriebsausgaben steuermindernd abzugsfähig. Die Prämien zur Lebensversicherung sind jedoch Privatausgaben des Unternehmers.
Das gleiche gilt, wenn mit dem Policen-Darlehen unmittelbar ein langfristiges Bankdarlehen getilgt wird, das zur Finanzierung betrieblicher Vorhaben aufgenommen worden war. Die Zinsen für das Policen-Darlehen sind abzugsfähig, die Beiträge zur Lebensversicherung stellen keine abzugsfähigen Betriebsausgaben dar.
Jetzt kommt aber eine Besonderheit, von der Privatleute in der Regel keinen Gebrauch machen können. Wird nämlich durch den Lebensversicherungsvertrag die private Sphäre des Unternehmers überhaupt nicht berührt, weil nicht der Unternehmer die versicherte Person ist und die Versicherungsleistungen nicht zur eigenen Versorgung oder zur Versorgung von Angehörigen bestimmt sind, so kann der Unternehmer die Lebensversicherungsprämien als Betriebsausgaben absetzen, wenn

- der Versicherungsvertrag ausschließlich zur Finanzierung einer Betriebsschuld abgeschlossen worden ist und
- Versicherungsnehmer, Beitragszahler und Bezugsberechtigter das Einzelunternehmen (die Personengesellschaft) ist, während
- die versicherte Person (ein Dritter) am Unternehmen (Personengesellschaft) nicht beteiligt ist.

Die persönlichen Daten der versicherten Person dienen dann nur als Bemessungsgrundlage für die Höhe der Versicherungsprämien und sind für den Eintritt des Versicherungsfalls maßgebend.
Privatleute, die keinen Betrieb haben, können Prämien zu Lebensversicherungen nur in sehr beschränktem Umfang als Sonderausgaben steuermindernd absetzen, wogegen Unternehmer in dieser Hinsicht andere Möglichkeiten haben, wenn sie die richtige Gestaltung wählen.

Ziehen Unternehmer Versicherungsprämien für Lebensversicherungen als Betriebsausgaben ab, so stellen die späteren Versicherungsleistungen allerdings auch Betriebseinnahmen dar. Bis zum Eintritt der Versicherungsleistung ist der inzwischen erworbene Versicherungsanspruch mit dem Rückkaufswert zu aktivieren.

15 Die Sache mit der Vermögensteuer

Es wird häufig und laut darüber geklagt, daß die Vermögensteuer so hoch sei, und überdies so ungerecht, weil sie doch eine ertragsunabhängige Steuer sei und die Unternehmer wettbewerbswidrig belaste.
Zunächst einmal ist zu fragen, woher denn wohl die zu versteuernden Vermögen kommen, wenn doch die Ertragsteuersätze bei der Einkommen- und Körperschaftsteuer so hoch sind, daß angeblich kaum mehr etwas übrigbleibt. Die Klagen über die hohen Vermögensteuern einerseits und die hohen Einkommen- und Körperschaftsteuern andererseits sind bereits Widersprüche in sich.
Dabei beträgt die Vermögensteuer nur 0,5 % des steuerpflichtigen Gesamtvermögens bei natürlichen Personen und 0,6 % bei juristischen Personen, wie z. B. bei Kapitalgesellschaften. Kapitalgesellschaften sind freilich selbständig vermögensteuerpflichtig, so daß die Kapitalanteile beim Gesellschafter und das Vermögen bei der Gesellschaft der Vermögensteuer unterliegen, also eine gewisse Doppelbesteuerung stattfindet. Diese ist nach meiner Überzeugung aber auch nur berechtigt und schlüssig. Man kann nicht einerseits, wenn es für den Gesellschafter günstig ist, ihn und seine Gesellschaft als Einheit sehen, um dann, wenn es für ihn wiederum günstig ist, sofort

auf die getrennte Betrachtungsweise umzusteigen, wie wir im Abschnitt »Kapitalgesellschaften« gesehen haben.
Übrigens wird das Vermögen natürlicher Personen nicht von der ersten Mark an mit Vermögensteuer belegt, sondern es bestehen eine ganze Anzahl von Freibeträgen und Freigrenzen, die einen erklecklichen Anteil des Vermögens unbesteuert lassen. Außerdem können in die Veranlagung von Gesetzes wegen oder auf Antrag Kinder des Steuerpflichtigen einbezogen werden, die zwar noch kein eigenes Vermögen, aber gleichwohl Freibeträge haben, so daß das steuerfrei bleibende Vermögen sich nochmals erhöht. Die folgende Tabelle gibt einen Überblick darüber, wer mit wem zusammenveranlagt werden kann.

kraft Gesetzes		auf Antrag	
Personen	Voraussetzungen	Personen	Voraussetzungen
Ehegatten	nicht dauernd getrennt lebend	Kinder über 17 Jahre	erwerbsunfähig
Kinder unter 18 Jahren	Haushaltsgemeinschaft mit Eltern/Elternteil	Kinder über 17, aber unter 27 Jahren	1. unverheiratet oder dauernd getrennt lebend 2. Haushaltsgemeinschaft mit Eltern/Elternteil 3. noch in Berufsausbildung oder in freiwilligem sozialen Jahr
		ausnahmsweise Kinder über 26 Jahre	1. unverheiratet oder dauernd getrennt lebend 2. Haushaltsgemeinschaft mit Eltern/Elternteil 3. soweit sich der Abschluß der Berufsausbildung schuldlos verzögert hat

Die Zusammenveranlagung mit Kindern kommt auch für einen alleinstehenden Elternteil in Betracht.
Nach § 14 Abs. 2 Nr. 1 Satz 2 VStG ist eine Unterbrechung der Berufsausbildung durch Grundwehrdienst oder Zivildienst unschädlich.

Und der interessierte Leser mag der nachstehenden Tabelle bitte die Freibeträge und Freigrenzen entnehmen, die jemandem persönlich zustehen und die sich im Fall der Zusammenveranlagung für die Personen erhöhen, mit denen der Steuerpflichtige zusammenveranlagt wird.

	Vermögensanteil	Freibetrag	Freigrenze
Kumulativ	laufende Guthaben und Zahlungsmittel	1 000 DM	
	Kapitalvermögen und Wertpapiere	10 000 DM	
	noch nicht fällige Lebens-, Kapital- und Rentenversicherungen	10 000 DM	
	Wirtschaftsgüter des landwirtschaftlichen und gewerblichen Vermögens		10 000 DM
	Wirtschaftsgüter in möblierten Wohnungen		10 000 DM
	Edelmetalle und Edelsteine		1 000 DM
	Schmuck und Luxusgegenstände		10 000 DM
	Kunstgegenstände und Sammlungen		20 000 DM
	persönlicher Freibetrag	70 000 DM	
		Im Fall der Zusammenveranlagung werden die vorstehenden Beträge mit der Zahl vervielfacht, die der Anzahl der zusammenveranlagten Personen entspricht	
	Ansprüche auf Renten u. ä. (Jahreswert)	4 800 DM	
alternativ	Freibetrag wegen Alters- oder Erwerbsunfähigkeit (60)	10 000 DM	
	erhöhter Freibetrag wegen Alters- oder Erwerbsunfähigkeit (65)	50 000 DM	

Wird zum Beispiel ein Steuerpflichtiger mit seiner Ehefrau und zwei Kindern zusammen veranlagt, so gibt es persönliche Freibeträge von (4 × 70 000 DM =) zusammen 280 000 DM. Ist vom Vermögen in laufende Guthaben,

Kapitalvermögen und noch nicht fällige Lebensversicherungen so viel angelegt worden, daß die Freibeträge von 1000 DM, 10 000 DM und abermals 10 000 DM ausgenutzt werden können, so bleiben zusätzlich noch (4 × 21 000 DM =) zusammen 84 000 DM steuerfrei. Sieht man einmal von den Freigrenzen ab, die zu einer noch höheren Befreiung führen, braucht der Unternehmer mit zwei Kindern jedenfalls (280 000 DM + 84 000 DM =) 364 000 DM nicht zu versteuern.

Ich will kurz den Unterschied zwischen Freibetrag und Freigrenze erklären. Den Freibetrag erhält man immer. Bei einer Freigrenze ist es so, daß bis zu dieser Grenze etwas steuerfrei bleibt, während dann, wenn diese Grenze überschritten wird, volle Steuerpflicht eintritt.

Doch kommen wir noch mal auf unseren Unternehmer zurück. Besitzt er ein steuerpflichtiges Gesamtvermögen (Rohvermögen minus Schulden) von 1 Mio. DM, so unterliegen davon 1 Mio. DM ⁒ 364 000 =) 636 000 DM der Vermögensteuer mit 0,5 %. Das sind 3 180 DM im Jahr. Und deswegen solch ein Wehklagen?

Wegen Alters oder Erwerbsunfähigkeit gibt es übrigens noch zusätzliche Freibeträge. Der Staat nimmt da schon Rücksicht. Die folgende Tabelle informiert Sie.

	Alleinstehender	zusammenveranlagter Ehegatten	
Höhe des Freibetrags	DM 10 000	DM 10 000	DM 20 000
Voraussetzungen	1. 60 Jahre alt oder für mindestens 3 Jahre erwerbsunfähig 2. Gesamtvermögen nicht mehr als DM 150 000	1. ein Ehegatte 60 Jahre alt oder für mindestens 3 Jahre erwerbsunfähig 2. Gesamtvermögen nicht mehr als DM 300 000	1. beide Ehegatten 60 Jahre alt oder für mind. 3 Jahre erwerbsunfähig 2. Gesamtvermögen nicht mehr als DM 300 000

	Alleinstehender	zusammenveranlagter Ehegatten	
Höhe des Freibetrags	DM 50 000	DM 50 000	DM 100 000
Voraussetzungen	1. 65 Jahre alt oder für mindestens 3 Jahre erwerbsunfähig 2. Gesamtvermögen nicht mehr als DM 150 000 3. steuerfreie Versorgungsbezüge von jährlich nicht mehr als DM 4 800	1. ein Ehegatte 65 Jahre alt oder für mindestens 3 Jahre erwerbsunfähig 2. Gesamtvermögen nicht mehr als DM 300 000 3. steuerfreie Versorgungsbezüge dieses Ehegatten von jährlich nicht mehr als DM 4 800	1. beide Ehegatten 65 Jahre alt oder für mindestens 3 Jahre erwerbsunfähig 2. Gesamtvermögen nicht mehr als DM 300 000 3. steuerfreie Versorgungsbezüge von jährlich insgesamt nicht mehr als DM 9 600

16 Das Zulagen-Privileg

Jahrelang war es das Privileg von Unternehmern (und ist es zum Teil auch heute noch), vom Staat für Investitionen Zuschüsse zu kassieren. Investitionszulagen genannt.

- Da gab es die Investitionszulagen nach dem Investitionszulagengesetz für Investitionen im Zonenrandgebiet, für Forschungs- und Entwicklungsinvestitionen sowie für Investitionen im Bereich der Energieerzeugung und -verteilung. Durch das Steuerreformgesetz werden diese Zulagen, wenn auch mit einer großzügigen Übergangsfrist versehen, abgeschafft. Die Investitionszulage wird noch gewährt für
  - Investitionen, die vor dem 1. 1. 1990 abgeschlossen wurden;

— Investitionen, die nach dem 31. 12. 1989 und vor dem 1. 1. 1991 abgeschlossen wurden, sowie für vor dem 1. 1. 1991 geleistete Anzahlungen, wenn der Steuerpflichtige mit den Investitionen vor dem 1. 4. 1989 begonnen hat.

- Und da gibt es weiterhin die Zulage für Investitionen in Berlin, die für
  — die Anschaffung oder Herstellung neuer abnutzbarer beweglicher Wirtschaftsgüter (z. B. Maschinen, Büroausstattung etc.) in der Regel 15 % beträgt (geringwertige Wirtschaftsgüter und Pkw sind im allgemeinen nicht zulagefähig),
  — die Herstellung von Gebäuden, Gebäudeteilen, Eigentumswohnungen oder im Teileigentum stehende Räume sowie Ausbauten und Erweiterungen 10 % beträgt.

  Die Wirtschaftsgüter müssen nach Kauf oder Herstellung mindestens drei Jahre zum Anlagevermögen einer Betriebsstätte in West-Berlin gehören.

Die Berliner Unternehmer haben eine gut funktionierende Lobby, die schon dafür sorgt, daß es den Geschäftsleuten in Berlin steuerlich nicht schlechtgeht. Berlin als Steuer-Oase.
Allerdings frage ich mich: Warum wird der Unternehmer, der für seine Fahrschule ein Auto kauft, mit einem 15 %igen Zuschuß subventioniert, warum der Autokauf eines Arbeitnehmers nicht? Beide kurbeln doch durch ihre Investitionen die Wirtschaft an, oder?
Aus welchem Grund ist der Kauf der Registrierkasse eines Damenschneiders für 1400 DM begünstigt, der Kauf der privaten Schreibmaschine einer Sekretärin für 1400 DM nicht? Ist die gewerbliche Investition beweglicher Wirtschaftsgüter volkswirtschaftlich wertvoller als die private, weil sie in einem Betrieb des verarbeitenden Gewerbes oder in einem Datenverarbeitungsbetrieb erfolgt? Ist es berech-

tigt, Gebäudeinvestitionen von Unternehmern durch die Zulage zu subventionieren, die Gebäudeherstellung von Privatleuten von der Zulage jedoch auszunehmen? Lagerhäuser oder Verwaltungsbauten werden durch eine Zulage bezuschußt, die Erstellung von Wohnbauten jedoch nicht. Kostet ein Verwaltungsgebäude in West-Berlin den Unternehmer 5 Mio. wieso kostet es die Steuerzahler 500 000 DM an Investitionszulage?

Übrigens: Die Investitionszulage ist steuerfrei.

Und noch eine bezeichnende Sache: Aus diesen Vorschriften zog eine Firma mit Milliardengewinnen Nutzen; die Daimler-Benz Aktiengesellschaft (unter anderem). Wie der *Spiegel* berichtete, hatte dieses Unternehmen für Investitionen im Land Bremen einen Anspruch an den Staat von rund 60 Millionen DM, und zwar in Höhe von 34,2 Millionen DM in Form von Steuernachläßen und in Höhe von 24,5 Millionen als direkten Zuschuß des Landes Bremen. Dazu Finanzsenator Grobecker: »Meine Aufgabe hier in Bremen ist, zusammen mit meinen Senatskollegen eine alte Industrie, die Werften, herunterzufahren und gleichzeitig dafür zu sorgen, daß neue Industrien entstehen. Und da kann es nicht unsere Aufgabe sein, Daimler-Benz in den Suppentopf zu spukken.« Aber auch: »Man kann lange darüber nachdenken, ob man allen das gleiche Recht einräumt, Daimler-Benz wie einer kleinen, neuen High-Tech-Bude. Aber wenn man da Unterscheidungen macht, welche Kriterien sollten das wohl sein? Fragen Sie das den Bundesgesetzgeber.«

Der Gesetzgeber hat wohl nachgedacht und die Investitionszulagen nach dem Investitionszulagengesetz gestrichen; allerdings wiederum ohne zu unterscheiden, ob es sich um zulagebedürftige kleine oder um reiche Unternehmen handelt. Nun raten Sie doch einmal, wer unter der Streichung wirklich leidet?

17 Rückstellungen: Gewinne werden zurückgestellt

Man sage nicht, dem Unternehmer mangele es an Phantasie. Sein Einfallsreichtum ist besonders dann groß, wenn es darum geht, steuersparende Rückstellungen zu bilden. Doch zunächst sei demjenigen, der über der Unternehmer Rückstellungen noch nichts weiß, deren Wesen kurz erklärt.

Durch Rückstellungen werden Aufwendungen, die bis zum abgelaufenen Geschäftsjahr wirtschaftlich verursacht worden sind, vorgezogen, so daß durch sie der Gewinn schon gemindert wird, obwohl die Aufwendungen der Höhe nach noch nicht feststehen. Es kann auch sein, daß noch nicht sicher ist, ob diese Aufwendungen überhaupt anfallen werden.

Zum Ausweis von Rückstellungen ist der Unternehmer verpflichtet, und er kommt dieser Pflicht gerne nach, mindern die Zuführungen zu den Rückstellungen doch seinen Gewinn und damit die Einkommen- und Gewerbesteuer.

Rückstellungen sind zu bilden

- für ungewisse Verbindlichkeiten,
- für drohende Verluste aus schwebenden Geschäften,
- für im Geschäftsjahr unterlassene Aufwendungen für Instandhaltung, die im folgenden Geschäftsjahr innerhalb von drei Monaten nachgeholt werden,
- für im Geschäftsjahr unterlassene Aufwendungen für Abraumbeseitigung, die im folgenden Geschäftsjahr nachgeholt werden, sowie
- für Gewährleistungen, die ohne rechtliche Verpflichtung erbracht werden.

Besonders die Rückstellungen für ungewisse Verbindlichkeiten und für drohende Verluste aus schwebenden Geschäften fordern die Kreativität des Unternehmers heraus und sind, obgleich gesetzliche Vorschriften bestehen und es Rechtsprechung en masse gibt, Manipulationsmasse, um den Gewinn zu beeinflussen. Denn natürlich besteht bei Beträgen, die dem Grunde und/oder der Höhe nach noch nicht feststehen, ein Ermessensspielraum, den jeder Unternehmer weidlich nutzt. Und besonders in dieser Zeit, da ab 1990 die Steuersätze niedriger werden, ist jeder Unternehmer bestrebt, den Gewinn in der Zeit hoher Steuersätze, also bis einschließlich 1989, erst einmal zu drücken, damit sich die Auflösung der Rückstellungen in der Zeit niedrigerer Steuersätze auswirkt. Freiberufler und kleine Gewerbetreibende, die nicht bilanzieren, haben diese Möglichkeit nicht; Arbeitnehmer natürlich auch nicht.

Einige der vielen Möglichkeiten, Rückstellungen zu bilden, zeige ich Ihnen hier auf.

Kulanzleistungen: Leistet der Unternehmer etwas, ohne rechtlich dazu verpflichtet zu sein, so nennt man das eine Kulanzleistung, z. B. wenn er Mängel an Ihrem Neufahrzeug behebt, obgleich die Garantiezeit abgelaufen ist oder dieser Mangel eigentlich nicht unter die Garantie fällt. Für solche Arbeiten, die wirtschaftlich die Zeit bis zum Abschlußstichtag des Unternehmers betreffen, hat dieser eine Rückstellung zu bilden.

Auszubildende: Hat der Unternehmer Azubis, so darf er wegen der auf ihn zukommenden Ausbildungskosten keine Rückstellung bilden, da nach Auffassung des Bundesfinanzhofs davon auszugehen ist, daß Leistung und Gegenleistung ausgeglichen sind.

Handelsvertreter: Provisionen von Handelsvertretern sind beim Unternehmer steuerlich in der Regel erst zu berücksichtigen, wenn das jeweilige Geschäft ausgeführt worden ist. Vereinbart der Unternehmer jedoch mit seinen Handelsvertretern, daß ihnen die Provisionen bereits früher zustehen sollen, so können die Provisionsansprüche schon vor Ausführung der Geschäfte zur Gewinnminderung führen. Für Ausgleichsansprüche der Handelsvertreter darf der Unternehmer vor Beendigung des Vertragsverhältnisses allerdings keine Rückstellung bilden.

Risiko der Betriebsunterbrechung: Ein Unternehmer hatte seinen Betrieb ganz in der Nähe eines Kernkraftwerks und war auf die Idee gekommen, steuerlich daraus Kapital zu schlagen und für die bei einer Betriebsunterbrechung aufgrund eines Katastrophenfalls weiterzuzahlenden Kosten eine Rückstellung zu bilden. Das Finanzamt spielte nicht mit. Für derartige latente Risiken können keine Rückstellungen gebildet werden. Den Zinsvorteil für einige Jahre hatte der Unternehmer gleichwohl in der Tasche, weil diese neue Rückstellungsart vom Finanzamt erst während einer späteren Betriebsprüfung entdeckt worden war.

Jahresabschluß: Die Kosten für die zu erstellende Bilanz und für diejenigen Steuererklärungen, die betriebliche Steuern betreffen, stellt der Unternehmer selbstverständlich zurück. In diese Rückstellung sind nicht nur die externen, sondern auch die internen Kosten für den Jahresabschluß einzubeziehen.

Urlaub von Mitarbeitern: Auch den Urlaub von Arbeitnehmern nutzt der Unternehmer zulässigerweise zur Rückstellungsbildung, nämlich soweit es sich um Urlaub handelt, der am Abschlußstichtag noch nicht genommen worden ist. Eine solche Rückstellung wirkt sich im wesentlichen bei Unternehmern aus, die ein vom Kalenderjahr abweichendes Wirtschaftsjahr haben. Erstellt er also seine Bilanz auf den 30. 6. eines Jahres, so stellt er zurück den halben Jahresurlaub abzüglich des Urlaubs, der bis zum 30. 6. schon genommen worden ist, und zwar auf der Grundlage des Bruttoarbeitsentgelts einschließlich der Arbeitgeberanteile zur Sozialversicherung.

Weihnachtsgratifikationen: Das gleiche gilt bei abweichendem Wirtschaftsjahr übrigens für eine noch offene Verpflichtung des Arbeitgebers zur Zahlung von Weihnachtsgeld. Die Rückstellung ist in Höhe des Betrags zu bilden, der bei zeitproportionaler Aufteilung des Weihnachtsgeldes auf die Zeit vor dem Bilanzstichtag entfällt.

Gewinnbeteiligung der Belegschaft: Sie kommt vor, wenn auch nicht oft. Der Unternehmer schaltet sofort und bildet dafür zulässigerweise eine Rückstellung, auch wenn die Auszahlung der Gewinnanteile erst Jahre später erfolgt und die Höhe vom Ermessen des Unternehmers abhängt. Erfolgen die Auszahlungen erst nach mehreren Jahren und unter der Voraussetzung, daß die betreffenden Arbeitnehmer dem Betrieb noch angehören, so muß der Unternehmer bei der Berechnung der Rückstellung allerdings einen Abschlag für Fluktuation und für Zinsen hinnehmen.

Garantie: Garantieleistungen des Unternehmers fallen an durch gesetzliche Garantiepflichten (z. B. nach BGB §§ 459 ff. beim Kaufvertrag) oder dadurch, daß sich der Unternehmer durch Vertrag zu Garantieleistungen verpflichtet hat. Für solche Verpflichtungen, die wirtschaftlich auf die Zeit bis zum Bilanzstichtag entfallen, bildet natürlich jeder Unternehmer Rückstellungen, wobei er berücksichtigt, daß seine Leistungen in Rückgängigmachung des Vertrags, Minderung des Kaufpreises, Nachbesserung sowie Schadenersatz bestehen können. Außerdem bezieht er in seine Rechnung ein, daß ihm für die genannten Vorgänge Nebenkosten entstehen können, wie zum Beispiel Transportkosten, Reisekosten und Beratungskosten. Berechnen kann der Unternehmer die Rückstellung pauschal, aufgrund von Einzelfällen oder in einem aus beiden gemischten Verfahren.

Verletzung von Patenten: Wer fremde Patente verletzt, wird dafür zur Rechenschaft gezogen, wenn der andere das merkt. Also bildet der clevere Unternehmer dafür erst einmal eine gewinnmindernde Rückstellung; vorsorglich. Denn die Rückstellung ist zulässig und geboten, wenn der Rechtsinhaber Ansprüche bereits geltend gemacht hat oder der Unternehmer mit einer Inanspruchnahme wegen Verletzung des Patents doch ernsthaft rechnen muß. Einige Unternehmer scheinen es mit der Bildung solcher Rückstellungen wohl etwas zu toll getrieben zu haben. Jedenfalls ist es dem Gesetzgeber zu bunt geworden, und er hat verfügt, daß die Rückstellung spätestens nach drei Jahren wieder aufzulösen ist, wenn Ansprüche nicht geltend gemacht wurden. Aber ein dreijähriger zinsloser Steuerkredit ist schließlich auch kein Katzendreck.

Wechselobligo: Wechselobligo heißt, daß der Unternehmer Wechsel hereingenommen und zum Diskont an die Bank weitergegeben hat, die vom Wechselschuldner bis zur Aufstellung der Bilanz noch nicht eingelöst wurden. Für das Risiko, daß der Unternehmer diese Wechsel unter Umständen selbst wieder einlösen muß, weil der Schuldner dazu nicht in der Lage ist, werden natürlich Rückstellungen gebildet.

Pensionszusagen: Erteilt der Unternehmer seinen Arbeitnehmern, zu denen übrigens auch der eigene Ehegatte gehören kann, Pensionszusagen, so bildet er dafür Rückstellungen, die wegen ihrer meistens sehr langen Dauer häufig dazu führen, daß die Steuerersparnis aus der Rückstellung höher ist als die spätere Belastung durch Zahlung einer Pension. Bei einer Pensionszusage an den per Arbeitsvertrag mitarbeitenden Ehegatten muß der Unternehmer unter anderem aber beachten, daß das Finanzamt eine Rückstellung steuerlich nur dann anerkennt, wenn auch familienfremde Arbeitnehmer mit gleichen Leistungs- und Tätigkeitsmerkmalen eine solche Altersversorgung erhalten oder wenn sie ihnen wenigstens doch ernsthaft angeboten worden ist.

Vorruhestand: Gehen Arbeitnehmer in den vorzeitigen Ruhestand, so wird selbstverständlich für die Vorruhestandsverpflichtungen des Unternehmers eine Rückstellung gebildet. Nach dem Erlaß der Finanzverwaltung aus 1984 ist die Rückstellung entsprechend den Grundsätzen zu bilden, die für eine Pensionsrückstellung maßgebend sind.

Bürgschaft: Hat der Unternehmer sich verbürgt und ist die Übernahme der Bürgschaft ein betrieblicher Vorgang, so bildet der Unternehmer dann eine Rückstellung, wenn er aus der Bürgschaft in Anspruch genommen zu werden droht, wenn also zu erwarten ist, daß sich der Gläubiger wegen Zahlungsunfähigkeit des Hauptschuldners beim Unternehmer, der gebürgt hat, schadlos halten wird.

Haftpflichtrisiken: Risiken aus der Haftpflicht haben ihren Ursprung in der beruflichen Tätigkeit und können den Unternehmer zum Schadenersatz verpflichten. Haftpflichtverbindlichkeiten entstehen, wenn das Ereignis, das die Haftung begründet, eintritt. Vorher darf keine Rückstellung gebildet werden. Im Gegensatz zur ähnlichen Rückstellung für Garantieleistungen darf die Rückstellung für Haftpflichtverbindlichkeiten nicht pauschal berechnet werden.

Erneuerung von Pachtgegenständen: Mitunter verpflichtet sich der Pächter eines Betriebs gegenüber dem Verpächter, die gepachteten abnutzbaren Gegenstände instand zu halten und unbrauchbare auf seine Kosten durch neue zu ersetzen. Für die Verpflichtung zum kostenlosen Ersatz muß der Pächter eine sogenannte Pachterneuerungsrückstellung bilden. Die Höhe der Rückstellung wird bestimmt durch die Abnutzung der gepachteten Wirtschaftsgüter während der Pachtzeit und die Wiederbeschaffungskosten. Bei einer Betriebsaufspaltung muß eine etwaige Pachterneuerungsrückstellung beim Pächter der Höhe nach mit dem zu aktivierenden Substanzerhaltungsanspruch beim Verpächter übereinstimmen.

Prozeßkosten: Clevere Unternehmer bilden für Prozeßkosten und Prozeßrisiken Rückstellungen. Zulässig ist die Rückstellung nach Prozeßbeginn sowieso; aber auch dann, wenn mit dem Prozeß unabwendbar gerechnet werden muß. Es sind immer die Kosten derjenigen Instanzen zurückzustellen, die der Prozeß bereits erreicht hat. Prozeßkostenrückstellungen für künftige höhere Instanzen werden steuerlich nicht anerkannt.
Bonus: Hat der Unternehmer am Bilanzstichtag eine Rechtspflicht, seinen Abnehmern Boni einzuräumen oder andere Nachläße zu gewähren, so muß er dafür natürlich eine Rückstellung bilden. Besteht keine Rechtspflicht, so bildet er gleichwohl eine Rückstellung, wenn er sich nach seinem Verhalten in der Vergangenheit der Gewährung von Boni nicht entziehen zu können glaubt. Nur dann, wenn die Ungewißheit über die Gewährung von Boni so groß ist, daß darin praktisch eine freiwillige Leistung liegt, darf eine Rückstellung mit steuerlicher Wirkung nicht gebildet werden.
Rekultivierung: Was Unternehmer zerstören, z. B. durch Abbau über oder unter Tage, das pflegen sie ja mitunter zu rekultivieren, indem Kiesgruben aufgefüllt, Steinbrüche rekultiviert oder Abraummengen beseitigt werden. Solche Verpflichtungen können vertraglicher oder öffentlich-rechtlicher Natur sein. Es versteht sich beinahe von selbst, daß Unternehmer hierfür zulässigerweise Rückstellungen bilden.
Jubiläumszuwendungen: Rückstellungen für Jubiläumszuwendungen an Arbeitnehmer dürfen nach dem Steuerreformgesetz erst für nach dem 31. 12. 1992 erworbene Anwartschaften gebildet werden, jedoch nicht in den ersten zehn Jahren der Betriebszugehörigkeit des betreffenden Arbeitnehmers. Außerdem muß die Jubiläumszuwendung ein mindestens 15jähriges Bestehen des Dienstverhältnisses voraussetzen. Die Unternehmer setzen inzwischen auf die Verfassungswidrigkeit dieser neuen Vorschrift.

Sozialleistungen und Sozialpläne: Für künftige Sozialleistungen an Arbeitnehmer (z. B. Gehaltsaufwendungen für Krankheitstage) darf der Unternehmer keine Rückstellung bilden; ebenso nicht bei Vereinbarungen über Verdienstsicherungen, wenn z. B. der Arbeitnehmer auf einen geringerwertigen Arbeitsplatz umgesetzt wird, aber das gleiche Arbeitsentgelt erhalten soll. Zu diesen Fragen war von erfinderischen Unternehmern der Bundesfinanzhof bemüht worden. Ein Sozialplan allerdings hat die Wirkung einer Betriebsvereinbarung, die den Arbeitnehmern unmittelbare Rechtsansprüche einräumt. Die für den Unternehmer daraus entstehende ungewisse Verbindlichkeit zwingt ihn, eine nicht zu knappe Rückstellung zu bilden.
Gewerbesteuer: Der Unternehmer rechnet die auf ihn entfallende Gewerbesteuer selbst aus und stellt eine zu erbringende Abschlußzahlung gewinnmindernd zurück. Die Rückstellung kann auch in Höhe von neun Zehnteln des Betrags der Gewerbesteuer geschätzt werden, die sich ohne Berücksichtigung als Betriebsausgabe ergeben würde.
Betriebsprüfung: Der Unternehmer hat bei einer Betriebsprüfung die Pflicht mitzuwirken. Hat er eine Prüfungsanordnung erhalten, wird er flugs für die ihm aus dieser Verpflichtung entstehenden Kosten eine Rückstellung bilden.
Abrechnung von Bauleistungen: Der Bundesfinanzhof hat entschieden, daß für die sich aus § 14 VOB/B ergebende Verpflichtung zur Abrechnung eine Rückstellung zu bilden ist, soweit es sich um Bauleistungen handelt, die am Bilanzstichtag bereits abgenommen, aber noch nicht abgerechnet worden sind.
Flugzeug-Wartung: Etwas zu weitgehend fand der Bundesfinanzhof, daß der Halter eines Flugzeuges vor Ablauf der zulässigen Betriebszeit Rückstellungen für die Verpflichtung bilden wollte, das Flugzeug grund- oder teilüberholen zu lassen. Er lehnte die Rückstellung also ab.

Drohende Verluste: Verluste können sowohl auf der Einkaufsseite als auch auf der Absatzseite drohen. Der Unternehmer prüft daher jeden am Bilanzstichtag schwebenden Einkaufskontrakt darauf hin, ob nicht die Wiederbeschaffungskosten gesunken sind und daher ein Verlustkontrakt vorliegt, der eine Rückstellung rechtfertigt, weil er gleichwohl zu den vereinbarten höheren Preisen kaufen muß. Auf der Absatzseite untersucht der Unternehmer penibel bei jedem einzelnen schwebenden Geschäft, ob nicht die zu erwartende Forderung niedriger ist als die Summe seiner zu erbringenden Leistungen. Droht ein Verlust, so werden sofort Rückstellungen gebildet (die übrigens mit Gewinnen aus anderen Geschäften nicht saldiert werden dürfen).

Nach diesem Abschnitt aus des Unternehmers Rückstellungsprogramm werden Sie bestätigen, daß er mannigfaltige Möglichkeiten hat, seinen Gewinn dahin zu bringen, wohin er ihn haben will; meistens nach unten. Und Sie werden nach der Lektüre dieses dritten Abschnitts des Buches Bescheid wissen darüber, daß der fabelhaft hohe Spitzensteuersatz des Unternehmers märchenhaft übertrieben dargestellt wird. Es kommt nämlich nicht so sehr auf den Steuersatz an, sondern die Bemessungsgrundlage ist maßgebend, also der Gewinn, auf den dieser Steuersatz angewendet wird. Wie der Unternehmer diesen drückt, darüber werden Sie nun eine gewisse Vorstellung haben. Freilich muß diese Darstellung unvollständig sein, weil komplizierte Steuerfragen, die nur noch von Steuerfachleuten verstanden werden können, in diesem Buche nichts zu suchen haben. Gleichwohl – ich denke, daß meine Ausführungen ausreichen werden, sich über die Steuerlandschaft in der Bundesrepublik Deutschland einen guten Überblick zu verschaffen.

18 Der kleine Unterschied bei den Kontokorrent-Zinsen

Kleinere Steuerpflichtige und Freiberufler sind in der Regel nicht zur Buchführung verpflichtet, erstellen also keine Bilanzen, sondern ermitteln ihren Gewinn durch einfaches Gegenüberstellen der Betriebseinnahmen mit den Betriebsausgaben. Größere Unternehmen bilanzieren selbstverständlich; entweder freiwillig oder weil sie dazu verpflichtet sind.

Nun sollte man ja annehmen, daß kleine und große Unternehmer hinsichtlich der Zinsen, die auf Privatüberweisungen von Geschäftskonten entfallen, gleich behandelt werden. Falsch gedacht.

- Kleine Unternehmer, die ihren Gewinn durch Einnahme-Überschußrechnung ermitteln, dürfen Zinsaufwendungen für einen Kontokorrentkredit, so will es der Bundesfinanzhof, nur hinsichtlich des tatsächlich betrieblich veranlaßten Teils absetzen. Diesen müssen sie in der Regel nach der Zinszahlenstaffelmethode ermitteln. Das heißt, daß jede Privatüberweisung vom betrieblichen Kreditkonto zu nicht abzugsfähigen Zinsen führt.
- Anders ist das bei Großunternehmen, also solchen, die bilanzieren. In diesem Fall sind die gesamten Zinsen für einen Kontokorrentkredit nach der Rechtsprechung des Bundesfinanzhofs abzugsfähige Betriebsausgaben, auch wenn über dieses Konto private Zahlungen abgewickelt worden sind. Nur dann, wenn der Kredit außergewöhnliche Aufwendungen für private Zwecke betrifft, soll es sich insoweit bei den Zinsen um Privatentnahmen handeln, z. B. beim Bau eines Privathauses. Laufen über das Konto jedoch Aufwendungen zur Deckung des üblichen Lebensbedarfs (z. B. private Versicherungen, normale

Privatentnahmen, private Mieten, aber auch größere Nachzahlungen privater Steuern), so führt dies nicht dazu, den bilanzierenden Steuerpflichtigen den Abzug darauf entfallender Schuldzinsen als Betriebsausgaben zu versagen.

Der Leser bemerkt zu Recht, daß die Großen auch hier wieder einmal fein heraus sind, während der Fiskus die Kleinen bei den Hammelbeinen kriegt. Die Steuergerechtigkeit blieb zum x-ten Mal auf der Strecke; jedenfalls so lange, bis der Große Senat des Bundesfinanzhofs, dem diese Frage nun zur Entscheidung vorliegt, vielleicht eine für alle gleiche Rechtslage hergestellt hat. Man wird sehen.

19 Steuergeschenke für des Unternehmers Lebensabend

Stille Reserven entstehen im Unternehmen zum Beispiel durch höhere Abschreibungen, als diese nach dem tatsächlichen Wertverzehr durch Abnutzung eigentlich angebracht wären, durch Wertsteigerungen (insbesondere bei Grundstücken und Gebäuden), durch hohe steuerfreie Rücklagen und überhöhte Rückstellungen. Diese stillen Reserven werden

- bei Verkauf des Betriebs oder
- bei Aufgabe des Unternehmens

aufgelöst und sind nun zu versteuern; jedoch beileibe nicht zum normalen Steuersatz.

Erstens: Es bleiben 30 000 DM steuerfrei, wenn der Veräußerungsgewinn 100 000 DM nicht übersteigt, oder es bleiben 120 000 DM steuerfrei, wenn der Veräußerungsgewinn 300 000 DM nicht übersteigt und der Unternehmer den

Betrieb nach Vollendung des 55. Lebensjahres oder wegen dauernder Berufsunfähigkeit aufgibt oder verkauft. Die Freibeträge reduzieren sich um den Betrag, um den der Veräußerungsgewinn im ersten Fall 100 000 DM und im zweiten Fall 300 000 DM übersteigt.

Zweitens: Der Aufgabe- oder Veräußerungsgewinn, der für die Versteuerung übrigbleibt, wird ermäßigt besteuert, und zwar

- bis zu 2 Millionen DM Gewinn mit dem halben individuellen Steuersatz,
- von 2 Millionen DM bis 5 Millionen DM Gewinn mit zwei Drittel des individuellen Steuersatzes und
- über 5 Millionen DM Gewinn mit dem vollen Steuersatz.

Nun rechnen Sie bitte einmal mit: Der Fabrikant X soll aus dem Verkauf seines Unternehmens einen Gewinn von 7 Millionen DM erzielt haben. Sein individueller Steuersatz soll 50 % betragen.

— Für 2 Millionen DM zahlt er (½ von 50 % =) 500 000 DM, Ersparnis mithin 500 000 DM
— Für 3 Millionen DM zahlt er (⅔ von 50 % =) 33,3 %, also 1 Million DM, Ersparnis mithin 500 000 DM
— für 2 Millionen DM zahlt er 50 % = 1 Million DM, Ersparnis null.

Insgesamt hat der Fabrikant X also bei seiner Betriebsveräußerung 1 Million DM an Steuern eingespart; völlig legal, wie das Gesetz es befiehlt. Mit diesem Betrag beteiligt sich also die Allgemeinheit an der Altersversorgung des Unternehmers, obwohl er aus der Betriebsveräußerung einen Gewinn von 7 Millionen DM kassiert hat und ihm bei einer Normalsteuer darauf von 53 % (= 3 710 000 DM) noch 3 290 000 DM geblieben wären, genug also, um seinen Lebensabend nicht nur bei Butterbrot und Dünnbier fristen zu müssen. Eine wahrhaft großzügige Geste unseres Staates, finden Sie nicht auch?

Die Steuerermäßigung von rund 1 Million DM für die ersten 5 Millionen DM Veräußerungsgewinn bleibt jedem Unternehmer erhalten, gleichgültig, ob er Flick, Grundig oder Fritz Maier heißt, gleichgültig also, ob der Veräußerungsgewinn 5 Millionen DM, 50 Millionen DM oder 500 Millionen DM beträgt oder gar in Milliardenhöhe anfällt. Was hat das nur mit Steuergerechtigkeit zu tun, ist hier zu fragen.
Wenn der Unternehmer jedoch weder aufgibt noch verkauft, sondern seinen Betrieb verpachtet, fällt gar kein Aufgabe- oder Veräußerungsgewinn und damit auch keine Steuer an. Auch hier ist von Seiten der höchstrichterlichen Rechtsprechung wieder Großzügigkeit angesagt. Der Unternehmer hat nämlich bei einer Verpachtung des ganzen Betriebs die Wahl, ob er den Betrieb als aufgegeben oder als fortgeführt (also ruhend) angesehen haben will. Derjenige Unternehmer, der sich – völlig legal – nicht möglichst lange um die Versteuerung der stillen Reserven herumdrückt, muß erst noch gefunden werden.
Übrigens ist mir nichts darüber bekannt, daß für Arbeitnehmer, die ihren Arbeitsplatz, z. B. durch Unfall oder Krankheit, verloren haben, eine auch nur annähernd großzügige Regelung bestünde, wenn keine Abfindung gezahlt wird. Warum nicht? Weil andere eine bessere Lobby haben.
Clevere Unternehmer, die auf ihre *gesamten* stillen Reserven des Betriebs noch bis Ende 1989 den halben durchschnittlichen Steuersatz haben wollen anstatt der steuerverschärfenden Staffelung ab 1990, realisieren diese stillen Reserven schon jetzt, indem sie ihren Betrieb z. B. in eine Personengesellschaft mit Angehörigen einbringen.
Je mehr Gesellschafter an der Gesellschaft beteiligt sind, um so günstiger wirkt sich dies bei einer Veräußerung ab 1990 aus, denn die gestaffelten Grenzen für die Inanspruchnahme der Steuervergünstigung sind personenbezogen, stehen also jedem Gesellschafter voll zu.

Und wer die Aufgabe oder Veräußerung seines Betriebs nicht in einem, sondern in zwei Kalenderjahren abwickelt, bekommt diese Vergünstigung, sofern er die Abwicklung nicht zu lange hinauszieht, gar zweimal.
Der Staat sorgt schon für seine Unternehmer, nicht wahr?

20 Machwerk Steuerreform

»Die Steuervorhaben der Bundesregierung sind sozial ausgewogen. Durch die kräftige Anhebung des Grundfreibetrags und die Senkung des Eingangssteuersatzes von 22 % auf 19 % werden eine halbe Million Steuerzahler zusätzlich steuerfrei und unterdurchschnittliche Einkommensbezieher überdurchschnittlich entlastet.« So das Bundesministerium der Finanzen.
Dazu Johannes Groß (Herausgeber von *Capital* und *Impulse*), dem man Linkslastigkeit weiß Gott nicht nachsagen kann, in *Impulse*: »Um zu beweisen, daß ihre Steuerreform sozialverträglich ist, hat die Regierung den sogenannten Grundfreibetrag erhöht. Das kostet knapp 6 Milliarden Mark und bringt jedem Steuerzahler, ob Sekretärin oder Minister, netto gleichmäßig rund 200 Mark – profan gesagt, einen Kasten Bier pro Monat. Korrekter gesagt, brächte, weil sich die Regierung das Geld über eine Erhöhung der Mineralölsteuer wieder hereinholt.« Dem ist nichts hinzuzufügen, außer, daß der Minister die Erhöhung der Mineralölsteuer (Benzin) gar nicht merkt, während sie den Rentner hart trifft.
Dr. Hans-Jörg Häfele, Parlamentarischer Staatssekretär beim Bundesminister der Finanzen, sprach auf dem Steuerberaterkongreß 1988 in Berlin am 18.5.1988 die hehren

Worte: »... aber die Krönung der Reform erfolgt dadurch, daß auch ›weniger Ausnahmen‹ hinzukommen. Das ist eine Frage der steuerlichen Gerechtigkeit und Vereinfachung zugleich. Wer will, daß gerade finanziell Leistungsfähigere sich nicht im Übermaß durch Steuervergünstigungen und Sonderregelungen den Steuersätzen entziehen können, der muß steuerliche Subventionen abbauen.«

Wer nach der Lektüre dieses Buches inzwischen weiß, welche Steuervergünstigungen Begüterte nach wie vor in Anspruch nehmen können und das auch tun, muß den Eindruck haben, daß der verehrte Herr Häfele unser Steuerrecht nur vom Hörensagen kennt und daher davon redet wie ein Blinder über die Farben. Wie recht er doch mit seinem Satz hat »Das öffentliche Bewußtsein muß noch viel mehr geschärft werden, daß jede Steuervergünstigung für einzelne oder Gruppen zugleich eine Steuererhöhung für alle anderen ist«. In der Tat, es ist so! Wie die Realität aber aussieht, konnten Sie bisher nachlesen.

Das Presse- und Informationsamt der Bundesregierung hat unter der Überschrift »Unsere Steuerreform – Rückenwind für unser Land« Informationsmaterial verschickt. Die Selbstbeweihräucherung ist penetrant. Gleichwohl soll auf einige Punkte eingegangen werden.

»Unmittelbar nach dem Regierungswechsel im Herbst 1982 wurde mit Wirkung ab 1983 wieder ein Kinderfreibetrag von 432 DM eingeführt – ein bescheidener Anfang zwar, aber gleichsam der ›Fuß in der Tür‹ für weitere Verbesserungen. Die folgten 1986 mit der Erhöhung auf jährlich 2 484 Mark je Kind. Ab 1990 ist eine weitere Erhöhung auf 3 024 Mark beschlossene Sache.«

Was das Presse- und Informationsamt der Bundesregierung nicht erwähnt hat: Wer Großverdiener ist und einem Spitzensteuersatz von 53 % unterliegt, spart durch den Kinderfreibetrag bei drei Kindern (53 % von 3 × 3 024 DM =)

4 808 DM im Jahr an Steuern (obgleich er dies sozial gar nicht nötig hätte); wer wenig verdient und nur einen Steuersatz von 22 % hat, (22 % von 3 × 3 024 DM =) 1996 DM im Jahr.

Da sei doch bitte einmal die Frage erlaubt, ob die Kinder der Reichen der Allgemeinheit, die laut Häfele (und zutreffend) ja die Steuerausfälle ausgleichen muß, mehr wert zu sein haben als die Kinder der Unbegüterten.

»Die massive Erhöhung des Kinderfreibetrags ist aber beileibe nicht der einzige Fortschritt. Grund- und Haushaltsfreibetrag (Haushaltsfreibetrag ist der Freibetrag für Alleinstehende mit Kind; der Autor) werden 1990 gegenüber 1985 von 4 212 Mark auf 5 616 Mark jährlich erhöht.« Was der Presse- und Informationsdienst nicht preisgab: Die Vergünstigung des erhöhten Grundfreibetrags wird durch die Erhöhung indirekter Steuern voll aufgefressen. Der Haushaltsfreibetrag wird wiederum einkommensunabhängig gewährt; wer wenig verdient, z. B. weil er wegen seines Kindes nur halbtags arbeiten kann, spart dadurch unter Umständen gar nichts. Wer viel verdient, spart durch den Haushaltsfreibetrag jährlich bis zu 53 % von 5 616 Mark zu Lasten der Allgemeinheit, obgleich er dies sozial gar nicht nötig hat.

»Weitere Maßnahmen: Der Höchstbetrag für den Abzug von Unterhaltsaufwendungen für bedürftige Angehörige steigt 1990 von 4 500 auf 5 400 Mark.« Originalton Presse- und Informationsamt der Bundesregierung. Das gleiche Spiel. Wer viel verdient, wälzt viel auf die Allgemeinheit ab, wer so wenig verdient, daß der Unterhaltsfreibetrag sich nicht auswirkt, spart trotz der unter Umständen gleich hohen Belastung gar nichts.

Das Presse- und Informationsamt der Bundesregierung weiter: »Die Reform 1990 bringt eine durchgreifende Entlastung des Mittelstands, der ein Motor unserer Marktwirtschaft ist, vom selbständigen Gewerbetreibenden bis zum kleinen und mittleren Unternehmen. Zugleich wird auch der die Großunternehmen betreffende Körperschaftsteuersatz von 56 % auf 50 % gesenkt: Ein wichtiger Schritt, um gleiche Wettbewerbschancen in Europa zu schaffen.« Und: »Wenn eine Regierung sich klipp und klar zu Grundsätzen wie die ›Leistung muß sich wieder lohnen‹ bekennt und danach handelt, kann auch der Investor darauf vertrauen, daß er morgen nicht mit Zitronen gehandelt hat, wenn er sich heute für die Bundesrepublik entscheidet.«

Daß Leistung sich für die finanziell Potenten in der Bundesrepublik Deutschland heute schon lohnt, steuerlich lohnt, habe ich bisher schon nachgewiesen. Nun sei jedoch die Frage erlaubt, wie der Staat es mit jenen hält, die Leistungen in seinem Sinn unverschuldet nicht erbringen können. Eine Ellenbogengesellschaft steht einer angeblich christlich geprägten Partei schlecht an (die andere mit den drei Pünktchen gibt sich wenigstens als christlich gar nicht erst aus). Muß es nicht ein wichtiges Anliegen sein für Parteien, die das C in ihrem Panier tragen, Leistung anders zu definieren als bisher ? Statt dessen:

Die Zahl der Arbeitslosen steigt fortwährend. Zur Finanzierung der Steuerreform werden über Erhöhungen von Verbrauchsteuern besonders auch jene zur Kasse gebeten, die dies besonders hart trifft, weil dort mit dem Groschen zu rechnen zum Alltag gehört, nämlich Rentner, Arbeitslose, Unfallopfer und andere Behinderte. Die Erhöhung der Verbrauchsteuern ist deswegen so unsozial, weil sie mit absoluten Beträgen jeden gleichmäßig trifft, den Rentner wie den Fabrikanten. 0,12 DM mehr pro Liter Benzin machen einem Rentner stärker zu schaffen als einem Unternehmer. Wetten?

Weiter im Originalton des Presse- und Informationsamts der Bundesregierung: »Der alleinstehende Angestellte im Bergbau mit einem für 1990 erwarteten Jahreseinkommen von rund 76 000 DM wird von 1986 bis 1990 um mehr als ein Viertel – genau 26,6 % – seiner Steuerschuld entlastet. Der Fabrikant, ebenfalls Steuerklasse I, mit 650 000 DM erhält nur eine Ermäßigung von 7,8 %, die 25 734 Mark entspricht.« Dem ist doch eigentlich nichts mehr hinzuzufügen. Nach dieser Logik erhält ein Verheirateter mit einem zu versteuernden Jahreseinkommen von 10 000 DM, der nach dem Tarif 1987 noch 188 Mark zahlen müßte, nach dem Tarif 1990 eine Steuerermäßigung von 100 % (nämlich 188 Mark), während der Fabrikant nur eine solche von 7,8 % (nämlich 25 734 Mark) bekommt. Das soll keine Umverteilung von unten nach oben sein? »Steuerentlastung 100 %« hört sich großartig an, fantastisch, nicht mehr zu überbieten. Eine Steuerentlastung um 7,8 % fast mickrig, wenig bedeutsam, nicht weiter bemerkenswert. Stellt man jedoch die absoluten Beträge daneben, so sieht das Bild sofort ganz anders aus. Es kann für die Beurteilung einer Entlastung doch nicht darauf ankommen, wieviel Prozent sie ausmacht. Maßgebend ist, was der Steuerzahler an Mark und Pfennig zusätzlich in der Tasche hat. Aber auch darüber gibt das Presse- und Informationsamt der Bundesregierung Auskunft:

»Wie schlagen sich die Milliardenbeträge (der Steuerentlastung) für den sogenannten Durchschnittsverdiener nieder? Laut Statistik beträgt sein Brutto-Jahresverdienst heute rund 40 000 DM. Falls er verheiratet und kinderlos ist, mußte er vor der Reform 5 156 Mark Lohnsteuer im Jahr bezahlen. Nach der Reform sind es nur noch 3 828 Mark – eine Verbesserung um 1 328 Mark oder über ein Viertel (25,8 %).«

Auch dazu ist eigentlich nichts mehr zu sagen. Otto Normalverdiener spart 1 328 Mark im Jahr, der Fabrikant (siehe oben) 25 734 Mark. Otto Normalverdiener spart die 1 328 Mark jedoch nur, wenn man die auch ihn treffenden Erhöhungen der Verbrauchsteuern unberücksichtigt läßt, nämlich Erhöhung der Benzinsteuer, der Versicherungsteuer und der Zigarettensteuer. Zusätzlich belastet wird unser Normalverdiener durch die Gesundheitsreform, weil er sich an den Krankheitskosten von der Brille bis zum Zahnersatz höher selbst beteiligen muß. Außerdem wird ihn die Erhöhung der Mehrwertsteuer, die mit Sicherheit kommt, ebenfalls hart treffen (die Bundesregierung wird uns diese Erhöhung als »notwendig im Rahmen der EG-Harmonisierung« verkaufen). Dem Normalverdiener mit rund 40 000 DM Jahreseinkommen bleibt also von der Steuerreform unter dem Strich nichts; dem Fabrikanten (siehe oben) bleibt davon nach wie vor ein dicker Brocken an Steuerersparnis.

Bei der Begründung der Zigarettensteuer wird das Presse- und Informationsamt zynisch: »Auch Zigaretten werden teurer, zugegeben: das Stück um 1,2 Pfennig. Aber ist das aus gesundheitlichen Gründen so falsch? Anders gesagt: Der Raucher muß auf eine Zigarette je Packung verzichten, um die Kosten für seine persönliche Vergiftung auf dem alten Stand zu halten.« Wie sich die Regierung doch um den mündigen Bürger sorgt.

Das Presse- und Informationsamt der Bundesregierung begründete den betragsmäßig hohen Steuernachlaß für Unternehmer unter anderem damit, daß diese ja auch die Kühe seien, die gemolken würden. Auch das stimmt nicht.

1987 kassierte der Staat insgesamt 468,7 Milliarden DM an Steuern. Davon betrugen

- die Lohnsteuer 164,2 Milliarden DM oder rund 35 % und
- die Mehrwertsteuer 118,8 Milliarden DM oder rund 25 %.

Rund 60 % des gesamten Steueraufkommens leisten mithin Lohnsteuerzahler und Verbraucher. Die Einkommen-, Gewerbe- und Körperschaftsteuer zusammen machen 89,4 Milliarden DM aus oder belaufen sich auf nur 19 % des Gesamtaufkommens. Die Frage, wer wirklich gemolken wird, ist damit hinreichend beantwortet.

Welchen Stellenwert die Bundesregierung übrigens dem Umweltschutz zumißt, geht daraus hervor, daß sie durch das Steuerreformgesetz erhöhte Abschreibungen für Wirtschaftsgüter, die dem Umweltschutz und der Forschung und Entwicklung dienen, gestrichen hat; für Umweltschutzgüter ab dem 31. 12. 1990, für Güter der Forschung und Entwicklung ab dem 31. 12. 1989.

Das Steuerreformgesetz enthält aber noch weitere soziale Segnungen. Eine davon ist die Aufhebung des Rechts der Gemeinnützigkeit im Wohnungswesen. Die Wohnungsgemeinnützigkeit wird damit in den allgemeinen Wohnungsmarkt überführt, die Gemeinnützigkeit für Wohnungsunternehmen also abgeschafft. Von den Mieterverbänden werden schlimme Zeiten erwartet. Viele Sozialmieter müssen mit deutlichen Mieterhöhungen rechnen, und überdies können ihre Wohnungen dann viel leichter als bisher zu Geld gemacht werden. Auch dieses Reformwerk wird bei der Überlegung zu beachten sein, was für den Normalverdiener und Kleinverdiener aus der Steuerreform unter dem Strich bleibt.

Eine Emnid-Umfrage in 1988, ob der Absteiger des Jahres, Dr. Stoltenberg, »vielleicht« oder »auf jeden Fall« ausgewechselt und aus dem Kabinett ausscheiden sollte, ergab bei je 100 befragten

- CDU/CSU-Wählern 41 Befürworter,
- SPD-Wählern 91 Befürworter,
- FDP-Wählern 74 Befürworter und
- Grün-Wählern 92 Befürworter.

Dr. Stoltenberg in einer Erklärung vor der Presse am 11. 8. 1988 unter anderem:

> »Ferner werden wir mit den Vorarbeiten zur Senkung der Unternehmenssteuern in der kommenden Wahlperiode beginnen.«

Und Stoltenberg lt. BMF-Finanznachrichten vom 31. 8. 1988:

»Haben wir eine Chance, die Gewerbesteuer zu beseitigen oder jedenfalls drastisch zu verringern? Gibt es die Chance einer weitergehenden Absenkung der Körperschaftsteuer? Können wir bei den kleineren Unternehmenssteuern etwas tun – von den Steuern auf das Betriebsvermögen bis hin zur Gesellschaftsteuer? Das sind die Fragen, die wir zunächst einmal in Werkstattarbeit klären müssen. Aber das Ziel ist eindeutig. Wir müssen die Unternehmenssteuern verringern.«

Schließlich noch die Arbeitsgemeinschaft für betriebliche Altersversorgung im Mitteilungsblatt 4/88 zur Steuerreform 1990:

»Insgesamt finden sich in den Änderungsgesetzen der Steuerreform nur sehr wenige Vorschriften, die – isoliert für sich betrachtet – zu einer Verbesserung, dagegen zahlreiche, die zu einer Verschlechterung der Rahmenbedingungen der Altersversorgung führen werden. Auch die Änderung des Einkommensteuertarifs kann dieses Ergebnis nicht annähernd ausgleichen. Zum einen liegt ein Großteil der Versorgungsempfänger im steuerfreien Bereich, so daß es entscheidend auf die Bruttoversorgungsleistungen ankommt, zum anderen können die tariflichen Verbesserungen nicht die Nachteile aus den sonstigen Einschnitten ausgleichen.«

Und zuletzt noch »zwei Sätze« zu den Auswirkungen der Steuerreform auf Rentner, Arbeitnehmer und andere kleine Steuerzahler.

Der *Altersfreibetrag* von 720 DM, den Steuerzahler erhielten, die zu Beginn des Kalenderjahres das 64. Lebensjahr vollendet hatten, ist ab 1990 gestrichen worden. Waren übrigens beide Ehegatten so alt, hatte jeder von ihnen Anspruch auf einen Altersfreibetrag von 720 DM. Ich denke, diesen Altersfreibetrag waren wir unseren Alten schuldig. In den Genuß dieser Steuerermäßigung, die ja wahrlich nicht hoch ist, kamen im wesentlichen unsere

Rentner. Nun haben die, offenbar als Wählergruppe zahlenmäßig uninteressant und ohne ausreichende Lobby, »als Ausgleich« eine Erhöhung des Altersentlastungsbetrags ab 1990 von 3 000 DM auf 3 720 DM zugestanden erhalten. Das Fatale daran ist nur, daß es einen Altersentlastungsbetrag leider nicht für Leibrenten gibt. Die steuerpflichtigen Rentner werden also von der Streichung des Altersfreibetrags voll getroffen. Sozial, nicht wahr?

Der *Werbungskostenpauschbetrag* für Arbeitnehmer beträgt ab 1990 anstatt bisher 564 DM stolze 2 000 DM. Zunächst hört sich das gut an. Der Pferdefuß daran: Der Weihnachtsfreibetrag von 600 DM und der Arbeitnehmerfreibetrag von 480 DM werden dafür gestrichen. Viele Arbeitnehmer blikken da nicht durch, verständlicherweise. Ist die Idee auch Wahnsinn, so hat sie doch Methode:

Wer bisher schon Werbungskosten hatte, die über 2 000 DM lagen, konnte diese auch bisher schon geltend machen und erhielt den Weihnachtsfreibetrag und den Arbeitnehmerfreibetrag von zusammen 1 080 DM zusätzlich. Diesen Betrag müssen diese Arbeitnehmer nun ab 1990 zusätzlich versteuern. Bei einem Steuersatz von (angenommen) 35 % sind das an Steuern 378 DM im Jahr. Fernpendler, aber auch nur diese, können diesen Nachteil eventuell ausgleichen, weil die Pauschbeträge für Fahrten zwischen Wohnung und Arbeitsstätte mit dem Pkw ab 1989 auf 0,43 DM und ab 1990 auf 0,50 DM je Entfernungskilometer angehoben wurden. Die anderen jedoch zahlen mehr.

Wer bisher nur ganz geringe Werbungskosten hatte, so daß nur der Pauschbetrag von 564 DM in Betracht kam, fährt mit dem erhöhten Pauschbetrag zwar besser, aber so geringfügig, daß sich das Nachrechnen beinahe nicht lohnt. Bisher standen ihm (Werbungskostenpauschbetrag) 564 DM plus (Weihnachtsfreibetrag) 600 DM plus (Arbeitnehmerfreibetrag) 480 DM = zusammen 1 644 DM pauschal zum Abzug zu. Ab 1990 erhält er eine Pauschale von 2 000 DM. Das sind sage und schreibe 356 DM im Jahr mehr. Bei einem Steuersatz von angenommen 35 % spart er durch die neue Pauschale rund 125 DM im Jahr oder etwa 10 DM im Monat.

Generell kann gesagt werden: Wer als Arbeitnehmer Werbungskosten im Jahr von nicht mehr und nicht weniger als 920 DM hat, steht mit dem neuen Pauschbetrag steuerlich gleich, weil er bisher erhielt: Werbungskostenpauschbetrag 564 DM, zusätzliche Werbungskosten 356 DM, Arbeitnehmerfreibetrag 480 DM und Weihnachtsfreibetrag 600 DM, also zusammen 2 000 DM. Hat der Arbeitnehmer geringere Werbungskosten als 920 DM im Jahr, steht er sich steuerlich – geringfügig – besser als bisher, hat er dagegen höhere Werbungskosten als 920 DM im Jahr (und das werden wohl die meisten Arbeitnehmer sein), so steht er sich steuerlich schlechter als bisher. Wer also höhere Werbungskosten als 920 DM im Jahr hat, wird mit mehr Steuern bestraft. Das grundgesetzlich verankerte Prinzip der Besteuerung nach der Leistungsfähigkeit wird dabei nicht beachtet, weshalb die Streichung des Arbeitnehmerfreibetrags und des Weihnachtsfreibetrags in der Zusammenfassung zu einem einheitlichen Freibetrag von 2 000 DM verfassungswidrig sein dürfte.

Noch heute klingt mir in den Ohren, mit welcher Eindringlichkeit die Bundesregierung angesichts leerer Rentenkassen uns Bürgern gepredigt hat, doch mehr für die eigenverantwortliche private Altersvorsorge zu tun. Wer diesem Rat gefolgt ist, wird jetzt bestraft, weil die Bundesregierung nun auch einen bestimmten Anteil der *Zinsen aus Lebensversicherungen* mit einer 10 %igen Quellensteuer belegt, nach dem Motto »was stört uns unser Geschwätz von gestern«. Außerdem dürfen – Beitrag der Bundesregierung zur Altersvorsorge – ab 1990 *Bausparbeiträge* im Rahmen der Höchstbeträge nicht mehr voll, sondern nur noch zu 50 % als Sonderausgaben von der Steuer abgezogen werden.

Arbeitslosengeld, Kurzarbeitergeld usw. sind steuerfrei. Das heißt, so ganz stimmt das nicht. Denn zur Ermittlung des Steuersatzes sind sie den steuerpflichtigen Einkünften hinzuzurechnen und erhöhen den auf letztere anzuwendenden Steuersatz, weil wir einen progressiven Steuertarif haben. Durch die Steuerreform ist der Katalog der steuerfreien Leistungen, die zur Ermittlung eines höheren Steuersatzes herangezogen werden, ab 1990 erweitert worden. Es handelt sich im wesentlichen zusätzlich um Konkursausfallgeld, Krankengeld, Mutterschaftsgeld und Versorgungskrankengeld. Ein Akt der Steuergerechtigkeit? Urteilen Sie nach dem bisher Gelesenen.

Auch bei *Belegschaftsrabatten*, z. B. für Jahreswagen, schlägt der Gesetzgeber mit der Steuerreform zum Nachteil der betroffenen Arbeitnehmer zu. Erhält der Arbeitnehmer z. B. einen Wagen mit einem Endpreis von 50 000 DM und darauf vom Arbeitgeber einen Rabatt von 20 %, so muß er künftig wie folgt rechnen:

Endpreis		50 000 DM
./. Zahlung des Arbeitnehmers	40 000 DM	
./. Abschlag von 4 %	2 000 DM	42 000 DM
		8 000 DM
./. Rabattfreibetrag		2 400 DM
ab 1990 steuerpflichtig		5 600 DM

Dieser Betrag war bisher steuerfrei.

Ebenso wird die Steuerfreiheit der *Zuschläge für Sonntags-, Feiertags- und Nachtarbeit* erheblich eingeschränkt. Um wenigstens einigen Härtefällen Rechnung zu tragen, sind infolge einer Übergangsregelung der barmherzigen Brüder in Bonn die nicht mehr steuerfreien Zuschläge im Erstjahr 1990 »nur« bis zu 6 % des Grundlohns zu versteuern, danach jährlich um bis zu 4 % mehr.

Die bisher steuerfreien *Zinsersparnisse* aufgrund von Darlehen des Arbeitgebers an Arbeitnehmer sowie die steuerfreien *Zinszuschüsse* des Arbeitgebers für Haus- oder Wohneigentum der Arbeitnehmer sind ab 1. 1. 1989 entfallen, es sei denn, Zahlungen sind vor dem 1. 1. 1989 noch vereinbart und vorgenommen worden; in diesem Fall sollen die Vorteile noch zwölf Jahre lang fortgelten.
Der *Sonderausgaben-Pauschbetrag* übrigens, in dessen Genuß im wesentlichen kleine Steuerzahler kamen, weil große mit ihren tatsächlichen Ausgaben stets über der Pauschale lagen, ist durch die Steuerreform von 270 DM (Ehegatten 540 DM) ab 1990 auf 108 DM (Ehegatten 216 DM) zusammengestrichen worden.
Interessant in diesem Zusammenhang ist, daß *Zinsen auf nichtabzugsfähige Personensteuern*, z.B. Einkommensteuer und Vermögensteuer, ab 1990 als Sonderausgaben abzugsfähig sind. Das sind Zinsen aufgrund der neu eingeführten Vollverzinsung, aber auch Stundungs- und Aussetzungszinsen. Wer von den kleinen Steuerzahlern hat schon solche Zinsen zu zahlen? Wem also nützt die neu eingeführte Abzugsmöglichkeit? Bisher konnten Betriebe den Zinsvorteil aus später nachzuzahlenden Personensteuern aufgrund von Betriebsprüfungen voll in die eigene Tasche stecken. So gesehen ist die Verzinsung auch für Großverdiener eine zusätzliche Belastung. Weiß man jedoch, daß der Zinssatz 6 % pro anno beträgt, so ermäßigt er sich im Ergebnis bei einem Steuersatz von 53 % auf dürftige 2,8 Prozent pro anno. Also auch hier wieder: Bei Großverdienern mit einem hohen Steuersatz ist der Zinssatz im Ergebnis niedrig, bei kleinen Steuerzahlern mit einem niedrigeren Steuersatz ist der Zinssatz im Ergebnis hoch.
Preisfrage: Wo bekommen Großverdiener einen billigeren Kredit als vom Finanzamt?

Die Bundesregierung rechnet aus verschiedenen ihrer Maßnahmen mit folgenden Mehreinnahmen, und zwar jährlich:

	Millionen DM
• Einschränkung der steuerfreien Zuschläge für Sonntags-, Feiertags- und Nachtarbeit	250 DM
• Begrenzung der Steuerfreiheit von Belegschaftsrabatten	180 DM
• Einführung der Arbeitnehmerpauschale von 2 000 DM	1 200 DM
• Einschränkung des Sonderausgabenabzugs von Bausparbeiträgen auf 50 %	250 DM
• Abschaffung des Altersfreibetrags von 720 DM	300 DM
• Aufhebung des Essensfreibetrags von 1,50 DM	1 000 DM
• Einschränkung des steuerfreien Werbungskostenersatzes an Arbeitnehmer	200 DM
• Absenkung der Wohnungsbauprämie und Streichung der Kinderkomponente	265 DM
• Einschränkung der Förderung der Vermögensbildung	600 DM
• Herabsetzung des Sonderausgaben-Pauschbetrags	350 DM
• Einbeziehung weiterer Lohnersatzleistungen zur Ermittlung des Steuersatzes	500 DM
• Aufhebung des Freibetrags für Zukunftssicherungsleistungen	400 DM
• Erhöhung des pauschalen Steuersatzes für bestimmte Zukunftssicherungsleistungen	100 DM
• Einführung der Quellensteuer	4 200 DM
	9 795 DM

Arbeitnehmer, Alte, Rentner und Sparer werden also mit jährlich rund 10 Milliarden DM zur Kasse gebeten und erhalten das, was ihnen die Tarifreform bringen sollte, zu einem Gutteil wieder abgenommen.

Das sieht bei den Großen schon ganz anders aus. Zum Vergleich hier einige Zahlen:

Beim zu versteuernden Jahreseinkommen eines Durchschnittsverdieners von 40 000 DM bringt die Tarifreform – wohlgemerkt ohne Berücksichtigung der eintretenden Zusatzbelastungen durch Steuererhöhungen (siehe oben), durch Erhöhung der Benzin-, Zigaretten- und Versicherungssteuer, durch die Gesundheitsreform und die mittelfristig anstehende Erhöhung der Mehrwertsteuer – 1990 gegenüber 1985 einem Ledigen 2 439 DM im Jahr und einem Verheirateten ohne Kind 1 106 DM im Jahr.

Bei einem zu versteuernden Jahreseinkommen von 1 Million DM bringt die Tarifreform 1990 gegenüber 1985 einem Ledigen 38 004 DM im Jahr und einem Verheirateten ohne Kinder 46 010 DM jährlich.

Legt der Großverdiener sein Geld geschickt an, läßt sich leicht ausrechnen, daß er allein aus der Steuerersparnis die nächste Million schon bald beisammen hat. Wirklich nur die erste Million ist die schwerste. Informieren Sie sich bitte anhand der Tabellen.

Tarifvergleich für Ledige

Zu versteuerndes Einkommen	Steuerschuld nach Tarif				Steuerentlastung			
	1988		1990		1990		gegenüber 1985	
DM	DM	in %	DM	in %	DM	in %	DM	in %
10 000	1 152	11,5	836	8,4	316	27,4	435	34,2
15 000	2 245	15,0	1 846	12,3	399	17,8	518	21,9
18 000	2 911	16,2	2 497	13,9	414	14,2	533	17,6
24 000	4 365	18,2	3 871	16,1	494	11,3	710	15,5
30 000	6 075	20,3	5 354	7,8	721	11,9	1 188	18,2
36 000	8 012	22,3	6 945	19,3	1 067	13,3	1 888	21,4
40 000	9 418	23,5	8 067	20,2	1 351	14,3	2 439	23,2
45 000	11 301	25,1	9 546	21,2	1 755	15,5	3 196	25,1
48 000	12 471	26,0	10 456	21,8	2 015	16,2	3 665	26,0
50 000	13 280	26,6	11 084	22,2	2 196	16,5	3 985	26,4
55 000	15 383	28,0	12 715	23,1	2 668	17,3	4 795	27,4
60 000	17 578	29,3	14 423	24,0	3 155	17,9	5 592	27,9
65 000	19 826	30,5	16 188	24,9	3 638	18,3	6 351	28,2
70 000	22 165	31,7	18 048	25,8	4 117	18,6	7 084	28,2
75 000	24 534	32,7	19 964	26,6	4 570	18,6	7 769	28,0
80 000	26 974	33,7	21 977	27,5	4 997	18,5	8 417	27,7
85 000	29 452	34,6	24 066	28,3	5 386	18,3	9 019	27,3
90 000	31 938	35,5	26 208	29,1	5 730	17,9	9 563	26,7
100 000	37 043	37,0	30 743	30,7	6 300	17,0	10 493	25,4
130 000	53 226	40,9	46 046	35,4	7 180	13,5	11 094	20,5
150 000	64 415	42,9	56 635	37,8	7 780	12,1	12 504	18,1
200 000	92 417	46,2	83 137	41,6	9 280	10,0	14 004	14,4
260 000	126 014	48,5	114 934	44,2	11 080	8,8	15 804	12,1
500 000	260 431	52,1	242 150	48,4	18 281	7,0	23 005	8,7
1 000 000	540 423	54,0	507 143	50,7	33 280	6,2	39 004	7,0

Tarifvergleich für Verheiratete ohne Kinder

Zu versteuerndes Einkommen	Steuerschuld nach Tarif				Steuerentlastung			
	1988		1990		1990		gegenüber 1985	
DM	DM	in %	DM	in %	DM	in %	DM	in %
10 000	94	0,9	0	0,0	94	100,0	332	100,0
15 000	1 188	7,9	696	4,6	492	41,4	730	51,2
18 000	1 854	10,3	1 274	7,1	580	31,3	818	39,1
24 000	3 184	13,3	2 466	10,3	718	22,6	956	27,9
30 000	4 490	15,0	3 692	12,3	798	17,8	1 036	21,9
36 000	5 822	16,2	4 994	13,9	828	14,2	1 066	17,6
40 000	6 732	16,8	5 886	14,7	846	12,6	1 106	15,8
45 000	7 946	17,7	7 028	15,6	918	11,6	1 268	15,3
48 000	8 730	18,2	7 742	16,1	988	11,3	1 420	15,5
50 000	9 252	18,5	8 208	16,4	1 044	11,3	1 540	15,8
55 000	10 674	19,4	9 452	17,2	1 222	11,4	1 918	16,9
60 000	12 150	20,3	10 708	17,8	1 442	11,9	2 376	18,2
65 000	13 702	21,1	12 000	18,5	1 702	12,4	2 912	19,5
70 000	15 368	22,0	13 360	19,1	2 008	13,1	3 524	20,9
75 000	17 068	22,8	14 728	19,6	2 340	13,7	4 178	22,1
80 000	18 836	23,5	16 134	20,2	2 702	14,3	4 878	23,2
85 000	20 708	24,4	17 610	20,7	3 098	15,0	5 630	24,2
90 000	22 602	25,1	19 092	21,2	3 510	15,5	6 392	25,1
100 000	26 560	26,6	22 168	22,2	4 392	16,5	7 970	26,4
130 000	39 652	30,5	32 376	24,9	7 276	18,3	12 702	28,2
150 000	49 068	32,7	39 928	26,6	9 140	18,6	15 538	28,0
200 000	74 086	37,0	61 486	30,7	12 600	17,0	20 986	25,4
260 000	106 452	40,9	92 092	35,4	14 360	13,5	23 808	20,5
500 000	240 838	48,2	219 278	43,9	21 560	9,0	31 008	12,4
1 000 000	520 862	52,1	484 300	48,4	36 562	7,0	46 010	8,7

21 Schlußwort

Steuern zahlen war schon immer unbeliebt, und die Steuerreform als Machwerk ist nichts Neues. Zur heutigen Steuerreform sehe ich eine Parallele aus den Zeiten Kaiser Hadrians. Diese Altvorderen führten im alten Rom im Jahre

282 nach Christi ebenfalls eine Steuerreform durch. Finanzsenator war Scaefarius, der vom römischen Senator Casparius mit folgenden Worten gelobt wurde:

»Lobend gleichzustellen ist diese deine Steuerreform, Scaefarius, allen Steuerreformen, die da waren, sind oder je kommen werden. Sie ist modern, gerecht, entlastend und kunstvoll.

- Modern, weil jede der alten Steuern einen neuen Namen trägt;
- gerecht, weil sie alle Bürger des Römischen Reiches gleich benachteiligt;
- entlastend, weil sie keinem Steuerzahler mehr einen vollen Beutel läßt
- und kunstvoll, weil du in vielen Worten ihren kurzen Sinn versteckst:

Dem Kaiser zu geben, was des Kaisers ist – und dem Bürger zu nehmen, was des Bürgers ist.«

Quo vadis, Bundesrepublik Deutschland? »Entwicklung« hin zu Parkinson? Die Finanzministerien der Länder jedenfalls rechnen damit, daß durch die Steuerreform, die ja eigentlich auch ein Beitrag zur Vereinfachung unseres Steuerrechts sein sollte, ein zusätzlicher Personalbedarf von 2200 Arbeitskräften entsteht, woraus zusätzliche Verwaltungskosten von jährlich 175 Millionen DM anfallen werden. Der Bundesvorsitzende der Deutschen Steuergewerkschaft, Erhard Geyer, erklärte hingegen in Düsseldorf, daß mindestens 5000 Beamte oder Angestellte notwendig seien, um allein den Vollzug der Steuerreform sicherzustellen. Aus meiner Sicht: Der Steuerdschungel ist eher noch undurchdringlicher geworden.

Hier noch einige Stimmen zur Reform:

Dr. jur. Günther Felix, Köln, im Kölner Steuerdialog 7/1988: »Das Anpreisen der Steuerreform als eine Steuersenkung, jedoch – unverständlicherweise – verbunden mit kom-

pensatorischen Steuererhöhungen, ist unschlüssig und kommt beim Steuerzahler lediglich als Mogelpackung an.« Und: »Die Wahl vom 8. Mai 1988 (in Schleswig-Holstein; der Autor) zensierte den eher passiven Parteikapitän und den eher mittelmäßigen und nicht gut vorbereiteten Steuerreformer Stoltenberg mit wenig schmeichelhaften Noten.«
Dr. Hans Günter Senger, Wirtschaftsprüfer und Steuerberater, auf dem Steuerforum 1988 am 9. 6. 1988 in Bad Nauheim: »Wer angesichts einer Legion von Steuergesetzen, Verordnungen, Erlassen und Richterrecht, bei Betrachtung des 42-Punkte-Katalogs der Reform, angesichts der 423 Seiten des Referentenentwurfs zum Reformgesetz, der außerordentlich komplizierten Ausnahmeregelungen zur Quellensteuer und unter Berücksichtigung der 132 Änderungsanträge auf der Sitzung des Bundesrates von Ende April 1988, von denen rund 70 angenommen wurden, das Wort Vereinfachung zu vollmundig verwendet, verdient nur noch das milde, nachsichtige Lächeln, das wir im Alltagsleben für diejenigen übrig haben, deren Taten und Worte wir nicht mehr ernst nehmen.«
Was auf die Bürger durch die Rentenreform zukommt, ist noch nicht zu übersehen. Belastungen, Strickmuster wie gehabt, werden es sicherlich sein. Ich würde mir wünschen, daß die Wohlhabenden zu mehr Solidarität mit den Ärmeren herangezogen werden. Vielleicht hält das nach der Lektüre dieses Buches auch der objektive Leser für angebracht.

Anhang

Steuerreform: Wer Steuern spart, und wer keine spart

1) Arbeitnehmer, ledig, 24 000 DM jährlich zu versteuerndes Einkommen, Werbungskosten jährlich unter 500 DM

		DM	DM
Steuerentlastung nach Tarif 1990 gegenüber 1988			494
a) Arbeitnehmerfreibetrag	2 000 DM		
./. (564 + 480 + 600 =)	1 644 DM		
	356 DM =		57
			551
b) Erhöhung der Benzinsteuer (bei 15–20 000 km Fahrleistung im Jahr)		150	
c) Erhöhung der Zigarettensteuer (bei einer Schachtel täglich)		72	
d) Höhere Heizöl- oder Erdgassteuer		100	
e) Belastung durch Gesundheitsreform		300	
f) Reduzierung des Sonderausgaben-Pauschbetrags von 270 DM auf 108 DM (wenn konfessionslos)		26	
g) Steuerpflicht des Essensfreibetrags (330 DM)		53	
h) Wegfall des Zukunftsicherungsfreibetrags (312 DM)		50	
i) Fortfall des steuerfreien Werbungskostenersatzes durch den Arbeitgeber (monatlich 40 DM geschätzt)		77	828
Mehrbelastung 1990 gegenüber 1985			277

Steuerentlastung nach Tarif 1990 gegenüber 1985	710
Zusatzbelastung 1990	828
Mehrbelastung 1990 gegenüber 1985	118

Wurde ein Kursus für hauswirtschaftliche Aus- oder Weiterbildung mit Kosten von 900 DM im Jahr belegt, so sind diese Aufwendungen nicht mehr abzugsfähig. Die Zusatzbelastung von 277 DM erhöht sich dadurch u. U. um 144 DM auf 421 DM.

2) Arbeitnehmer, ledig, 40 000 DM jährlich zu versteuerndes Einkommen (Arbeitnehmer-Durchschnittseinkommen), Werbungskosten jährlich 2 000 DM

	DM	DM
Steuerentlastung nach Tarif 1990 gegenüber 1988		1 351
a) Wegfall des Arbeitnehmerfreibetrags (480 DM) und des Weihnachtsfreibetrags (600 DM)	216	
b) Erhöhung der Benzinsteuer (siehe 1)	150	
c) Erhöhung der Zigarettensteuer (siehe 1)	72	
d) Höhere Heizöl- oder Erdgassteuer	150	
e) Belastung durch Gesundheitsreform	300	
f) Reduzierung des Sonderausgaben-Pauschbetrags von 270 DM auf 108 DM (wenn konfessionslos)	33	
g) Steuerpflicht des Essensfreibetrags (330 DM)	66	
h) Wegfall des Zukunftsicherungsfreibetrags (312 DM)	62	1 049
Steuerentlastung nach Tarif 1990 gegenüber 1988		302

Entlastung im Monat rund 25 DM

Steuerentlastung nach Tarif 1990 gegenüber 1985	2 439
Zusatzbelastung 1990	1 049
Steuerentlastung 1990 gegenüber 1985	1 390

Entlastung im Monat rund 116 DM

3) Arbeitnehmer, verheiratet, ohne Kinder, 40 000 DM jährlich zu versteuerndes Einkommen, Werbungskosten jährlich 2 000 DM

	DM	DM
Steuerentlastung nach Tarif 1990 gegenüber 1988		846
a) Wegfall des Arbeitnehmerfreibetrags (480 DM) und des Weihnachtsfreibetrags (600 DM)	162	
b) Erhöhung der Benzinsteuer (wie oben)	150	
c) Erhöhung der Zigarettensteuer (wie oben)	72	
d) Höhere Heizöl- oder Erdgassteuer (2-Personen-Haushalt geschätzt)	250	
e) Belastung durch Gesundheitsreform (2 Personen)	400	
f) Reduzierung des Sonderausgaben-Pauschbetrags von 540 DM auf 216 DM (wenn konfessionslos)	49	
g) Steuerpflicht des Essensfreibetrags (330 DM)	50	
h) Wegfall des Zukunftsicherungsfreibetrags	47	1 180
Mehrbelastung 1990 gegenüber 1988		334
Steuerentlastung nach Tarif 1990 gegenüber 1985		1 106
Zusatzbelastung 1990		1 180
Mehrbelastung 1990 gegenüber 1985		74

4) Rentner, verheiratet, 3 000 DM Rente im Monat, Werkspension 6 360 DM jährlich, beide 65 Jahre alt

		DM	DM
Ertragsanteil Rente	8 640 DM		
Werkspension	6 360 DM		
	115 000 DM		
Steuerentlastung nach Tarif 1990 gegenüber 1988			492
Steuervorteile durch höheren Arbeitnehmerfreibetrag			18
			510
a) Wegfall des Altersfreibetrags von 2 × 720 DM = 1 440 DM		72	
b) Erhöhung der Benzinsteuer (wie oben)		150	
c) Erhöhung der Zigarettensteuer (wie oben)		72	
d) Höhere Heizöl- oder Erdgassteuer (2-Personen-Haushalt geschätzt)		250	
e) Belastung durch Gesundheitsreform (2 alte Menschen)		500	
f) Reduzierung des Sonderausgaben-Pauschbetrags von 540 DM auf 216 DM (wenn konfessionslos)		16	1 060
Mehrbelastung 1990 gegenüber 1988			550
Steuerentlastung nach Tarif 1990 gegenüber 1985			730
Zusatzbelastung 1990			1 060
Mehrbelastung 1990 gegenüber 1985			330

Dieser Rentner steht sich vergleichsweise gut. Aber es gibt auch andere. So schreibt Ulf Fink, Senator für Gesundheit und Soziales in Berlin, im Handelsblatt vom 3./4. 9. 1988

u. a.: »Zur Zeit gibt es etwa 500 000 Rentner, deren Gesamteinkommen unter dem Sozialhilfesatz liegen und die Anspruch auf ergänzende Sozialhilfe haben. Von denen gehen aber nur rund 250 000 zum Sozialamt. Die andern tun es nicht, teils aus Unkenntnis, teil aus Scham. Dieser verschämten Altersarmut könnte wirkungsvoll dadurch begegnet werden, daß bedürftigen Rentnern die Sozialhilfe zusammen mit der Rente ausgezahlt wird.«
Und ich füge hinzu: Wie ist das mit der Sozialverträglichkeit der Steuerreform, wenn man z. B. Verbrauchssteuern erhöht, die diese Ärmsten der Armen voll treffen?

5) Arbeitnehmer in der Autoindustrie, verheiratet, ohne Kinder, Einkommen 50 000 DM einschließlich 10 000 DM Jahreswagenrabatt

	DM	DM
Steuer 1988 auf 40 000 DM (10 000 DM steuerfrei)	6732	
Steuer 1990 auf rund 45 000 DM	7028	296
a) Bei Werbungskosten von 2 000 DM Wegfall des Arbeitnehmerfreibetrags (480 DM) und des Weihnachtsfreibetrags (600 DM)		173
b) Erhöhung der Benzinsteuer (wie oben)		150
c) Erhöhung der Zigarettensteuer (wie oben)		72
d) Höhere Heizöl- oder Erdgassteuer (2-Personen-Haushalt geschätzt)		250
e) Belastung durch Gesundheitsreform (2 Personen)		400
f) Reduzierung des Sonderausgaben-Pauschbetrags von 540 DM auf 216 DM (wenn konfessionslos)		52

g) Steuerpflicht des Essensfreibetrags (330 DM)	53
h) Wegfall des Zukunftsicherungsfreibetrags	50
Mehrbelastung 1990 gegenüber 1988	1 496

Steuerentlastung auf 40 000 DM gegenüber Tarif 1985	1 106
Zusatzbelastung 1990	1 496
Mehrbelastung 1990 gegenüber 1985	390

6) Arbeitnehmer im Druckereigewerbe, verheiratet, ohne Kinder, Grundlohn 40 000 DM, Nachtarbeitszuschläge laut Tarifvertrag 20 000 DM

	DM	DM
Steuer 1988 auf 40 000 DM	6 732	
Steuer 1990 ff. auf 40 000 DM zuzüglich 75 % von 20 000 DM	9 452	2 720
a) Bei 2 000 DM Werbungskosten Wegfall des Arbeitnehmerfreibetrags (480 DM) und des Weihnachtsfreibetrags (600 DM)		177
b) Erhöhung der Benzinsteuer (wie oben)		150
c) Erhöhung der Zigarettensteuer (wie oben)		72
d) Höhere Heizöl- oder Erdgassteuer (2-Personen-Haushalt geschätzt)		250
e) Belastung durch Gesundheitsreform (2 Personen)		400
f) Reduzierung des Sonderausgaben-Pauschbetrags von 540 DM auf 216 DM (wenn konfessionslos)		55
g) Steuerpflicht des Essensfreibetrags (330 DM)		56

h) Wegfall des Zukunftsicherungsfreibetrags	53
Mehrbelastung 1990 ff. gegenüber 1988 (ohne Berücksichtigung der Übergangsregelung)	3 933
Steuerentlastung auf 40 000 DM gegenüber Tarif 1985	1 106
Zusatzbelastung 1990 ff.	3 933
Mehrbelastung 1990 ff. gegenüber 1985	2 827

Nicht berücksichtigt wurde bei diesen Beispielsrechnungen u. a., daß

- Bausparbeiträge im Rahmen der Höchstbeträge ab 1990 nur noch bis zu 50 % als Sonderausgaben abzugsfähig sind,
- die Wohnungsbau-Prämie von 14 % auf 10 % gesenkt worden ist,
- mit höheren Mieten rechnen muß (Wegfall der Wohnungsgemeinnützigkeit), wer in einer Sozialwohnung lebt;
- natürlich kommt mittelfristig auch die Erhöhung der Mehrwertsteuer auf die Verbraucher zu, wodurch die Lebenshaltungskosten höher werden. Bei Ausgaben für einen 2-Personen-Haushalt von 18 000 DM im Jahr bedeutet die Erhöhung um einen Prozentpunkt eine Zusatzbelastung von 180 DM, um zwei Prozentpunkte eine solche von 360 DM im Jahr.
- Steuerhinterziehung ist eine schlimme Sache. Etwa 70 Prozent der Bezieher von Zinsen sollen diese dem Finanzamt verschwiegen haben. Wer also nach Einführung der Quellensteuer steuerehrlich wird, ziehe diese Steuerbelastung (die zwar rechtens ist, aber eben doch eine Zusatzbelastung) von seinem Vorteil aus der Steuer-

reform noch ab, so ein solcher da ist. Die Quellensteuer spielte übrigens schon im Wahlkampf 1982/83 eine Rolle. Damals argumentierte die CDU/CSU gegenüber der für eine 25 %ige Quellensteuer plädierende SPD, die Quellensteuer werde den Sparwillen lähmen und eine Kapitalflucht auslösen; die CDU/CSU vertraue auf die Steuerehrlichkeit der Bürger. Die SPD dagegen wolle eine »Neidsteuer« und »totale Steuerschnüffelei«. Sie wolle dem Sparer durch eine »Sparbuchsteuer« das Ersparte wegnehmen. Und heute?

- Nicht berücksichtigt wurde bei diesen überschläglichen Berechnungen etwaiger steuerfreier Werbungskostenersatz durch den Arbeitgeber, der durch die Reform auf doppelte Haushaltsführung, Umzugskosten und Reisekosten beschränkt wird.
- Ferner nicht berücksichtigt wurde, daß die Versicherungssteuer erhöht wird.
- Schließlich wurde nicht berücksichtigt die Erhöhung der Kraftfahrzeugsteuer für Diesel-Pkw.

7) Arbeitnehmer, ledig, 80 000 DM jährlich zu versteuerndes Einkommen, Werbungskosten jährlich 20 000 DM

	DM	DM
Steuerentlastung nach Tarif 1990 gegenüber 1988		4 997
a) Wegfall des Arbeitnehmer-Freibetrags (480 DM) und des Weihnachtsfreibetrags (600 DM)	302	
b) Erhöhung der Benzinsteuer (wie oben)	150	
c) Erhöhung der Zigarettensteuer (wie oben)	72	
d) Höhere Heizöl- oder Erdgassteuer (gehobene Wohnung, geschätzt)	300	

e) Belastung durch Gesundheitsreform (2 Personen)	300	
f) Reduzierung des Sonderausgaben-Pauschbetrags von 270 DM auf 108 DM (falls konfessionslos)	45	
g) Steuerpflicht des Essensfreibetrags (330 DM)	92	
h) Wegfall des Zukunftsicherungsfreibetrags	87	1 348
Steuerentlastung nach Tarif 1990 gegenüber 1988		3 649
Steuerentlastung nach Tarif 1990 gegenüber 1985		8 417
Zusatzbelastung 1990		1 348
Steuerentlastung 1990 gegenüber 1985		7 069

8) Vorstandsmitglied einer Aktiengesellschaft, verheiratet, ohne Kinder, zu versteuerndes Jahreseinkommen 1 Million DM

	DM	DM
Steuerentlastung nach Tarif 1990 gegenüber 1988		36 562
a) Wegfall des Arbeitnehmer-Freibetrags (480 DM) und des Weihnachtsfreibetrags (600 DM)	518	
b) Erhöhung der Benzinsteuer (wie oben)	150	
c) Erhöhung der Zigarettensteuer (wie oben)	72	
d) Höhere Heizöl- oder Erdgassteuer (2-Personen-Haushalt geschätzt)	500	
e) Belastung durch Gesundheitsreform (2 Personen)	1 000	

f) Reduzierung des Sonderausgaben-Pauschbetrags von 540 DM auf 216 DM (falls konfessionslos)	156	
g) Steuerpflicht des Essensfreibetrags (330 DM)	158	
h) Wegfall des Zukunftsicherungsfreibetrags	153	2 707
Steuerentlastung nach Tarif 1990 gegenüber 1988		33 855
Steuerentlastung nach Tarif 1990 gegenüber 1985		46 010
Zusatzbelastung 1990		2 707
Steuerentlastung 1990 gegenüber 1985		43 303

Die Steuerreform also gerecht, vereinfachend und sozial? Unter der Überschrift »Mehr Steuergerechtigkeit und Steuervereinfachung durch Abbau von Steuervergünstigungen« äußert sich Prof. Dr. Franz Klein, Präsident des Bundesfinanzhofs, München, in *Steuer und Wirtschaft* 3/1988 u. a. wie folgt: »Viele Bürger haben heute den Eindruck, daß Steuervergünstigungen vor allem oder nur von kundigen und finanziell gut gestellten Steuerpflichtigen genutzt werden können. Da die Steuersätze deutlich gesenkt werden, entfällt ein wesentlicher Grund für zahlreiche Steuervergünstigungen und steuerliche Sonderregelungen. *Alle großen Gruppen sind angemessen und ausgewogen am Abbau der Steuervergünstigungen beteiligt.* Die Steuerreform schafft ein einfacheres und in sich schlüssigeres Steuersystem.«
Das ist keine Sehweise in Stereo, sondern einäugige Betrachtungsweise, denn wen die Steuerreform wie trifft, habe ich bisher aufgezeigt.
Da differenziert Prof. Dr. Klaus Tipke, angesehener Kommentator der *Abgabenordnung* schon eher: »Dies bedeutet

in Verbindung mit einem progressiven Tarif: Je höher das Einkommen, desto größer die Steuerersparnis. Ist diese Steuerersparnis aber eine Subvention oder Prämie und dementsprechend zu beurteilen, so haben wir zu fragen: Ist es sachgerecht, die Subvention oder Prämie mit dem Einkommen steigen zu lassen. Ich habe das in Übereinstimmung mit amerikanischen Autoren immer wieder verneint, aber längere Zeit hindurch kaum Gefolgschaft gefunden. Vor allem sind die Gerichte nicht gefolgt.«

Dagegen Stoltenberg in einem Interview mit der Tageszeitung *Die Welt* (lt. BMF-Finanznachrichten Nr. 56/88 v. 31. 8. 1988:) »Ich habe bestimmte Ausgangsfragen, die ich mit meinen Mitarbeitern und den Kollegen der Koalitionsfraktion besprechen will. Haben wir eine Chance, die Gewerbesteuer zu beseitigen oder jedenfalls drastisch zu verringern? Gibt es die Chance einer weitergehenden erheblichen Absenkung der Körperschaftsteuer? Können wir bei den kleineren Unternehmenssteuern etwas tun – von den Steuern auf das Betriebsvermögen bis hin zur Gesellschaftsteuer? Das sind die Fragen, die wir zunächst einmal in Werkstattarbeit klären müssen. Aber das Ziel ist eindeutig. Wir müssen die Unternehmenssteuern verringern.«

Die Steuerreform nimmt es an Gerechtigkeit mit folgender frei erfundener Gesetzesvorschrift durchaus auf: »Autoren versteuern ihre Honorare nur mit dem halben Steuersatz. Ausgenommen sind die Autoren mit den Anfangsbuchstaben A bis H.«